# Remerciements

PREMIÈREMENT à Mila Mulroney, merci mille fois de m'avoir permis d'être si près de vous et de votre famille, d'avoir répondu à des centaines de questions et d'avoir supporté la présence du magnétophone pendant les repas, sur la route et chaque fois qu'il y avait dix minutes d'accalmie. Merci aussi d'avoir été si sincère et de m'avoir bravement fait partager vos pensées et votre vie privée.

Aux autres membres de la famille Mulroney, Caroline, Ben, Mark, Nicolas et à Monsieur le premier ministre, merci pour le temps, l'aide et la confiance que vous m'avez accordés. Merci aussi à Bogdanka Pivnicki dont j'ai beaucoup apprécié les histoires amusantes et charmantes sur la vie en Yougoslavie et tous les efforts déployés pour me fournir des renseignements, pour retrouver des professeurs, des compagnes de classe, etc.

À Bonnie Brownlee, qui doit avoir fini par croire que j'étais devenue son ombre, merci. De vous, j'ai appris non seulement les us mystérieux du protocole et de la politique de parti, mais aussi comment réussir à rester debout dans une fourgonnette pendant que le cortège défile dans les rues; vous m'avez aussi montré comment fuir en trois secondes une pièce bondée et sauter dans l'ascenseur.

Toute ma gratitude à Gilbert Lavoie, un journaliste qui maîtrise mieux que quiconque l'art de raconter des histoires. Merci de m'avoir appuyée et de m'avoir présentée aux journalistes de la tribune de la presse à Ottawa et à ceux qui sont dans le secret des dieux sur la Colline.

Beaucoup d'autres m'ont été d'un très grand secours, dont Kim Cross et Lonnie Robillard, qui m'ont tirée d'affaire au Zimbabwe quand j'ai fait exploser non seulement mon transformateur, mais le leur également. Sans vos connaissances techniques et votre indulgence, j'en serais encore au chapitre trois. Et à Michael McSweeney, merci de m'avoir spontanément raconté les pittoresques histoires de coulisses dont j'avais besoin. Merci à Bill McCarthy et à Dagmar Galt d'avoir fouillé l'équivalent de sept ans de photos d'archives pour trouver celles qu'il nous fallait pour ce livre. Peter Bregg, merci pour vos conseils en photographie. J'ai également apprécié l'aide que m'ont offerte Heather McDonald, Ann Palmer, JoAnne Godard, Hélène Chalifoux et Robby McRobb.

Je tiens également à remercier Greg MacNeil, éditeur de *Homemaker's Magazine* et les rédactrices Mary McIver, Cheryl Embrett et Shiraz Bagli qui m'ont si généreusement appuyée, aidée et conseillée tout au long de ce projet. Je remercie aussi Judy Brandow, la rédactrice de *Canadian Living* qui m'a envoyée à Stellarton en 1983 pour écrire un livre sur Mila Mulroney, une femme que je ne connaissais pas. Et merci à Bob Dees de Macmillan de son aide au cours des premières étapes de mon travail, même s'il était cinq heures du matin à Vancouver quand il m'appelait.

Tout mon respect et ma gratitude à Philippa Campsie, la rédactrice en chef de Macmillan qui a été assignée à ce projet. C'est une femme qui sait si bien dire : «Tu ne peux pas réussir si tu restes ici.» C'est une rédactrice brillante qui, pour ce livre, a dépensé sans compter son talent exceptionnel, son enthousiasme et son énergie.

Et les derniers mais non les moindres, les membres de ma famille, ceux qui ont fait que le repas de l'Action de grâces a été merveilleux, même si j'étais en Afrique en train de faire des recherches, ceux qui ont pensé que Noël avec un ordinateur dans la cuisine et un manuscrit sur la table, c'était une bonne idée. Ces gens que j'adore, qui ont enduré « le livre ». Merci à tous.

Sally Armstrong
Toronto, janvier 1992

# Prologue

Montréal, le 19 décembre 1991. La neige tombe doucement sur l'avenue Marlowe. Une automobile bleu foncé s'arrête devant la porte d'une maison jumelée en brique rouge et au porche blanc. Mila Mulroney en sort, enjambe la neige accumulée et monte l'escalier qui mène à la maison où elle a grandi. Elle entre et son regard croise celui de son père. « Milica, dit-il d'une voix forte, te voilà. »

Habituellement, Mila arrive avec Brian et les enfants. Dès qu'il s'aperçoit qu'elle est seule, son père lui demande : « Où est donc tout le monde ? » Mila explique que Brian est à Ottawa, en train de présider une conférence des premiers ministres, la première depuis l'échec de l'Accord du lac Meech, et qu'il ne peut absolument pas se libérer. C'est la cérémonie d'intégration de Nicolas dans sa meute de Castors. Brian et Mark l'y amèneront immédiatement après la conférence des premiers ministres. Caroline est en Angleterre. Ben a un travail scolaire à terminer avant les vacances de Noël. Mais Mila rassure son père : « Dès que la prise d'uniforme de Nicolas sera terminée, quelqu'un va conduire Mark et Nico ici. Bientôt, « tata », ils seront ici bientôt. »

Aujourd'hui, c'est la *slava*, la fête du saint patron de la famille Pivnicki. Et peu importe ce qu'ils peuvent avoir à faire, Dimitrije et Bogdanka Pivnicki s'attendent à ce que leurs enfants soient à la maison pour la *slava*.

Presque tout le monde dans la maison parle serbo-croate. La sœur de Mila, Ivana, est venue de Toronto. Son frère John, qui vit à Montréal, pas très loin, est ici avec sa femme, Manuela Soares, et leur bébé. Il y a également beaucoup d'amis yougoslaves. Les Pivnicki n'ont pas d'autre famille au Canada, mais si l'on en croit Boba, la moitié des Yougoslaves ont dormi sur son canapé et elle les considère comme des membres de la famille.

Avec fierté, le docteur Pivnicki parcourt du regard les nombreux invités. Dès son arrivée au Canada, il y a trente et un ans, il a travaillé d'arrache-pied à établir la communauté yougoslave de Montréal. Et lui et Bogdanka (Boba) ont cherché à faire de leurs trois enfants des Canadiens pourvus de solides racines yougoslaves.

Dans cette maison, Mila n'est pas la femme du premier ministre du Canada. Elle est Milica, l'aînée des Pivnicki. De la cuisine, une voix l'appelle : « Viens brasser. » Mila s'installe devant la cuisinière, hume l'odeur des roulés au chou qui cuisent dans l'immense marmite et les remue avec une cuillère de bois. « Comment les fais-tu, maman ? Ils sentent si bon. » Il y a suffisamment de nourriture dans cette cuisine pour nourrir un petit village.

Boba s'est préparée à la *slava* toute la semaine. Elle a fait de la salade de pommes de terre allemande et de la salade russe. Il y a de la *pita* (tarte au fromage et aux épinards), de l'*urmasice* (un dessert bosnien) et des *kifles* (biscuits aux amandes et aux noix). « Que quelqu'un surveille le rosbif dans le four », ordonne Boba.

Mila se sent à l'aise à son ancienne place dans la cuisine, là où si souvent, adolescente, elle s'est retrouvée en train d'aider sa mère à préparer les repas, à laver la vaisselle, à écouter les histoires de famille. Elle a donné six réceptions cette semaine et reçu plus de 200 personnes au 24 Sussex Drive. Elle et Brian doivent encore assister à une douzaine de réceptions de Noël. Ils ont voyagé ensemble pendant six des quinze dernières semaines. C'est bon d'être à la maison.

Sur l'avenue Marlowe, il n'y a pas de journalistes à l'affût des allées et venues de Mila. Ici, elle peut plaisanter avec son frère et sa sœur, prendre un *pirogui* dans la marmite avec ses doigts, parler à d'anciens voisins et amis de la famille qui l'ont connue bien avant les *paparazzi*, s'imprégner de son héritage, consciente qu'elle le léguera à ses enfants.

Quand Mark et Nicolas arrivent, elle leur parle des traditions. Près de la porte d'entrée, il y a une icône de saint Nicolas. Un lampion brûle en-dessous. Il y a aussi le pain traditionnel de la slava, le *kolac*, que Boba cuit chaque année pour la fête et le *zito*, une pâte faite d'amandes et de farine de blé. Un peu plus tôt, un prêtre est venu bénir le *kolac*, le *zito* et la maison.

« *Stretan Slava* » (Heureuse journée de fête), dit Mila en accueillant chacun des invités. L'un d'entre eux, un homme de quatre-vingt-onze ans, raconte l'histoire de la *slava* aux non-initiés. Mila trouve important que ses enfants comprennent d'où ils viennent et connaissent les légendes. Voici son histoire.

Il y a plus de 900 ans, les slaves païens ont émigré du nord de l'Asie vers le sud où ils sont entrés en contact avec les chrétiens. Même si les slaves ne voulaient pas renoncer aux dieux du tonnerre, du soleil et de la pluie qu'ils avaient toujours vénérés, sous l'influence des chrétiens, ils ont fini par abandonner leur ancienne religion. Ils ont toutefois conservé, dans leur christianisme, certaines traditions anciennes et ont fini par assimiler leur dieu de la maison à un saint chrétien. C'est habituellement saint Nicolas, mais aussi parfois saint Marc, saint Jean ou saint Matthieu.

Chez les Pivnicki, le dieu de la maison est saint Nicolas et on y célèbre la *slava* le 19 décembre. (Pour les catholiques, la fête de saint Nicolas est le 6 décembre, mais l'Église orthodoxe a conservé le calendrier julien et les dates des fêtes des saints sont différentes.) C'est assez près de Noël et quand on est la femme du premier ministre et qu'on a des douzaines d'engagements officiels ainsi qu'un Noël en famille à préparer, ça peut être un peu malcommode. Mais manquer la *slava* ? Jamais !

Mila Mulroney croit profondément à la famille, aux traditions, ce ciment qui réunit les gens. Ses voisins disent qu'elle a toujours été comme ça, même enfant. Toujours présente quand les Pivnicki recevaient. Toujours intéressée aux autres et curieuse de savoir ce qu'ils faisaient quand ils n'étaient pas dans le salon de ses parents à parler d'histoire, de politique ou de religion. Ils savaient que cette grande et jolie adolescente ferait quelque chose d'intéressant de sa vie. Ils pensaient qu'elle deviendrait peut-être architecte ou *designer*. Elle racontait toujours comment elle s'y prendrait pour conserver et restaurer les vieux édifices de Montréal si, un jour, elle en avait l'occasion.

Ce soir, ils ne veulent pas parler de sa vie dans sa cage de verre, ni de ses voyages éclair des derniers mois au Gabon, au Zimbabwe, à Paris, à Rome, à San Francisco ainsi que dans l'Ouest canadien, ils ne veulent même pas parler de la TPS. Ils veulent se souvenir. Mila également.

Cette maison regorge de souvenirs pour elle. On y voit des photographies d'une petite fille aux lourdes tresses et des photos d'elle avec John et Ivana. C'est ici qu'ils habitaient quand elle a commencé ses études secondaires et universitaires, quand elle a eu son premier rendez-vous avec Brian. Elle se souvient d'avoir descendu ces marches le jour de son mariage et de les avoir grimpées à toute vitesse pour se précipiter sous le porche d'entrée le jour de son premier anniversaire de mariage : Brian avait causé tout un émoi dans la rue en arrivant sur une mobylette qu'il lui avait achetée pour aller à ses cours. Elle avait alors tout juste vingt ans.

Les choses ont bien changé aussi pour ceux qui habitent encore cette maison. M. Pivnicki a soixante-treize ans. Il a une tumeur inopérable au cerveau, mais il se rend encore à l'institut Allan Memorial trois jours par semaine pour rencontrer ses patients en psychiatrie. Sa maladie est un sujet quasi tabou dans la famille. De fait, la seule personne qui ne parle pas serbo-croate à la slava est le docteur William Feindel, le neurochirurgien qui l'a opéré en avril dernier. On le présente comme l'« homme qui a sauvé la vie de Mita ».

Mita est un homme fort et brillant, un patriarche dans le plein sens du mot. Boba le conduit à son travail chaque jour depuis qu'il ne peut plus conduire. Elle va ensuite à l'église pour cuisiner, aider aux ventes de charité, travailler à des projets de levées de fonds. À soixante ans, Boba est une femme élégante et énergique. C'est la conteuse d'histoires de la famille, la naïve, la guérisseuse. Mila est un mélange des deux, à la fois pratique et sensible comme sa mère, sûre d'elle et résolue comme son père.

Quand elle a quitté cette maison en 1973, elle ne se doutait pas qu'elle serait un jour connue à travers le Canada. Elle avait déjà eu une vie intéressante, enfant en Yougoslavie, immigrante à Montréal, jeune fille de la haute-ville au Westmount High School. Personne ne lui avait dit que le meilleur était encore à venir.

# Chapitre premier

*« Nous sommes des aristocrates au style démocratique. »*

Dimitrije Pivnicki

E<small>LLE</small> avait emprunté ce chemin de nombreuses fois déjà. Suivie de sa petite fille de quatre ans, la jeune femme aux cheveux bruns ondulés et aux vêtements à la coupe impeccable emprunta la large avenue bordée de châtaigniers majestueux qui la conduisit à travers le parc et de l'autre côté du pont, à l'endroit où la Miljacka traverse le centre de Sarajevo. C'était un jour de fin d'été semblable à beaucoup d'autres, à cette exception que chaque fois qu'elle rencontrait des amis le long de l'avenue, ils regardaient furtivement autour d'eux et lui murmuraient : « S'il est intelligent, il ne reviendra jamais. » Elle acquiesçait d'un signe de tête et serrait plus fort la main de sa petite fille.

Après plusieurs de ces rencontres, elle retourna avec sa fille à leur appartement de deux pièces, un luxe en 1957 dans cette ville yougoslave où l'on vivait sous le joug communiste et des règlements très sévères. De plus en plus souvent, quand elles sortaient faire leur promenade, on murmurait le même conseil à Bogdanka Pivnicki : « S'il est intelligent, il ne reviendra jamais. »

1

Dimitrije Pivnicki n'avait quitté Sarajevo que depuis quelques semaines pour aller au Canada étudier la médecine à l'hôpital Royal Victoria de Montréal. C'était dangereux de dire à qui que ce soit qu'il ne reviendrait jamais. Bogdanka ne l'aurait même pas dit à ses meilleurs amis dans l'intimité de son propre salon. On était dans un pays communiste après tout : les frontières étaient fermées et personne ne pouvait sortir. Quand on réussissait à trouver une raison pour quitter temporairement le pays, comme d'aller étudier la médecine dans un pays étranger, il fallait prendre toutes les précautions pour ne pas laisser échapper cette chance. Il n'était certainement pas question d'expliquer à une petite fille de quatre ans communicative et curieuse que papa était parti pour toujours et que bientôt, maman et elle partiraient aussi.

Dimitrje parti, Bogdanka, qui était enceinte de son deuxième enfant, prit un second emploi. Le jour, elle travaillait comme infirmière dans une clinique d'optométrie. Son travail terminé, à 15 h 30, elle allait assumer la tâche de technicienne dans un laboratoire. Leur fille Milica, surnommée Mila, passait la journée avec une gouvernante.

Plusieurs mois plus tard, Bogdanka, dans l'intimité Boba, s'aperçut que quelque chose n'allait pas chez Mila. Elle avait des cauchemars et elle avait commencé à boiter. Un médecin de leur connaissance déclara que physiquement, la petite fille allait bien. Il dit à Boba : « Votre fille s'ennuie de son père. »

Mila avait entendu les remarques dans la rue et elle pensait que son père bien-aimé les avait quittées pour toujours. Bientôt toutefois, des colis commencèrent à arriver de Montréal. Il y avait certaines lettres que Boba lisait à Mila et dans ces lettres, il lui disait qu'il l'aimait. Il y eut aussi une poupée et de temps en temps d'autres petites surprises pour elle. Même si Boba ne pouvait expliquer ses projets à sa petite fille, elle la rassurait en lui disant qu'elles reverraient papa très bientôt.

Dimitrije (Mita) Pivnicki est né le 12 novembre 1918 à Novi Becej, dans une famille de médecins et d'avocats. C'étaient des gens instruits, privilégiés, qui perdirent tout quand les communistes prirent le pouvoir en Yougoslavie en 1944.

Son père, un homme doux et brillant, inscrit au barreau depuis 1899, était un avocat très réputé de Novi Becej. Sa mère, une femme résolue et expansive, voulait que Dimitrije devienne avocat ; on attendait de lui qu'il reprenne le cabinet de son père et suive ses traces et, qui sait ?, se lance en politique.

Dimitrije termina ses études de droit en 1941, juste au moment où la guerre éclata en Yougoslavie. À cause de l'occupation allemande, ses parents ne voulaient pas qu'il reste au pays. Avec l'aide d'amis influents, ils s'arrangèrent pour l'envoyer en Hongrie où il commença à étudier la médecine.

À la fin de la guerre, tout avait changé. Le père de Dimitrije était décédé. Les cabinets juridiques avaient été abandonnés. Les communistes étaient au pouvoir et les terres qui avaient appartenu à sa famille avaient été nationalisées. Leur maison de campagne avait été confisquée et celle de la ville, divisée en plusieurs appartements ; sa mère, veuve maintenant, occupait deux pièces qui servaient auparavant de logement aux domestiques.

« J'ai compris que je ne pouvais pas revenir en arrière. C'est presque impossible d'imaginer à quel point on peut se sentir impuissant dans un pays où se sont produits de tels bouleversements. Les amis avaient disparu et ceux qui restaient ne pouvaient m'aider à retrouver mon aplomb», dit-il. Après avoir passé les dix-huit mois suivants dans le corps médical de l'armée, Dimitrije retourna étudier, cette fois, à la faculté de médecine de l'université de Belgrade. Il obtint son diplôme en 1949. Malgré sa formation en psychiatrie, le parti communiste l'envoya dans la petite ville de Mostar pour travailler au département de médecine interne de l'hôpital général. Deux ans plus tard, on l'envoya à Sarajevo en Bosnie où il commença à étudier et à pratiquer la neuropsychiatrie. C'est là qu'il rencontra Bogdanka Ilic.

Bogdanka est née en 1931 dans une ferme près d'un petit village appelé Batkusa. «Ma mère et mon père travaillaient aux champs toute la journée et le soir venu, ils travaillaient dans les granges, dit Boba. Je ne les voyais jamais. Ma mère est morte (de cause inconnue) quand j'avais huit ans. Je m'en souviens à peine.»

Avant de mourir, la mère de Boba avait parlé à Draga Ilic, une femme médecin qui était la grand-tante de Boba, et lui avait demandé de prendre soin de sa petite fille et de l'éduquer. En ce temps-là, on n'envoyait pas à l'école les filles nées dans une ferme. Boba avait déjà rencontré Draga lors de la fête du saint patron de la famille Ilic, qui avait lieu le 6 mai de chaque année. Elle adorait sa grand-tante et souhaitait ardemment aller demeurer avec elle, étudier et acquérir les manières de ce ménage raffiné de Belgrade.

Après la mort de sa mère, Boba pensa que sa grand-tante avait oublié le souhait qu'elle avait formulé. Personne ne vint la chercher. Six mois plus tard, après une messe à la mémoire de sa mère à Belgrade, Boba tomba malade et dut rester chez Draga quand son père et ses quatre frères et sœurs retournèrent à Batkusa. «Je pense que j'ai réussi à gagner leur cœur», raconte aujourd'hui Boba. Elle ne retourna jamais à la ferme.

Adolescente, elle fut témoin des brutalités de la guerre et en tira des leçons de survie et de loyauté. Son voisin, Dragan Vuckovic, avait recueilli une jeune fille de leur âge et pendant toute la guerre, l'avait dissimulée aux nazis. La famille de cette jeune fille avait été exterminée. Dragan et Bogdanka vivaient dans la crainte que leur amie ne soit découverte. (Elle a survécu et a plus tard épousé Dragan ; ils vivent aujourd'hui à New York.) Quand les communistes arrivèrent, elle connut une nouvelle forme d'occupation, par les Russes cette fois. Même s'ils devaient partager leur maison avec les soldats, Boba et ses parents adoptifs n'eurent pas à subir certains des pires aspects du communisme, probablement parce que ses parents étaient tous deux médecins, une profession de privilège dans un régime communiste.

Après la guerre, elle déménagea avec sa famille à Sarajevo où elle étudia pour devenir infirmière. Peu après la fin de ses études, elle rencontra Dimitrije Pivnicki, un érudit au franc-parler de treize ans son aîné. Ils se marièrent le 6 septembre 1952 et emménagèrent ensemble dans une résidence pour médecins adjacente à l'hôpital.

La résidence était un ancien couvent duquel les communistes avaient chassé les religieuses. L'édifice de brique rouge était parcouru de couloirs sombres et étroits qui donnaient accès à une trentaine de chambres. Il y avait une toilette commune et pas de salle de bains. Les Pivnicki prenaient leur bain hebdomadaire aux bains publics, les samedis matin à 6 h 30. Ils vivaient, comme tous les médecins de Sarajevo, dans une pièce de deux mètres et demie sur six, meublée de deux lits simples, d'une cuvette dans une encoignure, d'un réchaud sur un comptoir dans l'autre coin et d'un bureau.

L'exiguïté ne les a toutefois jamais empêchés de recevoir leurs amis. Boba adorait cuisiner et, souvent, elle servait le souper à des invités qui étaient soit juchés sur le bureau, soit assis sur les lits ou sur le sol, leur assiette en équilibre sur les genoux. Les invités étaient en grande partie d'autres médecins et leurs familles qui vivaient également dans le couvent. D'une certaine façon, Mita recréait le salon de son père avec l'intelligentsia du jour, Serbes, Macédoniens, musulmans, Croates, qui aimaient discuter histoire, politique, religion et avenir.

Quand Boba s'aperçut qu'elle était enceinte, elle et Mita s'inquiétèrent parce qu'ils n'avaient pas assez de place pour un enfant. Mara Kafka, une amie qui demeurait dans une pièce adjacente, offrit de la leur laisser et alla vivre avec une amie. À la naissance de Mila, les Pivnicki occupaient les deux pièces : l'une servait de cuisine et on y avait également installé un lit pour la mère de Mita, Majka Tassa ; dans l'autre logeaient Boba et tous leurs biens, y compris le panier qui servait de berceau au bébé.

Le 12 juillet 1953, la veille de la naissance de Mila, les Pivnicki se préparaient à recevoir des amis. Comme tous les jours, Boba devait aller au marché puisqu'ils n'avaient pas de réfrigérateur. Ce jour-là, elle quitta la maison à 4 h du matin pour être certaine d'arriver au moment de l'ouverture des échoppes afin de pouvoir se procurer tout ce dont elle avait besoin pour recevoir ses invités. Vers 5 h du matin, alors qu'elle était encore à une demi-heure de chez elle, la poche des eaux se rompit. Ne comprenant pas ce qui lui arrivait parce qu'elle n'avait jamais eu de contractions, elle courut chez sa mère. Draga sourit et lui dit : «Le travail vient de commencer.» Boba retourna chez elle avec ses sacs à provisions et Draga partit à la recherche de Mita qui se trouvait aux bains publics.

La fête eut lieu comme prévu et Boba entra à l'hôpital, juste à côté. Après le repas, on joua à un jeu appelé Préférence, qui ressemble au bridge par le fait qu'une personne des quatre fait le mort. Cette personne allait tenir compagnie à Boba, de l'autre côté des murs du couvent.

À midi le lendemain, par un 13 juillet ensoleillé, Milica naissait. On annonça son arrivée avec joie. Son père avait été le seul enfant de parents qui avaient espéré en avoir pendant dix-sept ans. Sa naissance avait été comme un miracle pour eux. Sept ans plus tard, sa mère accouchait d'une fille, Milica. Mita l'adorait et il eut un choc terrible quand elle mourut de méningite à deux ans. Déjà quand Boba et lui se fréquentaient, il disait souvent qu'il aurait une fille et qu'il l'appellerait Milica. Son surnom serait Mila, ce qui signifie «chérie».

Pendant les dix premiers mois de sa vie, Mila dormit dans le panier à côté du lit de ses parents. Sa grand-mère qui l'adorait en prenait soin dans la journée pendant que ses parents travaillaient. En mai l'année suivante, les Pivnicki apprirent qu'ils pourraient avoir un appartement en septembre. La famille décida qu'il vaudrait mieux que Mila passe l'été avec Majka Tassa à sa maison de Novi Becej que dans le petit appartement. Encore aujourd'hui, trente-sept ans plus tard, les larmes lui viennent aux yeux quand Boba en parle : «Ma petite fille était partie jusqu'à la fin de septembre. Je savais que c'était mieux pour elle, mais elle me manquait tellement. »

Finalement, l'appartement fut prêt : deux chambres et un salon. Tant les parents de Boba que ceux de Mita avaient eu une grande maison bien meublée avant l'avènement du communisme et ils possédaient donc plus de meubles que ce dont ils avaient besoin pour meubler les lieux qu'ils devaient désormais partager avec d'autres. Ils envoyèrent du mobilier au jeune couple pour les aider à garnir leur nouveau logement. Les Pivnicki pensèrent qu'ils pourraient enfin s'établir.

Mila avait avec son père une relation inhabituelle pour l'époque. En 1953, à l'opposé de Mita Pivnicki, les pères yougoslaves ne poussaient pas de voitures d'enfants le long des avenues ni ne s'estimaient particulièrement privilégiés d'avoir une fille. De fait, se rappelle Boba, les parents ne se glorifiaient pas d'avoir une fille ; ils voulaient des garçons.

À l'instar de Mita, Boba Pivnicki ne se soumettait pas facilement aux conventions. Sa mère adoptive avait été l'une des premières femmes médecins en Yougoslavie et la première femme directrice de prison. Sa grand-mère était une suffragette. Pour Boba, avoir une fille était une fierté.

Mila restait à la maison quand ses parents allaient travailler. Il n'y avait pas de jardins d'enfants en Yougoslavie et elle devait donc passer la majeure partie de ses journées avec Anka, une ancienne domestique de la mère de Boba. Même si Majka Tassa, la mère de Mita, qui avait une énorme influence sur Mila, venait passer l'hiver avec eux, Mila devait la plupart du temps compter uniquement sur elle-même. Elle devait trouver d'autres enfants pour jouer avec elle et, plus souvent qu'autrement, inventer ses propres jeux.

En Yougoslavie, les gens se visitent beaucoup. Boba se souvient que parfois, elle revenait chez elle après le travail et que des amis étaient là, qui l'attendaient. Mila s'en occupait. Boba ne se rappelle pas lui avoir dit quoi faire, mais elle la trouvait en train de verser du thé imaginaire à un visiteur et de s'assurer que l'appartement était en ordre et l'invité mis à l'aise. Même si Mila ne prenait pas de leçons ou ne faisait pas de sport, Boba dit que sa fille arrivait à organiser le temps des enfants du voisinage et à s'occuper des gens autour d'elle.

À l'âge de deux ans, elle commença à s'intéresser à la mode et au fait d'être bien habillée, caractéristique qu'elle conserverait toute sa vie. C'est un intérêt qui lui est venu tout naturellement. Boba raconte que durant les raids aériens sur la Yougoslavie pendant la Deuxième Guerre mondiale, sa famille courait se réfugier dans les abris anti-aériens, mais qu'elle « ...(je) refusais d'y aller tant que mes tresses n'étaient pas faites ».

Boba tricotait merveilleusement ; aussi, même s'il n'y avait pas grand-chose dans les magasins, elle fit toujours en sorte que sa fille soit bien habillée. Boba se souvient que, déjà toute petite, Mila aimait être jolie et qu'elle ne quittait jamais l'appartement sans une petite sacoche qu'elle avait reçue en cadeau. Elle a même fait la une d'un journal quand elle avait trois ans.

Elle était allée à Dubrovnik visiter ses grands-parents pour la fête du Premier mai, jour de la Fête des travailleurs. C'est une fête importante dans les pays communistes et c'est aussi la journée de l'ouverture officielle des plages. Mila fut photographiée à la première page du journal, avec ses tresses, son maillot de bain et son éternelle petite sacoche. La légende disait : « Les plages sont ouvertes. Cette jeune baigneuse est prête. Sa sacoche lui sert-elle à ramasser des coquillages ou à emporter son sandwich ? »

Au retour de l'un de ces voyages à Dubrovnik, Mila, âgée de cinq ans, fit preuve de l'esprit d'indépendance qui la caractériserait toujours. Mita était déjà parti pour Montréal et Mila venait d'avoir une pneumonie. Boba pensa que Dubrovnick, où ses parents habitaient alors une petite villa, était le meilleur endroit pour que sa fille se remette de sa maladie. Elle travaillait et arrivait à peine à s'occuper de son fils John, né le 15 novembre 1957, cinq mois après le départ de Mita. Elle ne pouvait réellement pas réserver à Mila, qui était en convalescence, l'attention dont elle avait besoin.

Les grands-parents de Mila, qu'elle appelait Baka et Deda, aimaient beaucoup avoir leur petite-fille auprès d'eux et leur villa semblait un endroit idéal pour un enfant. Ils avaient un jardin avec des figuiers et un autre terrain où ils gardaient des poulets et des poules. (Non seulement c'était exceptionnel de posséder un terrain supplémentaire à cette époque, mais élever des poulets en ville ne se faisait tout simplement pas.)

Mila passa près d'un mois avec Baka et Deda. Quand vint le temps de retourner chez sa mère à Sarajevo, Baka écrivit d'avance à Boba pour l'informer du moment de l'arrivée de Mila. Malheureusement le service postal à cette époque en Yougoslavie était assez chaotique et la lettre se perdit. Ni Boba ni les grands-parents n'avaient le téléphone. « C'était la fin de l'automne, elle devait revenir à la maison, mais je n'avais toujours pas de nouvelles, se souvient Boba. Cette longue absence m'était très difficile à supporter. Je m'ennuyais d'elle terriblement. C'était une enfant si active, si affectueuse.

« Un jour, en revenant du travail, j'étais très fatiguée et mon moral était bas. J'ai vu une petite fille qui marchait devant moi et je me suis dit : « Oh ! c'est Mila. » Puis j'ai pensé que mon imagination me jouait des tours parce que je souhaitais tellement que ce soit elle. Tout à coup, la petite fille a lâché la main de l'homme avec qui elle marchait et s'est mise à courir vers un groupe d'enfants. Les enfants se sont mis à crier : « Mila, Mila. » C'était bien elle. Je ne savais pas qu'elle revenait ce jour-là.

« Quand elle est descendue de l'avion et qu'elle a vu que je n'étais pas là, elle a demandé à un homme à l'aéroport de la ramener chez elle. Elle n'avait que cinq ans. Je pouvais à peine le croire. Je ne savais plus quoi dire. J'ai offert à l'homme une tasse de café qu'il a acceptée et puis il est parti. Je ne l'ai jamais revu de ma vie. »

Les conditions de sa petite enfance ont façonné la personnalité de Mila, son style et sa spontanéité. Aujourd'hui, assise dans le salon de sa maison jumelée de l'avenue Marlowe à Montréal, Boba secoue la tête quand elle décrit la formidable énergie de sa fille aînée, son souci du détail, son engagement face à ses enfants, à son mari, à ses amis, aux causes qu'elle défend et même à des gens qu'elle connaît peu. Elle dit : « Toute petite, j'ai toujours su exactement ce que je voulais. Mila aussi. Est-ce que je lui ai enseigné cela ou bien est-ce dans nos gènes ? Je ne le sais pas. »

Dix-huit mois plus tard environ, Mita écrivit à sa femme pour lui dire qu'il était temps qu'elle vienne au Canada. Non seulement devait-elle organiser le voyage et s'occuper d'obtenir les passeports et les visas de sortie, mais elle devait également faire en sorte que ce départ avec Mila, qui avait maintenant cinq ans et demi, et John, qui avait tout juste un an, n'éveille pas les soupçons. Personne n'était autorisé à quitter le pays, mais avec de la chance et des relations, on pouvait obtenir une permission spéciale pour partir en vacances.

Faire sortir Mita du pays n'avait pas été facile. Alors qu'il travaillait à la bibliothèque de l'hôpital à Sarajevo, il tomba sur un article d'un journal médical disant que l'hôpital Royal Victoria de Montréal recherchait un médecin intéressé à se joindre à une équipe de recherche. Il écrivit immédiatement. Trois semaines plus tard, il recevait par la poste une offre d'emploi, une bourse et un visa de visiteur du gouvernement canadien. Il se demandait bien comment il réussirait à obtenir les papiers pour sortir du pays.

Boba est la débrouillarde du couple et elle savait quoi faire. «Je savais qu'il faudrait que je me fasse pistonner et que je prouve qu'il reviendrait et terminerait son travail ici. Ma mère avait une amie au gouvernement. Je suis donc allée la voir. Elle a été très abrupte avec moi, me disant que mon mari était anticommuniste et politiquement indésirable. J'ai argumenté, faisant valoir que «...mon mari est un chercheur et l'université d'ici est trop petite pour lui». J'ai été très convaincante et elle a fini par me donner le nom d'une personne haut placée au gouvernement à qui écrire. Huit ou neuf mois plus tard, une porte s'ouvrait et il est parti.»

Boba se demanda comment réussir une telle sortie pour elle-même et les enfants. « Un jour, je marchais dans le parc avec Mila. Elle poussait la voiture de John. Nous avons rencontré un homme, un certain M. Kovacevic, le médecin qui avait aidé Mita à quitter Mostar six ans plus tôt afin qu'il puisse continuer son travail en psychiatrie. Il m'a demandé comment se débrouillait mon mari au Canada. Je lui ai dit qu'il avait besoin d'une prolongation de séjour pour terminer son travail et que je voulais aller le voir. Il m'a dit exactement qui aller voir au gouvernement. Nous n'étions pas intimes avec cet homme. Nous le connaissions à peine et malgré cela, il a par deux fois joué un rôle important dans nos vies. »

À cette époque, les Yougoslaves n'avaient pas de passeport. On vous en remettait un quand vous obteniez l'autorisation de sortir. Quand Boba obtint finalement cette permission, on lui offrit un passeport pour elle, mais pas pour les enfants. Elle refusa cette offre. Elle retourna dans les bureaux du gouvernement demander à des gens de l'aider, espérant que se manifesterait sa chance habituelle. Des papiers de sortie pour elle et les enfants furent finalement émis pour une durée d'un an. Mita se chargea d'obtenir des visas de tourisme à Montréal. Personne ne savait que Boba partait pour toujours, à l'exception des quelques amis intimes qui l'ont aidée. Elle se souvient qu'elle avait peur de parler de son départ. Vous ne saviez jamais qui allait vous dénoncer.

Quand elle partit, Boba emmenait, comme elle le dit, neuf colis avec elle, dont les deux enfants. C'est Mara Kafka, l'amie qui leur avait laissé sa chambre à la naissance de Mila, qui les conduisit au train.

Le voyage de six heures jusqu'à Zagreb se déroula sans histoires. En Yougoslavie, comme dans beaucoup de pays d'Europe, les familles qui voyageaient emportaient avec elles de la nourriture, des sandwiches et du fromage qu'elles partageaient toujours avec les autres voyageurs. Boba trouva bien des gens pour l'aider à s'occuper de ses jeunes enfants et le temps passa à manger des sandwiches et à parler.

Une amie l'attendait à Zagreb avec du lait frais pour les enfants ; elle l'aida à changer de train pour le voyage de deux heures jusqu'à Rijeka, la ville portuaire où ils s'embarquèrent. Le bateau de Mita s'appelait le « Croatie », celui de Boba, le « Serbie ». C'était un navire marchand à destination de New York avec escales à Dubrovnik, Messine en Sicile et Alger.

À Dubrovnik, Boba eut la permission de passer la nuit chez ses parents adoptifs. À cette occasion, son père l'avertit de ne pas emmener un seul bijou ni d'argent ou de choses de valeur avec elle. Quand fut venu le temps de repartir, ses parents la conduisirent au bateau. C'était une triste journée froide et pluvieuse de novembre. Draga se mit à pleurer. Elle se demandait si elle reverrait jamais les Pivnicki.

Boba eut droit à un dernier rappel de ce pourquoi elle partait : au moment même où elle remontait sur le navire, elle fut accostée par deux policiers qui lui intimèrent l'ordre de leur remettre tous ses objets de valeur. Elle leur dit qu'elle n'en avait pas, mais elle fut quand même fouillée, et Mila aussi. Ils inspectèrent même la couche de John pour s'assurer qu'elle ne dissimulait pas de valeurs monnayables.

Une grève des dockers à Alger les retint plusieurs jours. Boba en profita pour quitter le navire avec les enfants, se promener et faire des achats. Puis ce fut l'Atlantique nord et ses dangers : vagues immenses, forte houle et tempêtes. Les enfants avaient le mal de mer, Boba aussi.

Un jour d'accalmie, Boba se reposait sur une chaise longue tandis que Mila explorait le navire. Elle n'était là que depuis quelques minutes quand Mile, l'ingénieur du navire, vint vers elle en tenant Mila par la main. Boba se souvient : « Il était si furieux contre moi que j'ai pensé qu'il allait me frapper. Mila, qui voulait compléter sa collection de coquillages, grimpait partout pour essayer d'atteindre les bernacles qui s'étaient collées par-dessous les canots de sauvetage. Mila avait peur qu'elle ne s'approche trop du bastingage. Je crois que je faisais confiance à tout le monde sur ce navire. Nous étions des compagnons d'infortune. Chacun avait ses propres raisons de quitter la Yougoslavie. »

Ce voyage en mer de vingt-neuf jours à destination du Canada rappellerait toujours à Boba le prix de la liberté, l'importance des liens familiaux, la souche solide dont ils sont issus. « Nous sommes des survivants, dit-elle aujourd'hui, parce que nous venons d'une partie du monde où il y a des conflits. »

Les premiers souvenirs de Mila remontent au départ de son père pour le Canada. « Mon père était un tendre. Ma mère était plus stricte. Il me manquait, j'étais une enfant très solitaire. Je devais rester avec une domestique toute la journée parce que ma mère travaillait. À la fin de chaque jour, elle récitait à ma mère la litanie de mes mauvais coups. Ce ne fut pas une expérience très agréable. »

Elle se souvient aussi du départ de Rijeka. Pour elle, c'était comme la grande aventure, jusqu'à ce qu'elle découvre le mal de mer. Elle se souvient d'avoir passé la plus grande partie du voyage à l'infirmerie, à manger des oranges et des frites.

Quand le bateau accosta à New York le 1er décembre 1958, c'était par hasard l'un de ces jours exceptionnellement doux où tout le monde se promène en bras de chemise. Mila se rappelle que c'était très excitant ; elle se souvient d'avoir grimpé sur les genoux de son père pendant qu'il serrait John dans ses bras, ce bébé qu'il n'avait jamais vu.

Ils prirent le train jusqu'à Montréal (le docteur Pivnicki n'avait pas d'auto) et arrivèrent à la gare Windsor le lendemain, au cœur de la plus grosse tempête de neige de l'hiver. Mila regardait par la vitre du taxi pendant qu'il frayait son chemin dans la neige jusqu'à un deux-pièces meublé situé au-dessus d'une taverne, dans un vieux quartier d'immeubles sans ascenseur et de duplex où logeaient les étudiants et les professeurs de l'université McGill.

Dans l'appartement trônait un coffre débordant de vêtements d'hiver, de chapeaux, de foulards et d'habits de neige que Mita avait rassemblés pour sa famille. Pour Mila, c'était comme de fêter Noël en avance. Dans l'escalier de secours, elle étudiait son nouvel environnement et surveillait les allées et venues à la taverne en bas. Elle décida vite à qui elle pouvait faire confiance sur la rue.

Pour Boba commençait un difficile ajustement. Tout l'appartement vibrait chaque fois que le système de ventilation de la taverne se mettait en marche. Pire encore, quelques semaines après leur emménagement, on commença la construction d'un pont autoroutier en face de leur appartement. Le bruit et le gâchis causés par les travaux mirent sa tranquillité d'esprit sérieusement à l'épreuve. Elle souffrait affreusement du mal du pays. Elle ne parlait ni français ni anglais et ne connaissait absolument personne à Montréal. Le climat fut également un choc pour elle : habiller les enfants d'habits de neige, de foulards et de chapeaux chaque fois qu'elle devait sortir était une corvée avec laquelle elle n'était pas familière.

Ses enfants devinrent son seul réconfort ; elle les éleva de la seule façon qu'elle connaissait : beaucoup d'unité familiale, des règles très strictes et aussitôt qu'elle eut quelques amis, des visites à d'autres familles yougoslaves. « Ce fut une période très difficile pour moi. J'étais souvent déprimée et malheureuse. Nous étions des immigrants reçus, mais au tout début, quand je me sentais si seule, nous n'avions pas demandé la citoyenneté canadienne. J'avais pris l'habitude de confier les enfants à une gardienne pour une demi-journée et d'aller dans les magasins d'antiquités. J'achetais quelque chose d'ancien, une tasse, une soucoupe, n'importe quoi qui me rappelait la Yougoslavie et je le ramenais à la maison, en espérant que ça m'aiderait à me sentir mieux. »

Peu après leur arrivée, ses parents inscrivirent Mila à la maternelle de la rue Saint-Urbain. Ils avaient hâte qu'elle apprenne l'anglais. Toutefois, comme la plupart des enfants de l'école venaient de l'Europe de l'Est, Mila apprit le tchèque au lieu d'apprendre l'anglais. Son père décida donc de sacrifier leurs maigres économies et de l'inscrire dans une école privée pour jeunes filles, Miss Edgar's and Miss Cramp's, où il pensait qu'elle apprendrait non seulement l'anglais, mais aussi qu'elle s'adapterait rapidement aux usages de son pays d'adoption.

Située sur une colline, à la limite de la ville chic de West-mount, cette école éduquait les filles de l'élite montréa-laise.

Mila repense à cette époque et dit : « Personne à l'école ne savait comment je me sentais, mais il est vrai que je me sentais différente. Tu maîtrises la langue à l'école, mais ensuite, tu retournes à la maison, dans un environnement tout à fait différent. La mère d'une élève de l'école a dit à ma mère : « C'est très triste ce que vous faites, d'envoyer Mila à cette école. Vous n'habitez même pas le quartier. »

Maisie MacSporran, qui était directrice de l'école quand Mila y était, se souvient d'elle comme d'une petite fille très éveillée ; pourtant, Mila quitta cette école après la troisième année, parce qu'on informa ses parents qu'elle n'était pas à sa place. Préoccupé par ce jugement, le docteur Pivnicki amena Mila à l'institut Allan Memorial et lui fit passer le test de quotient intellectuel le plus complet en ville. Ses résultats étaient très élevés. Il les apporta à l'école et les remit à une femme au secrétariat en disant : « Tenez. Maintenant, je ramène ma fille à la maison. »

Elle fréquenta ensuite une école publique du quartier ouvrier de Côte-des-Neiges. Dans l'intervalle, M. Pivnicki avait engagé une dame du nom de Binty Mustard, qui lui avait été recommandée par ses voisins, pour donner des leçons d'anglais à Mila. « Je me souviens d'elle comme d'une petite fille brune, intelligente et heureuse, dit Binty. Elle n'était pas exceptionnellement jolie. Elle n'était pas du tout effrayée. Elle semblait très sûre d'elle pour une petite fille de son âge, mais sans effronterie. Je me rap-pelle également qu'elle était toujours très joliment habil-lée. Elle était pleine d'entrain et d'intérêt, mais je crois qu'elle aurait tout de même préféré jouer avec les poupées de ma fille plutôt que d'étudier les leçons de la journée. Cependant, comme elle apprenait très vite, je n'avais pas à expliquer longtemps et au bout de trois ou quatre mois, elle n'avait plus besoin de moi. »

Sa fille Julia, qui a un an de plus que Mila, a d'autres souvenirs des moments où Mila venait chez elle. « Elle arrivait à la maison en sautillant le long du trottoir, ses tresses volant derrière elle, toujours très soigneusement habillée ; on sentait qu'elle portait beaucoup d'attention aux détails. Elle portait de gros nœuds noirs dans les cheveux et ça lui donnait un air très « Europe de l'Est ». Elle avait toujours une blouse blanche et un uniforme noir. Je me souviens qu'elle aimait jouer avec ma maison de poupée. Nous passions notre temps à déplacer et à replacer les meubles. Nous ne parlions pas la même langue, mais je bavardais en anglais et ça n'a jamais semblé la déranger. »

Mila se rappelle les efforts qu'elle faisait pour s'adapter aux diverses écoles qu'elle a fréquentées. « Ce n'est pas que je n'étais pas bien habillée. Ma mère m'achetait de jolis vêtements, mais je n'en avais pas beaucoup. J'avais ma jolie blouse, ma jolie jupe et mon uniforme d'école, qu'elle avait d'ailleurs choisi trop grand pour qu'il me convienne longtemps. À cette époque, mon style, c'était mes racines d'immigrante yougoslave : mes tresses et mes vêtements trop grands pour me permettre de grandir. Je me souviens d'avoir porté le même manteau d'hiver quatre années d'affilée quand j'allais à l'école Rosedale. C'était un manteau bleu roi. Chaque année, ma mère changeait les boutons : des boutons de laiton une année, des boutons bleu roi l'autre année. C'était un manteau de bonne qualité ; il n'était ni usé ni quoi que ce soit, mais je savais que c'était le même manteau et mes amies le savaient toutes également. C'est le genre de choses qui font que tu te sens différente. Les vêtements sont devenus pour moi un signe d'appartenance. Il est important qu'ils soient de la bonne taille et adaptés à la saison. Je ne suis pas seule à penser ainsi : la plupart des immigrants veulent s'intégrer, ne veulent pas être différents. »

Elle n'était guère intéressée par les écoles qu'elle fréquentait. Sa principale source de stimulation était plutôt les amis de ses parents. Des gens de professions libérales de partout se réunissaient dans le salon des Pivnicki pour discuter. Selon le docteur Joseph Divic, un psychiatre yougoslave arrivé à Montréal en 1961, la maison des Pivnicki, située alors dans un immeuble sans ascenseur de l'avenue Ridgewood, ressemblait aux salons littéraires de l'Europe centrale. Professeurs, philosophes, médecins et avocats y tenaient des conversations du plus haut niveau intellectuel.

Depuis sa tendre enfance en Yougoslavie, Mila avait toujours été admise à ces réunions d'adultes, surtout parce qu'il n'y avait pas d'autre endroit où elle pouvait aller dans le minuscule appartement de Sarajevo. Au Canada, les Pivnicki conservèrent leur style « Europe de l'Est », recevant leurs amis avec de la nourriture épicée et des conversations stimulantes, et jamais les enfants n'étaient exclus.

Il était évident que Mita tenait à Mila comme à la prunelle de ses yeux. Selon M. Divic, il exerçait une grande influence sur elle. Dès sa première rencontre avec eux, il a constaté la ressemblance entre le père et la fille et a senti qu'elle avait toutes les caractéristiques d'un premier enfant très aimé. « Les premiers-nés pensent que tout est possible et qu'on devrait tout leur donner. Ils sont très près de leurs parents et ont un accès direct à l'autorité. Tout comme Milica. »

M. Divic se souvient d'une conversation qu'il a eue avec Milica (il ne l'appelle jamais Mila) le jour de son arrivée au Canada. Elle avait huit ans. « Sa mère lui montrait comment s'adresser à moi. « Appelle-le oncle Yotsa. » proposait-elle. Yotsa est un surnom pour Joseph ou John, ce qui est mon prénom tout comme celui du petit frère de Milica. Eh bien ! elle pensait que c'était impossible. C'était inconcevable pour elle que quelqu'un puisse être son oncle et porter le même nom que son petit frère. Elle refusa de m'appeler oncle Yotsa et jusqu'à son mariage, elle m'a appelé oncle Divic. »

Le cercle d'amis des Pivnicki se composait également de Carla et Herbert Muller, des psychiatres venus d'Allemagne, d'un autre psychiatre, George Peterfy, et de sa femme Marion, qui venaient de Hongrie, et d'un avocat, Eugene Jurisic et de sa femme Olivera, de Yougoslavie. Dragan Vuckovic, l'ancien voisin de Boba, qui vit maintenant à New York, décrit Mita Pivnicki comme « un homme peu commun, très instruit, toujours entouré de livres, même quand il était jeune. C'est un homme qui aime lire, parler et discuter. Il préfère fréquenter des gens comme lui. »

Mita et Boba étaient également très engagés au niveau de l'Église orthodoxe serbe de Montréal où la famille allait prier le dimanche. Ils connurent ainsi d'autres intellectuels qui s'ajoutèrent à leur cercle d'amis. Mita avait l'impression de faire renaître au Canada les traditions qu'il préférait dans son ancien pays. « Nous sommes des aristocrates au style démocratique », dit-il.

Même si les conversations qui se tenaient dans le salon des Pivnicki allaient un jour être utiles à Mila, elles ne semblèrent pas, à l'époque, avoir d'effet significatif sur son travail scolaire. Sa matière la plus forte était l'étude des langues et elle était une passionnée de littérature. Elle adorait les contes de Grimm et les romans de Charles Dickens et de Pearl Buck. Elle a lu *La terre chinoise* une douzaine de fois. Mais même dans ses lectures, elle avait l'impression de détonner. «Le professeur disait : «Lis cela et dis-moi quel en est le thème.» Je lisais et trouvais le thème, mais ce n'était jamais le bon. Je pense vraiment que c'est parce que mes racines étaient différentes. Je voyais les choses différemment et aux yeux du professeur, j'avais tort.»

Mila, son frère John et sa sœur Ivana (née en 1961) étaient tous traités un peu différemment, selon leur place dans la famille. En tant qu'aînée, Mila a appris à s'occuper des plus jeunes.

Aussi loin qu'il remonte dans ses souvenirs, ce dont se souvient John de sa grande sœur, c'est qu'elle prenait soin de lui. «Quand je pense à elle à cette époque-là, je me souviens de sa main. Elle me tenait toujours la main, m'emmenait partout. Elle vérifiait si mes bottes de ski étaient bien attachées, s'assurait que je ne tomberais pas. Elle était la grande sœur et elle s'occupait toujours de nous. Je me rappelle un accident qui est arrivé dans la rue quand nous étions petits. Une fille était tombée de bicyclette et s'était coupée au visage. Mila s'en est occupée. «Va chercher cela, appelle telle personne.» Elle était toujours celle qui prenait soin de tout le monde.»

Ivana, qui a huit ans de moins que Mila, abonde dans le même sens. «Mila avait la responsabilité d'être l'aînée. Elle était la première-née, celle qui se souvenait de la Yougoslavie. Elle avait connu les grands-parents. C'était important pour la famille. De fait, je crois que Mila aimait le pouvoir et l'autorité que lui conférait le fait de s'occuper de nous. Je suis beaucoup plus gâtée qu'elle. Johnny est plus tranquille. Mila est différente. Elle est très forte. Mais nous prenons toujours soin les uns des autres.» Boba a insufflé cette façon de penser à chacun de ses enfants parce que, comme elle le dit, «si vous êtes heureux à la maison, vous pouvez toujours survivre quand vous êtes à l'extérieur».

# Chapitre deux

*«Vous vous rendez compte? Il avait trente-quatre
ans. Et moi, je devais rentrer à onze heures.»*
                                            Mila Pivnicki

À LA NAISSANCE d'Ivana, le 14 octobre 1961, les choses
avaient changé pour les Pivnicki. Mita avait terminé
ses études et n'avait plus à faire vivre sa famille avec les
100 $ mensuels qu'il recevait à titre de médecin résident
à l'hôpital Royal Victoria. Boba dit que c'est alors qu'elle
a décidé de s'établir au Canada. Jusque-là, ils avaient vécu
en appartements meublés, le premier au-dessus de la
taverne, ensuite au-dessus d'un salon de thé un peu plus
bas sur l'avenue des Pins. Ils habitaient alors un appartement sur l'avenue Ridgewood où il y avait un terrain de
jeu pour les enfants et un parc derrière l'immeuble.

Boba s'ennuyait toujours de sa famille, mais la douleur
finit par s'atténuer après trois ans. «J'ai commencé à acheter des meubles. J'ai commencé à me sentir chez moi.»
Même si elle n'allait revoir sa Yougoslavie natale que lorsque Mila aurait treize ans, elle dit : «J'avais l'impression
que la moitié des Yougoslaves étaient passés chez moi à
Montréal. Il y avait toujours quelqu'un de là-bas qui restait
à dormir sur mon canapé.»

Mila et son meilleur ami, un Yougoslave du nom de Johnny Despic, étaient les chefs des enfants du voisinage sur l'avenue Ridgewood. Ils trouvaient tout ce qu'il leur fallait en aventures et en intrigues dans ce que Johnny se rappelle comme une profonde forêt sombre derrière l'immeuble où elle habitait. Cependant, cette forêt, dit-il aujourd'hui, était juste assez grande pour bâtir un autre immeuble résidentiel, ce qui est effectivement arrivé plus tard.

« Mila ne mâchait pas ses mots, était franche et avait des opinions bien arrêtées, dit-il. Notre amitié était très spéciale et elle a continué même après son déménagement. Nous allions patiner ensemble l'hiver et on se rencontrait lors de surprises-parties en été. Nous avions l'habitude de parler serbo-croate quand nous ne voulions pas que les autres sachent ce que nous disions. À quatorze ans, nous nous aimions beaucoup, mais ça s'est arrêté là. »

Johnny Despic se souvient bien du docteur Pivnicki, qu'il décrit comme un homme très sévère, mais aussi plus raffiné et plus instruit que le Canadien moyen. « Je me rappelle, j'avais alors seulement six ans, que j'arrivais chez lui les samedis après-midi et que je le trouvais assis sur le canapé du salon en train de lire Platon. »

Les affaires des Pivnicki avaient commencé à prospérer dans leur pays d'adoption et en 1963, ils emménagèrent dans une maison de Notre-Dame-de-Grâce (N.-D.-G.), un quartier de la classe moyenne de Montréal. C'était une jolie rue bordée d'arbres près de Westmount et ils s'y sentaient chez eux. Mila commença à fréquenter l'école Rosedale. C'est alors qu'un accident d'automobile vint, par la force des choses, rappeler à la famille la précarité de ce qui commençait à devenir une vie confortable.

En mai 1963, les Pivnicki faisaient une ballade en auto quand une ambulance, qui conduisait à l'hôpital un homme de quatre-vingt-un ans, brûla un feu rouge et emboutit leur auto. Le patient de l'ambulance succomba. Le docteur Pivnicki souffrit d'une grave commotion. Mme Pivnicki eut la figure lacérée lorsque le rétroviseur vola en éclats ; il fallut plus d'une centaine de points de suture pour fermer les plaies. Une amie de la famille, qui se trouvait sur la banquette avant avec le couple Pivnicki, eut les deux jambes cassées. La petite Ivana, âgée de deux ans, se retrouva par terre à l'arrière, indemne. On dut faire à John, âgé de cinq ans, quelques points pour fermer une entaille au front. Quant à Mila, qui avait neuf ans, elle vola de l'arrière à l'avant et se cassa le nez.

Mila se souvient des blessés étendus dans le parc à l'angle de Girouard et de Côte-Saint-Antoine, où avait fini par s'arrêter l'ambulance. Tellement de blessures requéraient des soins immédiats que la sienne fut cataloguée comme blessure mineure. Une semaine plus tard, la secrétaire du médecin téléphonait pour dire que les rayons X révélaient une fracture et qu'il fallait que Mila revienne à l'hôpital pour qu'on lui casse le nez à nouveau et qu'on le replace comme il faut. Elle trouva que c'était épouvantable. Sa mère était toujours en convalescence à l'hôpital. Son père devait s'occuper des enfants, de son travail et des visites à l'hôpital. Mila en fit tout un plat et finit par convaincre son père que son nez était très bien comme cela.

Même si l'accident avait sérieusement secoué les Pivnicki, il ne les fit pas renoncer pour autant aux voyages en auto.

«Nous allions quelque part tous les week-ends, se souvient Boba. Au Québec, nous adorions les Cantons-de-l'Est et nous allions souvent au Vermont pour la journée.»

L'auto servait également pour les vacances d'été. «Nous allions à Virginia Beach pendant les vacances, dit John. Que cela nous plaise ou non, nous étions ensemble.» Ils logeaient dans des studios parce que, comme le dit Boba, «...nous devions économiser, mais aussi parce que nous préférions manger notre propre nourriture». Myrtle Beach en Caroline du Sud, Lake George dans l'État de New York et la Floride faisaient également partie de leurs destinations de vacances.

Ils ont voyagé en auto chaque année jusque après le départ de Mila et de John. C'est seulement à ce moment que Boba et Mita ont opté pour l'avion. Des années plus tard, quand Brian Mulroney qui, à titre de président de l'Iron Ore du Canada disposait d'un jet privé, suggéra que les parents de Mila les accompagnent dans son avion jusqu'en Floride, il fut surpris d'entendre Mila dire qu'ils iraient plutôt en auto. «C'était un compliment à ses parents qu'elle faisait là», dit Boba.

Mila se souvient de ces vacances. «Nous étions tous entassés dans l'auto, nous logions dans une seule chambre d'hôtel, ma mère faisait la cuisine. Nous apprenions beaucoup les uns à propos des autres.»

À ce moment-là, les plus jeunes, John et Ivana, étudiaient dans une école secondaire privée appelée The Priory, autre établissement d'enseignement privé de Westmount voué à l'éducation des enfants privilégiés du secteur. Les Pivnicki devinrent membres du Mount Royal Tennis Club et inscrivirent Mila à des leçons de tennis le samedi matin. C'est là qu'un jour dans le vestiaire, elle tomba par hasard sur Julia Mustard, la petite fille qui était devenue son amie à l'époque où elle s'évertuait à apprendre l'anglais. «C'était comme de rencontrer une vieille amie, dit Julia. Nous étions sur la réserve au début, mais ensuite on a commencé à se tenir ensemble. Nous habitions toutes les deux N.-D.-G., à la limite de Westmount, et allions toutes les deux au Westmount High School.»

«J'avais l'impression que sa mère était très sévère, même si je ne comprenais jamais ce qu'elle disait parce qu'elle parlait toujours serbe. Je me souviens qu'une fois, elle a appelé Mila chez moi pour qu'elle aille l'aider parce qu'elle recevait pour le thé. J'ai toujours pensé qu'elle était élevée beaucoup plus sévèrement que moi ou nos amis. Rétrospectivement, je me rends compte que son éducation était influencée par l'Europe de l'Est. Je n'ai jamais senti que ses parents essayaient de saper son énergie, mais ils étaient très stricts. J'aurais aimé qu'ils le soient moins parce que ça nous empêchait de faire des choses ensemble.»

Par exemple, Mila devait repasser le mercredi, faire le ménage le vendredi et la vaisselle chaque fois que sa mère cuisinait. Elle a également dû suivre des cours de ballet pendant six ans à l'Iona School et participer au spectacle annuel, même si elle n'aimait pas cela et se trouvait trop grande. Elle s'y résignait parce que ses parents disaient que c'était ce qu'elle devait faire.

«Nous allions au sous-sol chez elle pour rire et parler des garçons, dit Julia, particulièrement de ceux pour qui on avait le béguin. Son petit frère était toujours là à jouer au Meccano sur le plancher. Nous avons fumé ensemble nos premières cigarettes et je me souviens que nous faisions beaucoup de dessin. Mila s'intéressait aux arts et disait qu'elle voulait être une artiste quand elle serait plus vieille. Nous étions une famille d'artistes, mais c'était différent chez elle. Son père avait une personnalité très forte. J'ai souvent pensé que la plupart des gens ne percevaient pas le côté artiste de Mila. »

C'est à peu près à cette époque que Mila se dit qu'en jouant bien ses cartes, elle pourrait contourner les règlements sévères de la maison. Il en résulta que sa stratégie lui ouvrit la porte des arts. « La seule raison pour laquelle je pouvais sortir le soir, c'était pour aller au concert ou au ballet. Dès que j'ai été assez vieille pour aller au spectacle toute seule, j'y suis allée, c'est sûr ! »

Mila admet que ses parents étaient peut-être trop sévères. « En Europe, on suit certaines règles ; au Canada, ce ne sont pas les mêmes. Ils se sont adaptés un peu, mais j'ai certainement été élevée différemment de beaucoup d'enfants de mon âge. » Son frère dit que Mila a pu faire ses fredaines d'adolescence, comme de fumer au sous-sol sans se faire prendre « ...parce qu'elle avait de la jugeote, retombait vite sur ses pieds, réagissait bien en situation de crise et semblait savoir d'instinct quelles limites ne pas dépasser. Quand Ivana organisait des surprises-parties, la maison entière tremblait ; quand c'était le tour de Mila, jamais elle ne perdait la maîtrise de la situation ».

Mila avait quatorze ans quand la famille déménagea avenue Marlowe, dans la maison qu'habitent encore aujourd'hui Mita et Boba. C'est là que Mila fit la connaissance de Monique Brossard qui habitait juste à côté. Elles devinrent de bonnes amies. « Nous ne nous voyons presque plus, dit aujourd'hui Monique, mais je sais que je peux compter sur elle en tout temps et elle sait aussi qu'elle peut compter sur moi. »

Elle se sont liées d'amitié d'abord parce que Mila voulait apprendre le français et que Monique voulait apprendre l'anglais. Mais, comme l'explique Monique, il y avait plus que cela. « Mila s'intéressait beaucoup aux autres cultures. Une fois, elle m'a demandé si elle pouvait venir à la messe de minuit avec ma famille la veille de Noël et assister par la suite au réveillon chez moi. Elle m'invitait toujours à la *slava*, la fête du saint patron de sa famille célébrée le 19 décembre. Elle était très fière de ses racines yougoslaves. »

« Ce qui me frappait également, particulièrement lors de fêtes de famille comme la *slava*, c'est que Mila recevait également, comme sa mère. Chez moi, je devais aider à faire la vaisselle, mais chez elle, les enfants étaient traités comme des adultes, ils veillaient à tout.»

Les deux jeunes filles passaient leur temps libre ensemble, elles s'aidaient dans leurs devoirs, passaient des week-ends au chalet des Brossard à Sainte-Adèle, au nord de Montréal, et flânaient dans le parc du voisinage. Monique se souvient d'une anecdote qui caractérise bien la jeune Mila. «Un jour, un petit oiseau est venu se heurter à la fenêtre du salon. Il est tombé par terre. Nous avons couru dehors le ramasser. Il était très blessé mais toujours vivant. Mila a dit : "Emmenons-le à la SPCA ; ils en prendront soin." Nous y sommes allées et on nous a dit d'attendre. Nous avons attendu et attendu ; ça nous a semblé très long. Finalement, nous avons demandé à la personne au comptoir ce qui se passait. Elle nous a dit : «Oh ! nous avons dû l'euthanasier.» Mila s'est mise à pleurer. C'était juste un petit oiseau bien ordinaire, mais ça l'a beaucoup bouleversée. »

Quand elles ont commencé à sortir avec les garçons, elles se mirent d'accord pour que la dernière qui rentrait lance un caillou dans la fenêtre de la chambre de l'autre. C'était un signal ; celle-ci descendait en douce dans la cour où elles comparaient leurs soirées. « Je crois que nous avions plus hâte de nous raconter les détails de la soirée que toute autre chose », dit Monique.

Monique se souvient qu'un jour Mila lui a montré un texte spéculatif que son père avait écrit sur le jeu d'échecs et son analogie avec les situations que nous rencontrons dans la vie. Il l'avait rédigé à une époque où il s'inquiétait de l'avenir de Mila. Ses résultats scolaires n'étaient pas aussi bons qu'il l'aurait souhaité et il était préoccupé par les choix qu'elle devrait faire plus tard. Mila était très fière de ce document et voulait partager les commentaires de « tata » avec Monique. Le texte commençait ainsi :

Le jeu d'échecs est le plus beau des jeux ; on disait que c'était un jeu de rois. On insiste beaucoup sur la beauté de la disposition des pièces et de leur arrangement. Il y a derrière chaque arrangement un dynamisme invisible qui autorise ou limite la progression. C'est un jeu que l'on doit jouer avec élégance et selon des règles qui rappellent celles qui réglementent notre vie...

Quand un joueur commence la partie, il est théoriquement à égalité avec tous les autres joueurs du monde. Quand les pièces sont en place sur l'échiquier, avant le premier coup, nous sommes égaux et demeurons égaux jusque après le troisième ou quatrième coup. Tous nos bébés sont identiques : ils pleurent, mangent, défèquent, dorment et pleurent encore. Les choses restent ainsi jusqu'à l'âge de trois ou quatre ans, puis les différences deviennent soudainement manifestes.

Les observations de Mita touchèrent sa fille. Elle se souviendrait de ses paroles quand elle aurait elle-même des enfants.

Quand elle avait quatorze ou quinze ans, le Mount Royal Tennis Club était devenu le centre de la vie sociale de Mila. Il y avait les leçons et les tournois de tennis ainsi que les cours de natation le jour et les danses au pavillon du club le soir. Quand ils n'étaient pas au club, les jeunes se réunissaient dans le parc Murray tout proche et planifiaient des surprises-parties et des sorties dans le centre-ville de Montréal.

Coleman Bonnie, un membre de la bande, se souvient que Mila était une bonne joueuse, très athlétique, mais jamais portée à exceller dans les tournois auxquels ils s'inscrivaient tous. Elle était grande et mince, paraissait plus vieille que son âge et se préoccupait manifestement de son apparence, se souvient-il. « Il y avait des filles qui portaient des jeans coupés et d'autres qui portaient de longs bermudas blancs. Mila faisait partie de celles-ci. Elle n'était jamais débraillée, toujours bronzée et soignée, plus que les autres filles. La seule occasion de la voir un peu échevelée, c'était après les danses, quand elle était en sueur après avoir dansé le twist ou le limbo toute la soirée. Je gagerais qu'elle se lavait les cheveux tous les jours. Elle n'est pas devenue comme elle est maintenant du jour au lendemain. J'imagine que Jacqueline Kennedy Onassis était telle quand elle était enfant.»

Coleman venait chercher Mila en moto et il s'est toujours demandé si ça dérangeait les Pivnicki. «Son éducation était aussi sévère que tout le monde le dit; d'autre part, elle vivait dans un foyer très stable. Ses parents avaient beaucoup d'emprise sur elle, mais elle les respectait énormément. On revenait à toute vitesse en moto, ses longs cheveux aux vent, pour respecter son heure de rentrée. Elle était impétueuse, mais pas folle. Je ne me rappelle pas qu'elle avait des amies de prédilection, elle se tenait davantage avec les garçons qu'avec les filles. C'était toujours elle qui trouvait des choses à faire. C'était elle le chef.»

Pendant toutes ces années, ceux et celles qui côtoyaient Mila ne pouvaient éviter la présence de son frère et de sa sœur. Il était entendu qu'elle devait s'occuper de John et d'Ivana. «Que ça nous plaise ou non, nous étions toujours ensemble, dit John. Quand Mila a commencé à s'intéresser aux garçons, ce ne devait pas être très exaltant d'avoir un petit frère et une petite sœur collés à soi, mais même si elle n'aimait pas cela, elle devait nous surveiller.»


C'étaient les années 1960, l'époque des concerts rock au Forum et des nombreuses manifestations dans les rues de Montréal. Mila allait aux concerts et s'assoyait en haut, dans les rangées grises (les sièges les moins chers sous le plafond du Forum) avec ses amis, là où s'accumulait tant de fumée de marijuana qu'elle se demandait si elle pourrait «partir» uniquement parce qu'elle se trouvait là.

Même si elle allait souvent aux concerts rock, il y eut une seule manifestation à laquelle Mila voulut vraiment participer : une marche devant l'ambassade d'U.R.S.S. pour protester contre la censure à l'endroit de Soljenitsyne, Sakharov et autres intellectuels. Sa mère s'y était opposée. Après une interminable discussion, Mila capitula et resta à la maison pendant que ses amis participaient à la marche. Encore aujourd'hui, elle dit qu'elle ne s'engage dans une bataille que si elle est certaine d'avoir raison à cent pour cent. « Obéir à mes parents n'était généralement pas un problème. Je savais que, dans le cas de cette manifestation par exemple, ma mère s'inquiétait de ma sécurité. En d'autres occasions, je savais quelle était sa position si je ne respectais pas mon heure de rentrée. Je ne trouvais pas cela compliqué. J'avais habituellement l'impression que ça ne servait à rien de revenir sur le sujet. »

Tous ceux qui connaissent les Pivnicki se souviennent des conflits à l'heure du souper. « Notre vie de famille se déroulait autour de la table, dit John. Notre père était très occupé, il avait dû refaire toutes ses études, mais nous soupions tous ensemble presque tous les soirs. Mon père parlait fort, il y avait toujours des cris et des éclats de voix à table, souvent à cause des notes. Mila était une bonne étudiante, mais mon père croyait qu'elle devait être excellente. » Sa mère dit qu'elle avait de bonnes notes dans les matières qu'elle aimait, mais dans les autres... « Bien, c'était un sujet de disputes. » Selon John, peu importe les disputes et les cris à l'heure des repas, « ...tout rentrait dans l'ordre après. On n'avait pas le droit de garder rancune ».

Mila dit qu'ils sont une famille très bruyante. Elle croit que c'est parce que son père est psychiatre et qu'il leur disait que les gens qui n'expriment pas leurs sentiments ont des problèmes. Il encourageait les enfants Pivnicki à rire, à pleurer et à crier ensemble. «C'est difficile de garder rancune quand on fait cela», dit Ivana. M^me Pivnicki croit que c'est une caractéristique de la famille. Au réveil, j'ai besoin de ma tasse de café matinale et de ma dispute matinale», plaisante-t-elle. Toutefois, les enfants savaient que si leur mère disait qu'elle avait «une crampe», ce qui signifiait qu'elle sentait instinctivement que quelque chose n'allait pas, il était inutile de discuter.

La vie de Mila était très réglementée par ses parents. Mais autant elle sentait qu'elle était élevée différemment de ses amies, autant elle aimait le style «Europe de l'Est» de son foyer et se sentait nourrie par lui. «La maison était toujours pleine de musique, dit-elle. Mon père, assis à son bureau, lisait ou dirigeait la musique. Ma mère préparait quelque chose de délicieux dans la cuisine. Partout régnait un riche arôme de café turc. Je revois le soleil entrer dans l'étude de mon père sur l'avenue Marlowe, le chat roulé en boule sur l'ottomane, «tata» à son bureau, le café, la musique. J'aimais ma vie.»

Quand les enfants furent plus âgés, les Pivnicki les inscrivirent à l'école de ski Snow Larks. En général, les weekends d'hiver, ils faisaient la file à l'arrêt d'autobus au centre commercial de Côte-Saint-Luc, près de chez eux, pour prendre l'autobus qui les emmenait au mont Avila (le centre de ski des Laurentides où ils prenaient des leçons toute la journée). Il arrivait aussi que Mita et Boba les y conduisent en voiture et les regardent skier.

John se rappelle que Mila était une skieuse robuste. Elle, elle se souvient que John avait un meilleur équipement que le sien. John reconnaît que dans les familles d'immigrants, les plus jeunes ont généralement plus que leurs aînés. Selon lui, c'est parce que les parents sont installés et mieux en mesure de réaliser les rêves qu'ils avaient faits pour leurs enfants.

Mila raconte une histoire qui illustre bien non seulement sa condition en tant qu'aînée d'une famille d'immigrants, mais également le sens de l'humour dont elle faisait preuve en ce temps-là. « Ma mère avait une amie de Lettonie qui m'avait tricoté un chapeau. Ce n'était pas le genre de chapeau que portaient les enfants canadiens et ce n'était sûrement pas le genre de chapeau que portaient les skieurs. Mais c'était le chapeau que je portais pour faire du ski. Je l'appelais mon chapeau de Heidi. Quand nous allions skier, je devais m'occuper de mon frère, vérifier si ses bottes étaient bien attachées, m'assurer qu'il ne se blesserait pas, des choses comme ça. Mon frère, parce qu'il était plus jeune, avait des bottes à boucles, moi, j'avais encore des bottes lacées. J'en étais venue à m'imaginer en Heidi avec ses sabots de bois. On aurait dit que j'étais une rescapée du déluge. »

Même si Coleman Bonnie était le garçon en compagnie de qui elle gardait, jouait au tennis et regardait la télé, son premier gros béguin fut pour un garçon du nom de David Cahn avec qui elle alla à son premier bal en bonne et due forme. C'était le bal d'Allemagne à Montréal, l'un des bals de débutantes de la saison mondaine. Même si Mila n'était pas une débutante, elle alla au bal avec David et ses parents. La mère de David, Elaine, dit que Mila était fine causeuse, qu'elle avait une certaine confiance en elle et qu'à son avis, elle était de loin la plus jolie fille des lieux.

David eut également le douteux privilège de goûter aux premières expériences culinaires de Mila. John se souvient «...d'un souper au spaghetti qui tourna mal, mais David a tout mangé». Maintenant, quand il voit son ancienne petite amie du secondaire à la télé, David dit qu'il n'est pas le moins du monde surpris. «Je savais qu'elle ferait quelque chose d'important de sa vie.»

La discipline et les attentes de sa famille ne cessèrent pas quand Mila entra à Sir George Williams (l'actuelle université Concordia). Ses résultats scolaires du secondaire n'avaient pas été assez bons pour qu'elle soit acceptée à l'université. Elle passa donc un an dans un collège. Westbury College était un petit établissement privé fréquenté par une centaine d'étudiants. Selon Kenneth Ward, qui était son professeur de mathématiques, «c'était une étudiante brillante qui avait besoin d'encadrement et d'attention. Nos petites classes lui offrirent ce dont elle avait besoin et elle commença à s'épanouir».

C'était le temps des «hippies» et M. Ward dit qu'il considérait les slogans du genre «À bas les riches et à bas l'*establishment*» comme une calamité qui affligeait les jeunes. Il se souvient que Mila était polie, pas rebelle comme c'était la mode à l'époque. «Elle était populaire, mais très conventionnelle.»

Mila étudia les arts pendant sa première année d'université, «...mais en deuxième année, l'écrit m'a fait abandonner. J'ai passé des tests d'aptitudes et on m'a dit d'aller en maths. J'ai choisi le génie civil parce que je m'intéressais à la rénovation des vieilles maisons de Montréal et que je voulais devenir architecte. J'estimais qu'il y avait de merveilleux anciens immeubles menacés par le modernisme. Je voulais en conserver l'extérieur et rénover l'intérieur.

« Il n'y avait pas beaucoup de femmes en génie à cette époque, trois dans ma classe si je me souviens bien, mais les études ne sont pas mon meilleur souvenir. Ça semblait être mon point faible. Je suis allée au collège seulement en vue d'entrer à l'université et je suis allée à Concordia parce que c'était le seul endroit qui m'acceptait. »

Même si elle n'établissait pas de liens durables avec les autres étudiants, elle a participé à divers projets au secondaire et à l'université. En 10ᵉ année, elle a joué Mrs. Blackwell dans *The life and Death of Sneaky Fitch* au Westmount High School. Elle a également fait partie de l'équipe chargée de l'album des finissantes et, à Concordia, elle a participé au défilé de mode annuel. Mᵐᵉ Pivnicki se souvient qu'un coiffeur de ce défilé avait une photo de Mila vêtue de « hot pants » et chaussée de bottes qui montaient plus haut que les genoux. « Il m'a montré la photo un jour au salon de coiffure et je lui ai dit : « Donnez-moi cela, vous n'avez pas à avoir une photo comme celle-là de ma Mila. Il me l'a remise sans rien dire. »

Mila a également travaillé comme bénévole lors de la campagne électorale de Michael Meighen, le conservateur qui essayait de contrer la vague libérale à Montréal et de remporter un siège dans le comté de Westmount. Une amie lui apprit que beaucoup de jeunes travaillaient au quartier général et qu'ils s'amusaient beaucoup. Après avoir écouté les discours des autres candidats, Mila décida d'offrir son aide aux conservateurs, même si sa propre famille votait libéral. Ce n'est pas là qu'elle a rencontré Brian, mais elle s'est plus tard rendu compte que c'était lui, le gars à la voix basse qui appelait pour parler à

Michael qui était à ce moment vice-président du Parti progressiste-conservateur au Québec.

Selon Michael Meighen, « elle était réellement un actif pour notre campagne, même si elle ne connaissait rien à la politique. Elle répondait au téléphone et accueillait les gens à la porte. Elle était très efficace parce qu'elle dégageait un sentiment de cordialité et de sympathie. Elle était crédible, était toujours telle qu'elle paraissait et personne ne pouvait imaginer qu'elle avait un second ordre du jour ».

Lorsque Brian Mulroney est entré dans la vie de Mila, ce ne fut une surprise pour personne qu'il doive se soumettre à un examen rigoureux qui mit à l'épreuve tant sa fougue que sa patience.

Ils se sont rencontrés au Mount Royal Tennis Club le 14 juillet 1972, au lendemain du dix-neuvième anniversaire de Mila. Cette dernière était assise près de la piscine, en congé pour deux semaines de son emploi d'été : hôtesse au pavillon de la Yougoslavie ( toujours ouvert sur le site de Terre des Hommes, cinq ans après la fermeture d'Expo 67). L'été s'était révélé particulièrement aventureux pour Mila : son premier emploi, son propre argent. Elle aimait la liberté qu'il lui procurait. Et son travail au pavillon de la Yougoslavie lui permettait d'explorer l'histoire et les coutumes de son pays natal.

Elle était loin de chercher à établir une relation sérieuse. Elle aimait ses études à l'université et avait confiance en ses aptitudes scolaires pour la première fois de sa vie. Elle avait des projets d'avenir, dont ne faisait sûrement pas partie l'homme de trente-quatre ans en maillot de bain rouge qui n'arrêtait pas de se renseigner à son sujet. Ses amis l'informèrent qu'il voulait la rencontrer. Elle n'y porta pas beaucoup attention. Elle trouva cela charmant et n'en fit pas plus de cas.

Brian ne tarda pas à s'approcher d'elle. Juste au moment où on les présentait l'un à l'autre, une averse éclata. Il lui proposa de se réfugier à l'intérieur. Là, il commença à faire des projets pour la soirée. Comme elle l'avertissait qu'elle devait garder son frère et sa sœur, il ajouta que c'était parfait et qu'il viendrait chez elle. Quand il la quitta ce soir-là, Brian annonça qu'il viendrait la chercher le vendredi soir suivant. Le lendemain, elle reçut une douzaine de roses rouges aux tiges les plus longues qu'elle eût jamais vues.

Au début, les attentions de Brian ne faisaient que rendre la vie de Mila plus « intéressante », mais après quelques semaines de rendez-vous quotidiens, elle commença à changer d'idée à son sujet. « Il y a certains traits de caractères que j'aime vraiment chez les gens : le sens de l'humour, l'ouverture d'esprit. J'aime les gens qui travaillent fort, qui ont de l'ambition. J'aime que mes amis m'apprennent des choses, j'aime grandir à leur contact. La plupart de mes amis ont certaines de ces qualités. Brian les a toutes. Il n'est ni prétentieux ni négatif, il a toujours quelque chose de gentil à dire sur les gens. Il est très souple et il me faisait rire plus que quiconque auparavant. En le connaissant mieux, je me rendais compte qu'il était très capable ; il était le plus jeune associé de la firme Ogilvy Renault au moment de nos fréquentations. Il était respecté et fiable. »

Brian parla de mariage dès leur premier rendez-vous. Il lui demanda si ses amies étaient mariées. Il lui parla de ses amis à lui qui étaient mariés. Il voulait savoir si elle avait hâte de se marier. Il lui envoyait souvent des fleurs et, quand une vendeuse de fleurs passait à leur table au restaurant, il demandait toujours à Mila de choisir celle qu'elle voulait. C'était toujours une rose, et toujours d'une couleur différente. Un soir, alors qu'ils soupaient dans un pub irlandais de la rue Sainte-Catherine, la vendeuse de fleurs demanda à Brian s'il voulait acheter une fleur pour sa fille. Ils n'y sont jamais retournés.

Mila ne savait pas exactement à quoi mènerait cette relation, mais elle s'aperçut que les choses allaient vite. « Vous rendez-vous compte ? Il avait trente-quatre ans. Et moi, je devais rentrer à onze heures. Ma mère m'attendait à la porte tous les soirs, la lumière allumée. »

M<sup>me</sup> Pivnicki n'a pas facilité les choses à Brian Mulroney. « Il venait la chercher tous les matins pour la conduire à l'université. Nous n'aimions pas cela. Il l'a invitée à aller en Russie avec lui assister aux matchs de hockey de la série Coupe Canada. J'ai dit : « Non, jamais de la vie. Si elle va en Russie, elle ira à mes frais. Et d'ailleurs, qu'est-ce qu'elle connaît au hockey ? » Chaque fois qu'il envoyait des fleurs, elle les cachait dans sa chambre parce qu'elle savait que je n'approuvais pas. Je lui disais : « Pourquoi tu reçois des fleurs si tu ne donnes rien en échange ? Les cadeaux sont des stratagèmes. » Je pensais qu'il était trop âgé pour elle, vraiment. Mais Mila n'arrêtait pas de dire : « C'est l'homme qu'il me faut. Nous fonderons une très belle famille. » Je restais sur mes positions.

« Un soir une odeur de fumée m'a réveillée. J'ai la phobie des incendies. Je me suis levée en toute hâte et j'ai entendu Mila parler. J'ai appelé : « Mila, qu'est-ce qui se passe ? » Elle m'a répondu : « C'est Brian. » Il revenait de l'aéroport et en retournant chez lui, il s'était arrêté pour voir Mila. Il était minuit. Il fumait une cigarette dans le vestibule. J'ai dit : « Dehors, tout de suite ! » C'était mon règlement.

« Un jour, Brian est venu me voir et m'a demandé : « Qu'est-ce qui ne vous plaît pas chez moi ? J'ai une bonne profession. Je viens d'une bonne famille. J'ai un bon emploi. » Je lui ai répondu : « C'est votre âge. Elle est très jeune. Je veux qu'elle finisse ses études. » Il a élevé la voix et a dit : « Bobo – il m'appelait Bobo à cette époque – je n'ai jamais rencontré personne comme Mila. Que ça vous plaise ou non, je vais être à ses côtés pendant les quarante prochaines années. » Il m'a conquise. Mon mari l'aimait depuis le tout début, mais il s'est imposé à moi plus lentement. C'était un bel homme, toutes mes amies en étaient jalouses. Je m'étais trompée. C'est un bon père de famille. »

Quand Brian partit pour deux semaines de vacances en novembre, Mila s'aperçut qu'elle était amoureuse de lui. Il l'appela six jours plus tard pour lui dire qu'il revenait et qu'il voulait lui parler. Ils sont allés à l'Alpenhaus et, devant une fondue au bœuf et un verre de vin, il lui a dit : « On pourrait peut-être aller acheter des alliances demain. » Mila lui a répondu : « J'ai un rendez-vous chez le dentiste. » Il voulait qu'ils discutent de la date et des formalités de leur mariage. Mila estimait qu'il fallait d'abord qu'il demande à son père la permission de l'épouser. « Je pensais que celui qui me demandait en mariage devrait commencer par demander ma main à mes parents avant d'acheter une alliance. C'était comme cela qu'on faisait les choses à l'époque. Je pensais que si on respectait ces conventions, l'engagement était plus solide. »

Ils rentrèrent chez elle pour parler à ses parents. Brian était assis au salon avec M. Pivnicki. Le docteur, utilisant une vieille analogie avec les échecs, lui dit : « Eh bien ! Brian. C'est vous qui avez les blancs. C'est à vous de commencer. Qu'avez-vous donc à me dire ? »

Les Pivnicki finirent par donner leur accord. Après tout, comme le souligne Mila, quand ses parents s'étaient mariés, son père avait trente-quatre ans et sa mère vingt et un. Ils ne pouvaient donc pas invoquer la grande différence d'âge comme obstacle au mariage. Brian fut admis dans la famille Pivnicki et ils en vinrent à apprécier ses bouffonneries et son amour très démonstratif pour Mila autant qu'elle-même. Un jour, il devait arriver tard à une fête de famille. Tout à coup, il y eut tout un boucan dans la rue : c'était Brian Mulroney qui remontait l'avenue Marlowe sur une mobylette qu'il avait achetée à Mila pour aller à ses cours. (La mobylette sert encore ; elle est dans le garage au lac Harrington.)

Les amis de Brian ne tardèrent pas à remarquer l'indépendance résolue de sa future épouse. Madeleine Roy (l'épouse de Bernard Roy, l'un des meilleurs amis de Brian) se rappelle le soir où elle a rencontré Mila. C'était lors d'une réception, avant que l'une et l'autre ne se marient. « Elle disait quelque chose et Brian l'a fait taire. Quelques minutes plus tard dans la cuisine, Mila m'a dit : « Il vaut mieux qu'il réfléchisse à deux fois s'il pense qu'il va me dicter ce que je dois dire. »

À ce moment, Mila faisait partie des projets d'avenir de Brian. « Nous étions en train de souper un soir et il m'a dit qu'il voulait devenir un jour premier ministre du Canada. J'étais d'accord. L'ignorance vous donne beaucoup de confiance ! »

Un de ses plus proches amis de ce temps-là, Lowell Murray, raconte que «Brian était extrêmement protecteur à l'égard de Mila. Je crois qu'il se sentait responsable envers elle et aussi envers ses parents. Ceux-ci avaient bien sûr certaines appréhensions. Brian était un avocat de pratique privée réputé à Montréal et il avait derrière lui une longue «carrière» de célibataire. Le monde dans lequel il introduisait Mila était un monde de gens de son âge qui parta-geaient ses intérêts à lui. Comme ils étaient tous plus vieux qu'elle, il s'est vraiment efforcé de s'assurer qu'elle se sentait à l'aise. Si on compare la façon dont il traitait d'autres femmes qu'il avait amenées dans le groupe, on peut dire qu'il était particulièrement atten-tionné vis-à-vis de Mila et s'assurait qu'elle était à l'aise et que les autres étaient gentils avec elle.

«Ses grands amis savaient que c'était pour Brian une relation sérieuse, à cause de la façon dont il traitait Mila et parce qu'il voulait toujours qu'elle soit avec lui, pas seule-ment lors de réunions mondaines. Je me souviens qu'on lunchait ensemble et que je lui disais de ne pas s'amoura-cher d'une fille si jeune. Il m'a répondu qu'on s'inquiétait parce qu'il avait été célibataire tellement longtemps, mais qu'il était absolument décidé à épouser Mila.»

Ils se sont fiancés le 19 décembre 1972, lors de la *slava*. Brian a appris la nouvelle à sa mère, Irene, lors d'un vol entre Québec et Montréal. Irene se rappelle bien ce voyage. «J'étais allée visiter des parents à Shannon et Brian m'a appelée pour me dire qu'il me rejoindrait et que nous ferions le voyage de retour ensemble. C'est un fils généreux et prévenant, je ne me suis donc pas posé de questions. Puis il m'a confié qu'il avait rencontré la femme qu'il allait épouser. Il est venu chez moi avec elle peu après et ça a tout de suite bien marché entre nous. Je savais que je pourrais me sentir à l'aise avec elle et qu'elle ferait partie de la famille. Vous dire combien j'étais soulagée ! Brian ne manquait pas de petites amies. Ce qui m'importait, c'était celle qu'il me présenterait comme la future M^{me} Mulroney. »

Leur amour avait obtenu la bénédiction des deux familles ; il était donc grandement temps, pensa Boba, de laisser le jeune couple seul. Ce moment capital est inscrit dans les annales familiales sous le titre de « L'histoire du chat ». C'est Ivana qui la raconte le mieux. « Mes parents nous avaient expédiés, mon frère et moi, au centre commercial Fairview afin que le jeune couple puisse, enfin, être seul. Nous ne les avions pas aussitôt laissés dans la maison pour ce moment d'intimité que le téléphone sonnait. C'était une voisine : « Je déteste vous déranger, mais votre chat vient de se faire écraser par une auto. » Brian regarde par la fenêtre et, pas de doute, il y a bien un chat mort dans la rue. Il lui faut donc sortir avec une pelle, ramasser le chat et le mettre dans une boîte dans la cour. Mila est bouleversée et pleure. À notre retour, on m'envoie dans ma chambre parce qu'à onze ans, je suis trop jeune pour entendre ce genre de choses. Je cours en haut et, comme je suis indiscrète, je me propose de rester sur le palier pour écouter la conversation. Je cours chercher quelque chose dans ma chambre et qu'est-ce que je vois ? Notre chat, qui dort sur mon lit. Je saisis le chat, redescend les escaliers en courant et dit : « Est-ce que c'est pour lui que Mila pleure ? » Brian avait tenté de la consoler pendant trois heures et, encore aujourd'hui, il est convaincu qu'un pauvre chat anonyme a payé de sa vie la vertu de Mila. »

# Chapitre trois

*«J'avais pris l'habitude de montrer sa maison à*
*mes amies. Un jour, elle était dans la chambre à*
*coucher avec Brian et je faisais visiter les lieux;*
*elle m'a dit: «Maman, il faut que ça cesse.»*
Bogdanka Pivnicki

L A MARIÉE était splendide, le marié, superbe. La réception de mariage réunissait la crème des avocats montréalais (Michel Cogger, Bernard Roy, Yves Fortier, Lowell
Murray), un essaim de demoiselles d'honneur yougoslaves
et une dame d'honneur canadienne-française en la personne de Monique Brossard. Six nationalités différentes y
étaient représentées et il y avait suffisamment de Yougoslaves pour que la cérémonie soit riche d'histoires et de
coutumes du vieux pays et rappelle à la mariée son enfance.

Mila Pivnicki et Brian Mulroney se sont mariés à
l'église de l'Ascension de Westmount par un 26 mai 1973
ensoleillé. Monique Brossard, qui était la meilleure amie
de Mila depuis qu'elle était venue habiter l'avenue Marlowe cinq ans plus tôt, se souvient: «Tout était parfait. On
s'était préoccupé du moindre détail. On aurait dit que ce
mariage avait été planifié depuis des années.»

Les préparatifs avaient à coup sûr été minutieux. On avait donné des douzaines de réceptions en l'honneur du couple, ainsi qu'une série de cocktails-cadeaux en l'honneur de la mariée auxquels on avait convié les femmes des associés principaux de la firme Ogilvy Renault où Brian travaillait. (A-t-on jamais vu cela, murmuraient certaines, faire tant de cas d'une nouvelle venue, et si jeune en plus!) Des présents arrivaient chaque jour à la maison des Pivnicki. On mit des heures à ajuster les magnifiques robes faites à la main pour les demoiselles d'honneur et l'élégante robe de mariée à col haut et à manches longues, qui était garnie d'appliqués de dentelle et se terminait par une traîne somptueuse.

Le jour de son mariage, Mila portait un seul rang de perles de culture et des boucles de rubans attachées en rosette dans ses cheveux ; son bouquet de mariée était formé de marguerites. Le mariage fut une cérémonie catholique traditionnelle, à laquelle assistaient deux cents invités. Boba dit qu'elle n'avait jamais vu de mariée aussi calme, ni Mila aussi sereine.

La réception se déroula au Faculty Club de l'université McGill, un club sélect depuis longtemps établi au centre-ville, meublé de fauteuils de cuir rembourrés, de mornes peintures d'anciens doyens et de douzaines de petites lampes de table. Les enfants Pivnicki avaient fréquenté le club avec leur père et Mila avait toujours insisté pour que sa réception de mariage y ait lieu. Boba aurait souhaité que la réception se fasse selon les traditions yougoslaves : un banquet et une danse se poursuivant jusqu'aux petites heures du matin. Mais Mila et Brian croyaient que leurs amis préféreraient un cocktail et, de toutes façons, ils devaient prendre l'avion de 17 h pour Paris, site de leur lune de miel.

Quand Brian Mulroney se leva pour faire son discours, il dit aux gens réunis qu'il devait des remerciements particuliers à la personne qui était responsable de son mariage. Le docteur Pivnicki se redressa légèrement dans son fauteuil. Le futur premier ministre poursuivit en disant : « Manifestement, ce jour n'aurait jamais eu lieu sans certaines décisions prises par un très énergique patriote yougoslave. Je peux sans risque de me tromper dire que, sans lui, je n'aurais pas épousé Mila aujourd'hui. » Le docteur Pivnicki sourit aux gens attablés avec lui. « C'est un homme qui est entièrement responsable du fait que les Pivnicki ont traversé l'océan pour venir au Canada. » M. Pivnicki approuva de la tête. Et là, Brian Mulroney fit ce que personne n'avait osé faire en vingt-neuf ans. Quand il dit aux invités rassemblés, « Je parle bien sûr du maréchal Tito, l'homme qui a forcé Mita Pivnicki à emmener sa famille et ma charmante épouse au Canada », la pièce bondée de Yougoslaves éclata de rire. Jusqu'alors, personne n'avait osé louanger devant des Yougoslaves le nom de ce dictateur tant haï.

Leur voyage de noces de trois semaines et demie débuta de façon mémorable quand ils découvrirent qu'il n'y avait aucune trace de leurs réservations à l'hôtel Le Commodore de Paris. Après avoir finalement réussi à s'inscrire, ils constatèrent que les portes de l'ascenseur pouvaient être des armes dangereuses : elles s'ouvraient dans le corridor et faillirent assommer les nouveaux mariés. Mila en vint vite à la conclusion que les voyages de noces sont très révélateurs. « Passer tout notre temps ensemble pendant trois semaines ! Nous étions deux personnes fort dissemblables. Nous avions été élevés différemment. Nos religions étaient différentes. Nous devions apprendre des tas de choses l'un sur l'autre. » Ils avaient également des tas de choses à s'apprendre l'un à l'autre. « Il a appris à apprécier la musique classique grâce à moi. Lui, il m'a appris des choses sur la politique. J'ai constaté que d'être avec lui faisait ressortir le meilleur de moi-même. »

Après avoir visité tous les lieux touristiques de Paris, ils prirent un avion pour Vienne et de là, louèrent une voiture et se rendirent en Yougoslavie où Mila le présenta à ses grands-parents à Dubrovnik. Malheureusement, Baka et Deda étaient malades et faibles et la rencontre ne fut pas facile pour Brian qui ne pouvait comprendre un seul mot de la conversation. « Ç'a dû être un choc culturel terrible pour lui d'aller en Yougoslavie, dit Mila. Ma grand-mère était tellement vieille. La pauvre femme ; elle ne portait pas ses prothèses dentaires et ses gencives étaient tout enflées. Ça m'a causé beaucoup de problèmes. J'étais terriblement bouleversée chaque fois que nous quittions la maison. Je savais que Brian était un homme gentil. Mais je ne savais pas à quel point il pouvait se montrer patient, compréhensif, tolérant et facile à vivre dans une situation comme celle-là. »

Ils prirent ensuite l'avion pour Belgrade où plus d'une cinquantaine de parents de Mila les attendaient avec des bouquets à leur descente d'avion. Leur chambre d'hôtel ressemblait à une boutique de fleuriste. Chaque fois que quelqu'un se présentait à la porte, Brian disait : « Avez-vous une femme ? Voici des fleurs pour elle. Vous n'êtes pas marié ? Alors, prenez-les pour votre petite amie. »

Sur le chemin du retour, ils s'arrêtèrent en Angleterre pour assister au mariage d'un ami de Brian. Arrivés à Montréal, ils s'installèrent dans l'appartement de Brian, avenue Clark à Westmount. Brian retourna à la pratique du droit chez Ogylvie Renault, où il était le spécialiste des relations de travail.

Ils habitaient cet appartement depuis deux mois quand ils trouvèrent une maison jumelée dans Westmount, au coin de Devon et de Upper Belmont et qu'ils décidèrent de devenir propriétaires. «C'était son appartement. C'était sa garde-robe. La mienne était dans le vestibule, dit Mila. En plus, tout dans l'appartement était vert : les murs, le tapis, le divan et même le couvre-lit. J'ai éparpillé nos cadeaux de mariage un peu partout et acheté un aquarium pour qu'il y ait quelque chose de vivant dans tout ce vert et j'ai ajouté des plantes. Mais il nous fallait un endroit qui soit à nous deux.»

La nouvelle demeure avait des murs blancs, des appliques murales et était assez grande pour que Brian puisse travailler et Mila étudier. Et quand ils auraient des enfants, il y aurait de la place pour eux également. La maison était toutefois assez petite pour qu'ils puissent l'entretenir eux-mêmes. Ils y vécurent trois ans.

Aux premiers temps de leur mariage, ils n'étaient pas les partenaires qu'ils sont devenus. Mila raconte qu'au début de leur vie commune, ils étaient deux fortes personnalités qui apprenaient à se connaître. Elle dit par exemple : «J'aime dormir dans une pièce froide, les fenêtres ouvertes et avec beaucoup de couvertures. Pas Brian. La première année de mon mariage, j'ai cru que j'avais changé le nom de Mila contre celui de Jésus. Chaque matin quand Brian se levait, il hurlait : «Jésus ! qu'il fait froid ici. » Je l'ai emmené voir Noureev, il est tombé profondément endormi. J'aimais la musique classique, pas lui. Je n'étais pas une passionnée de sports, lui, oui. »

Brian déclare : «Je ne m'en suis pas rendu compte sur le coup, mais au fur et à mesure que notre relation se développait, j'ai commencé à voir certaines choses différemment. Après un certain temps, c'est devenu évident pour moi : je constatais que sa vision des gens et de la politique était toujours exacte. Je me suis demandé si c'était instinctif. Elle avait ses antennes et son radar à elle qui étaient extrêmement efficaces et j'ai commencé à sentir que son jugement était particulièrement juste et fiable. Cela a pris un certain temps. C'est seulement après quelques années de mariage que nous sommes devenus réellement des partenaires ; depuis, elle m'est indispensable dans tout ce que je fais. »

Son ami Lowell Murray est d'accord. «Au début, j'ai pensé que Mila était un peu en admiration devant lui et devant les gens qu'il lui présentait. Puis, avec le temps, on s'est aperçu qu'il reconnaissait sa compétence, qu'il avait beaucoup de respect pour elle. »

En s'approfondissant, cette relation est devenue la force motrice de ce que la plupart des gens voyaient comme une entreprise familiale. Brian avait d'ambitieuses visées politiques. Mila était prête à l'aider à atteindre son but. Ils se voyaient comme deux êtres merveilleux «partis à la conquête du monde», comme les amis de Huckleberry dans la chanson «Moon River».

«C'étaient des jours extraordinaires, une époque exceptionnelle à Montréal, se souvient Brian. Mila est pleine de vie, c'est une personne qui rend la vie passionnante. Tout l'intéresse, des voyages aux symphonies. J'ai même réussi à la convaincre qu'il vaut la peine d'assister à un match de hockey, mais ç'a pris un certain temps. Nous avions beaucoup d'amis. Nous étions jeunes et débordions d'énergie. Nous travaillions fort et profitions de la vie, ce fut donc un très bon moment pour nous. Nous aimions aller au cinéma, commander des repas à domicile, nous promener sur la rue Stanley ou la rue Crescent. Il n'y avait aucun nuage à l'horizon. » C'est à cette époque qu'ils ont enrichi la collection d'œuvres d'art que Brian avait commencée quand il était célibataire. Ils achetèrent les toiles de Stanley Cosgrove, Lawren Harris et Molly Bobak qui ornent aujourd'hui les halls et les pièces du 24 Sussex Drive.

Mila envisageait son avenir comme la plupart des jeunes voyageurs de dix-neuf ans envisageraient un tour d'Europe, sac au dos. La route devant elle serait remplie de nouveauté, d'émotions fortes et parfois de dangers, mais elle était bien décidée à partir. Brian voyageait beaucoup et, même lorsqu'il était en ville, il partait tôt le matin et rentrait tard le soir du bureau. Mila menait donc sa propre vie et avait entrepris ce qu'elle qualifierait plus tard de programme de formation en vue d'être un jour la femme du premier ministre du Canada.

L'une des premières choses qu'elle fit, jeune mariée, fut d'engager une femme de ménage deux jours par semaine. Elle avait, à son avis, fait sa part de nettoyage et de repassage chez ses parents. Si elle en faisait encore, ce serait par choix.

Mila est profondément loyale envers les gens qu'elle aime, et sa priorité était Brian : son travail, ses amis, ses intérêts. Même au tout début de son mariage, elle pouvait improviser un souper pour dix au pied levé si Brian invitait des clients à la maison. Parfois, elle revenait de ses cours à l'université vers 16 ou 17 h et Brian l'appelait pour lui dire qu'il amenait huit personnes souper chez eux. Elle sautait dans l'auto, se rendait au marché Atwater et, quand les invités arrivaient à 19 h 30, elle les accueillait comme si elle les avait attendus toute la journée. Puis, les invités partis et la cuisine rangée, la plupart du temps, elle sortait ses livres pour finir ses travaux.

« J'avais souvent l'impression de mener une double vie. J'arrivais un peu tard à mes premiers cours du matin et le professeur disait : « Je vous ai gardé une place en avant, M$^{me}$ Mulroney », en insistant toujours beaucoup sur le mot « Madame ». J'allais étudier à la bibliothèque après les cours pour en faire le plus possible. J'ai parfois manqué des cours quand Brian voulait que je l'accompagne dans ses voyages. C'était difficile de tout concilier. Ma mère m'aidait et Joe Kovecvic, un ami yougoslave homme à tout faire, m'aidait aussi. C'était difficile, mais c'étaient vraiment de bons moments. J'aimais recevoir et rencontrer tous ces gens intéressants. »

Elle était également fort bien servie par une facilité presque prodigieuse à se souvenir du nom des gens. Son frère croit que ce talent lui vient du fait que toute jeune, elle rencontrait sans cesse des gens venus d'Europe centrale aux longs noms compliqués. Mila maîtrisait aussi une remarquable technique qui lui permettait d'associer les gens à des événements. Par exemple, depuis qu'elle est adulte, elle a toujours été capable d'accueillir une personne qu'elle avait peut-être rencontré seulement une fois auparavant non seulement avec son nom exact, mais aussi avec une remarque comme « La dernière fois que je vous ai rencontrée, votre mari venait d'être opéré. Comment se porte-t-il ? » C'est une qualité qui prend les gens par surprise et qui les gagne rapidement. Ses amis appellent cela « la filière Mila ». Clients de Brian ou jeunes collègues conservateurs, les invités tombaient toujours sous le charme si naturel de cette étudiante en génie de dix-neuf ans.

Peu après son mariage, Mila devint enceinte, mais fit une fausse couche en septembre, après un long vol inconfortable jusqu'à Saint-Jean, Nouveau-Brunswick. « Brian négociait une entente relative à un conflit de travail dans le port de Saint-Jean. J'étais coincée avec quatre hommes, tous des fumeurs, dans ce petit avion. Je savais que quelque chose n'allait pas, mais je ne voulais rien dire avant d'arriver à Saint-Jean. Le matin suivant, j'ai perdu le bébé. »

Elle retourna immédiatement à ses études mais déjà, elle entrevoyait que sa vie changerait. Brian avait besoin d'elle et voulait qu'elle voyage avec lui. Elle voulait redevenir enceinte bientôt. Même si elle considérait que ses études étaient importantes, elle commença à réfléchir aux choix qu'elle devait faire. Elle se rappela alors le document rédigé par son père qui comparait la vie au jeu d'échecs.

> Si un joueur n'est pas capable de prévoir au
> moins trois, quatre, cinq coups ou plus à
> l'avance, il perdra... L'important n'est pas qu'il se
> rappelle les coups du début. C'est qu'il sache où
> il va. Si vous regardez un échiquier au vingtième
> coup, vous ne pouvez retracer les coups qui ont
> conduit à cet arrangement des pièces. Si vous
> êtes un bon joueur qui connaît le jeu et êtes

capable de «voir à l'avance» vos propres coups, vos
réactions, de même que celles de votre adversaire,
vous pouvez prédire l'issue de la partie.

Mila était assez perspicace pour savoir que sa vie et ses
ambitions se dessinaient également pendant qu'elle
recevait les amis de Brian, suivait ses cours et s'occupait
de sa maison.

C'est cette jeune mariée qui se présenta à la fin de
l'été 1973 chez Shirley Corn, au moment où la plupart des
voisins de l'avenue Upper Belmont commençaient à plier
les chaises de jardin et à se préparer pour l'hiver. Shirley,
qui a deux enfants et dix-sept ans de plus que Mila, se
souvient d'être allée répondre au coup de sonnette et
d'avoir aperçu cette femme tout sourire qui lui disait :
«Bonjour. Je viens d'emménager à côté. Votre maison est
très jolie. Puis-je entrer pour voir comment vous l'avez
arrangée ? »

Shirley entrevit la perspective d'un désastre imminent.
« L'une des raisons qui vous font choisir ce genre de voisinage est que vous ne voulez pas de la vie de banlieue.
J'écoutais cette femme et je pensais : «Oh! mon Dieu, ça
y est, la banlieue ». Puis j'ai appris à la connaître. Elle est
très drôle et me fait toujours faire des choses que je
n'aurais jamais pensé pouvoir faire. J'avais été infirmière
avant de quitter mon emploi pour élever mes enfants. À
ce moment-là, j'avais fort envie de retourner sur le marché
du travail et il se présentait une occasion de faire quelque
chose qui sortait totalement de l'ordinaire : vendre des
sacs (de ceux qui servent à ramener vos achats à la maison) à des magasins. Mila a le goût du risque. J'avais peur
d'accepter cet emploi, mais Mila m'a donné le courage de

le faire. Quand je l'ai vue pour la première fois, je me disais « Mon Dieu, elle doit avoir mauvaise haleine ou quelque chose comme ça. » Je veux dire : comment quelqu'un peut-il être si gentil tout le temps et s'y connaître tellement en rideaux et en décoration ?"

« Elle connaissait tous les magasins de vente au rabais de la ville et quand j'y allais avec elle, je ne voyais que des vieilleries, dit Shirley. Mais Mila piquait droit sur quelque chose de fantastique bien caché sur l'étalage et insistait pour que je l'essaie. Elle m'habillait en vingt minutes, pas une de plus. »

Pour ses amies de Montréal, c'est la meilleure chercheuse d'occasions en ville. Elle leur a fait connaître Brana, le grossiste de l'est de la ville (qui n'est plus en affaires maintenant), et les Textiles Madison sur la rue Amherst, le magasin de tissus où elle a enseigné à tout le monde à mélanger et coordonner les patrons en 1975, bien avant que qui que ce soit d'autre le fasse. Elle leur disait où faire teindre leurs chaussures et comment les garnir de boucles à pinces pour paraître en avoir des douzaines de paircs. Ivana dit qu'elle avait toujours pensé que Mila finirait par devenir *designer*. « Elle a tellement l'œil pour les formes, les couleurs et les styles ! »

Selon Shirley, « c'est une femme qui déborde d'énergie. Elle pousse les choses, elle réalise, c'est quelqu'un qui vit en pensant qu'aujourd'hui ne reviendra jamais ».

Peu après sa fausse-couche, Mila redevint enceinte. Le bébé devait naître à la fin de mai. Ses examens seraient terminés à ce moment-là et des vacances d'été de trois mois lui semblaient suffisantes pour s'adapter à sa maternité avant que les cours ne reprennent en septembre.

Shirley Corn dit que son moral et son niveau d'énergie n'ont pas faibli durant sa grossesse. «C'est le genre de femme qui peut vomir, se laver, s'habiller et partir. Dieu que je l'enviais!»

Trois semaines après la date prévue de l'accouchement, le travail commença enfin. Elle savait que cela signifiait non seulement la venue du bébé, mais aussi celle de sa mère et d'on ne sait combien de parents chez elle. Elle se mit donc à nettoyer les armoires. Elle fit du ménage toute la journée et appela Brian à 17 h pour lui annoncer la nouvelle. Ils recevaient Michel et Erica Cogger à souper et décidèrent de ne pas modifier leurs plans.

À deux heures, au matin du 11 juin 1974, Mila réveilla Brian et sous une pluie battante, ils se précipitèrent à l'hôpital. L'accouchement ne fut pas facile: c'était un «siège» et Mila souffrit de toxémie.

En ces années-là, les pères n'étaient pas admis dans la salle d'accouchement; ils devaient patienter dans une salle d'attente jusqu'à ce que le médecin vienne leur annoncer la bonne nouvelle. À 8 h, le père de Mila arriva à l'hôpital pour travailler et Brian lui demanda d'aller voir comment se portait Mila. M. Pivnicki revint lui annoncer qu'il était le père d'une fillette de 2,6 kg née plus d'une heure auparavant. Le médecin qui avait accouché Mila avait fini son travail et était retourné chez lui sans annoncer la nouvelle à Brian. Celui-ci était furieux, mais son humeur passa vite à l'euphorie quand la nouvelle de la naissance de sa fille eut fait son chemin dans son esprit. «On a célébré partout dans Montréal ce jour-là», dit-il.

L'arrivée de Caroline ne modifia pas beaucoup leur vie. Mila aborda la maternité avec une attitude tout à fait décontractée, rare chez les nouvelles mères. Elle emmaillotait son bébé dans de petites couvertures, pensant que Caroline se sentirait plus en sécurité si elle était bien serrée. Quand sa mère venait garder, elle la débarrassait des couvertures et disait : «Laisse cette enfant respirer et se sentir un peu libre.» La plupart des nouvelles mères se croient menacées quand on s'immisce entre elles et leur enfant et ont peur qu'il souffre de ne pas être toujours traité de la même façon. Pas Mila. Quand sa mère prenait soin de Caroline, ce qui arrivait souvent, elle le faisait à sa façon. Quand Mila en était responsable, elle suivait son instinct. Caroline a grandi dans ce système.

Tout comme l'avait été sa mère, Caroline faisait partie intégrante de la vie quotidienne. «Je pensais que si des gens venaient, le bébé devait rester en haut, dit Brian. Mais Mila disait «Non, nos enfants doivent être avec nous, doivent s'habituer aux gens.» Caroline n'avait pas trois semaines que nous l'amenions au restaurant avec nous, dans une petite poussette. Ç'a commencé avec elle ; nous entraînions les enfants partout. Beaucoup de gens trouvent aujourd'hui que nos enfants ont partie liée avec nos activités. Ils assistent à nos réceptions, qu'il s'agisse de la reine d'Angleterre, d'un autre monarque ou du président des États-Unis.»

Mila eut la chance pendant ces années d'avoir une famille très unie qui lui a été d'un grand secours. Comme c'est la coutume chez les Pivnicki, Boba allait souvent aider Mila. Elle apportait des repas préparés et remplissait le réfrigérateur de sa fille pour que celle-ci n'ait pas à cuisiner. Boba avait la réputation d'être une cuisinière émérite, mais comme elle le dit : «Mila m'a appris quelque chose. Tout le monde n'a pas les mêmes goûts. Mon mari est européen. Il aime goûter à toutes sortes de mets. Brian est un homme qui aime les plats simples. Mila ne savait pas comment me dire que son mari ne voulait pas manger la nourriture que je cuisinais. Un jour, j'ai vu dans le frigo un plat que j'avais apporté la semaine précédente et j'ai demandé à Mila pourquoi ils ne l'avaient pas mangé. « Maman, Brian aime la nourriture pas compliquée, le spaghetti, les choses comme ça. »

Avec le temps, Mila le persuada d'essayer la cuisine yougoslave qu'elle avait connue et il commença à l'aimer. Mais l'indépendance qu'elle avait acquise en s'éloignant des goûts culinaires de sa mère lui donna l'envie d'aller plus loin.

Un jour, peu après son mariage, elle téléphona à sa mère et lui annonça qu'elle avait acheté un chien. Boba lui demanda pourquoi et Mila répondit sans ambages : « Je suis une femme mariée. Je ferai ce que je voudrai. » Boba dit que le chien ne voulait rien apprendre, mais qu'il était adorable. « Il avait une oreille dressée et l'autre tombante. Il venait de la SPCA. Il ne répondait à aucun nom. Nous avons tout essayé, mais rien n'y faisait. Et devinez qui s'en occupait ? Moi. Ils s'en allaient au Brésil : « Maman, prendrais-tu le chien ? » Ils allaient à Paris : « Maman, garderais-tu le chien ? »

« Un jour qu'ils revenaient de voyage et m'avaient apporté un magnifique cadeau, un sac Gucci, j'ai crié Gucci ! quand j'ai vu le sac. Le chien s'est levé d'un bond. C'est donc devenu son nom : Gucci.

« Quand Brian et Mila ont déménagés à Ottawa dix ans plus tard, ils m'ont laissé Gucci. Personne ne voulait de dégâts sur les tapis persans de Kingsmere où ils allaient vivre. »

Même avec un enfant et un chiot dans la maison et ses études en plus, Mila, avec l'aide de sa femme de ménage, gardait sa maison immaculée. Sa belle-sœur, Olive Elliott, dit qu'elle a toujours été comme ça. « La maison étincelait comme maintenant. Les tables brillaient, il y avait des fleurs fraîches partout et on se sentait à l'aise et bienvenus dans la maison. J'étais très surprise qu'une femme si jeune puisse s'occuper de tout à ce point. Par exemple, quand mon mari et moi sommes revenus d'Iran où il avait travaillé, je voulais aller voir ma sœur à New York. Mila a donc invité mon mari et deux de nos enfants à vivre chez elle pendant trois semaines, comme ça. Vous rendez-vous compte ? Elle est bien organisée et maîtrise toujours la situation. »

La sœur de Mila, Ivana, l'appelait la maniaque du ménage quand elle était plus jeune parce que Mila non seulement gardait son coin propre, mais elle poussait toujours Ivana à tout remettre en ordre derrière elle. Une autre caractéristique de Mila dont se souvient Shirley Corn et que son mari, Harvey, jure qu'il n'oubliera jamais, c'est sa manie de changer les meubles de place. « Même après son déménagement à Ottawa, elle venait nous voir à Montréal. Alors, elle entrait dans la maison et se mettait à hurler : « Shirley, ça fait six mois que ton salon est comme ça. Tu n'as pas envie de changer ? » Alors mon pauvre Harvey revenait à la maison les bras pleins de porte-documents et essayait de se faufiler à l'intérieur sans attirer l'attention de Mila. Ça ne marchait jamais. Elle lui mettait le grappin dessus en disant : « Harvey, sois gentil, aide-moi à déplacer cette armoire. » Peu après, elle la regardait et disait : « Je n'aime pas cela. Remettons-la à sa place. » Le jour où Brian et elle ont déménagé, Harvey a applaudi, pensant qu'il en avait fini avec les déménagements. »

L'une des histoires préférées de Shirley au sujet de Mila illustre bien la volonté de celle-ci de « sauter dans le bain » et d'apprendre des choses nouvelles. Seulement, cette fois-là, son saut a eu des répercussions inattendues. « La mère de Harvey venait de mourir. Il y avait *shiva* ici. Mila m'a demandé : « Explique-moi cela. Je sais que c'est comme une veillée mortuaire et qu'après l'enterrement, les gens viennent à la maison. Mais que faites-vous ? » Je lui ai expliqué que la famille proche soupe toujours ensemble parce qu'elle doit recevoir les gens qui viennent à la maison l'après-midi et le soir entre 19 et 22 h. » Mila m'a dit : « Je sais ce que je peux faire pour vous aider. Je vais vous préparer un repas. Que veux-tu que je fasse ? » Après une ronde de « laisse faire » et de « j'insiste », j'ai dit : « Tes dindes sont délicieuses. Il nous en faudrait pour douze personnes. » Elle m'a demandé pour quelle heure j'en avais besoin et je lui ai répondu que 18 h serait parfait.

« Ce soir-là, juste avant 18 h, Brian remonte l'allée avec une énorme dinde sur un plateau. Quand il voit la mezuzah sur la porte, qui signifie que des Juifs vivent dans cette maison, il constate tout à coup : « Oh ! mon Dieu, il y a du bacon sur la dinde ! » Il se dépêche de l'enlever et de le donner à son chien Gucci. De toutes façons, quand Harvey vient lui ouvrir la porte, Brian prend une grande inspiration et lui dit : « Écoute, je ne veux pas avoir ça sur la conscience, alors je vais te le dire, Harvey : il y avait du bacon sur cette dinde. Agis comme bon te semble.... »

« Harvey revient dans la cuisine et dit : « Shirley, j'ai une terrible nouvelle pour toi. » Ma famille est cachère, voyez-vous. J'ai dit : « Quoi ? » Il répond : « Il y avait du bacon sur cette dinde. » J'ai regardé ma montre et pensé à tous ces gens qui arriveraient à 19 h pour le *shiva*. Puis j'ai regardé les gens attablés dans le salon qui attendaient le prochain service et j'ai dit : « Harvey, je penserai à mon péché demain, place la dinde sur la table et commence à la découper. »

« Quand nous avons commencé à manger, je ne pouvais regarder personne et je voulais que ce repas finisse au plus vite. Harvey se met à trancher la viande. Il en donne à ma tante Fanny qui conduit le deuil. C'est ma tante yiddish qui a émigré de la Russie pour venir vivre ici. Elle est maintenant décédée ; à cette époque, elle était déjà très vieille et avait toujours mangé cacher. Elle goûte un morceau de dinde et me dit avec son accent inimitable : « Oh !, cette dinde est très bonne ! Shirley, sais-tu ce qu'elle met dessus ? » J'ai le nez dans mon assiette et je ne peux regarder mon mari. Je dis : « C'est du paprika, tante Fanny. » Et elle de me répondre : « Pour qui me prends-tu ? Une imbécile ? Je connais le paprika et ça n'en est pas. Il n'a pas ce petit goût délicieux. Ces Yougoslaves, Shirley, ils ont de très bonnes recettes. » Elle n'abandonne pas et continue de manger la dinde. Et là, Dieu me pardonne, elle dit : « Harvey, s'il te plaît, donne-moi un autre morceau de cette dinde, elle est délicieuse. » Et moi, je lui dis : « Tante Fanny, je ne crois pas que vous devriez en reprendre », et elle de me rétorquer : « Pourquoi ? Tu lésines sur la viande maintenant ? »

« À la fin de la soirée, n'oubliez pas que c'était une triste occasion, tante Fanny me demande : « Shirley, s'il te plaît, demande sa recette à Maïla (elle n'a jamais pu dire Mila). » Je le lui promets tout en me disant : « Qu'est-ce que je vais faire ? Je vais suggérer le romarin ou des ingrédients que les juifs de son âge n'utilisent habituellement pas. » Je lui dit tout ce à quoi j'ai pu penser. Elle me répond : « Je connais le romarin et toutes ces épices dont tu me parles. Ce n'était pas cela, Shirley, ce petit quelque chose sur la dinde était délicieux. » De toutes façons, on a fini par changer de sujet.

« Environ deux ans plus tard, lorsque Brian briguait la tête du Parti progressiste-conservateur, tante Fanny était très active dans l'Âge d'or à Montréal ; Mila et moi cherchions des moyens d'aider Brian. On a pensé que parler aux gens de l'Âge d'or pourrait être une bonne idée, particulièrement à ceux de la communauté juive. Ils étaient pour la plupart libéraux et on y voyait une occasion de leur présenter quelqu'un de leur communauté qui avait rencontré les conservateurs et pouvait leur en parler en tant qu'amis et que gens qui comprennent les préoccupations de la communauté juive. Et qui pouvait mieux que tante Fanny se faire notre porte-parole à l'Âge d'or ?

« Je l'ai appelée et lui ai dit : « Tante Fanny, j'ai une faveur spéciale à vous demander. » Elle n'avait pas d'enfants et avait toujours été très gentille avec moi ; elle m'a donc répondu : « Tout ce que tu voudras, Shirley. » Je suis allée chez elle et nous avons pris le thé : « Tante Fanny, j'aimerais vraiment que vous aidiez mes amis. » Et je lui ai tout expliqué, à quel point Brian est sympathique à la cause d'Israël et des juifs, qu'après tout, il avait épousé une immigrante, il comprenait ce que c'était que de venir vivre ici. Elle m'a écoutée, puis elle m'a répondu : « Shirley, je ne suis pas une femme instruite, mais je vais te dire une chose : une personne qui ne donne pas ses recettes n'est pas le genre de personne avec qui tu devrais être amie et ce n'est pas le genre de personne pour qui tu devrais voter. » Elle ne voulait pas parler aux gens de l'Âge d'or. Pour elle, il n'y avait pas de pire péché que de refuser de partager une recette.»

Shirley et Mila étaient d'un groupe de Montréalaises très uni appelé le Groupe du ballet. La création du groupe remontait à 1974, quand «les filles», c'est-à-dire Mila, Shirley, Cathy Campeau, Madeleine Roy, Shirley Ann Mass, Anelie Bubalo et plus tard, Andrée Beaulieu, avaient décidé que la seule façon de s'organiser pour assister aux concerts symphoniques, c'était de réserver les billets à l'avance et de planifier une sortie. Mila avait accepté de constituer le groupe. Elle achetait les billets et réservait des places au restaurant après le spectacle.

Il apparut que Mila, qui avait grandi avec l'opéra et connaissait la musique, était la seule à apprécier vraiment les concerts. Les autres s'y endormaient. Elles se dirent donc qu'un peu d'action avec la musique serait utile et convinrent que le ballet serait probablement une meilleure idée. Même si elles avaient l'habitude d'aller se chercher l'une l'autre et de voyager dans la familiale de Cathy, il y en avait toujours une ou deux qui avaient un engagement préalable et devaient se rendre au spectacle seules et, plus souvent qu'autrement, en retard. Il n'était pas permis de déranger les autres spectateurs pour gagner son siège et celle qui arrivait en retard devait attendre dans le foyer. Elles décidèrent donc de réserver une loge.

«Le clou de la soirée, c'était d'aller souper après le spectacle, dit Madeleine. Nous résolvions tous les problèmes du monde et apparemment divertissions en même temps les gens attablés autour de nous. Les restaurants de la rue de la Montagne nous attendaient. Ils ne fermaient pas quand le Groupe du ballet était en ville parce que nous étions très drôles.»

Ce groupe représentait le cercle d'amies intimes de Mila. Elles se recevaient l'une l'autre à souper, s'entraidaient dans les œuvres charitables auxquelles elles contribuaient toutes et comptaient les unes sur les autres pour des conseils et du soutien quand elles en avaient besoin. C'est Mila qui avait été à l'origine du groupe et elle était l'instigatrice de presque tout ce qu'il réalisait.

« N'allez pas croire que Mila était une personne ennuyeuse ou une sainte, dit son amie Madeleine Roy. Quand nous étions ensemble, nous fumions, buvions et racontions des histoires drôles. Pas une de nous ne peut rentrer chez elle et s'endormir tout de suite après avoir passé la soirée avec elle. »

Comme la plupart de ses amis, les femmes du Groupe du ballet étaient beaucoup plus âgées que Mila. Cathy Campeau, par exemple, dont le mari faisait partie de la même firme juridique que Brian, avait onze ans de plus qu'elle. Mais comme elles avaient beaucoup de choses en commun, elle devint l'une de ses meilleures amies. Une philosophie de la décoration « faites-le vous-même » décrit bien leurs intérêts communs. La rénovation des maisons également. Leur style « nous pouvons tout faire » liait les deux femmes.

Un jour, Cathy aidait l'entrepreneur qu'elle avait embauché pour rénover son sous-sol. Il y eut un accident : environ huit panneaux de placoplâtre tombèrent sur elle. De fait, l'entrepreneur se retrouva prisonnier lui aussi quand il se rua pour l'aider et fit tomber d'autres panneaux sur lui. « Nous avions l'air d'un sandwich au placoplâtre, dit Cathy. Mila téléphona juste à ce moment-là ; notre domestique était affolée et lui disait que j'étais écrabouillée sous une montagne de panneaux de construction. Mila s'en allait quelque part, elle était sur son trente et un, mais elle a tout laissé en plan pour accourir chez moi. Je refusais d'aller à l'hôpital en ambulance. Mila a donc improvisé une civière avec des panneaux de placoplâtre et a aidé l'entrepreneur à glisser cette civière à l'arrière de ma familiale. Il a pris le volant pendant que Mila me surveillait. À l'hôpital, on a diagnostiqué une fracture du bassin. Voilà une preuve qu'elle ferait n'importe quoi pour une amie. »

En 1974, Brian fut désigné pour siéger à la commission Cliche, mise sur pied pour enquêter sur le racket dans l'industrie de la construction au Québec. « Cette commission royale d'enquête allait mettre fin à un racket de six milliards de dollars par année, dit Brian. Il y avait eu beaucoup de violence, des meurtres et du vandalisme. On n'avait pas affaire à des enfants de chœur. La Sûreté du Québec avait intercepté une communication suivant laquelle les commissaires étaient menacés ; elle avait donc insisté pour que des policiers nous servent de chauffeurs et pour que nos familles soient protégées vingt-quatre heures sur vingt-quatre.

« Un jour, on nous a informés qu'un témoin allait tenter quelque chose. J'ai appelé à la maison pour m'assurer que Mila et le bébé allaient bien, mais je n'ai pas obtenu de réponse. Nous avons sauté dans une auto et nous sommes précipités à la maison. En réalité, Mila était en train de donner le bain au bébé et ne pouvait pas entendre le téléphone. J'ai malgré tout senti que quelque chose aurait pu leur arriver.

«Nous mettions au jour un réseau de violence et de corruption qui tenait l'industrie québécoise de la construction en otage depuis des années. Beaucoup de monde était au courant, mais ce fut le choc de la mise à sac du chantier de la baie James qui poussa la commission à aller plus loin. C'était une bataille intersyndicale. Ils avaient détruit des génératrices avec un bulldozer, mis le feu au chantier, saccagé le plus gros ouvrage de construction de l'histoire du Québec. Il a fallu évacuer tout le monde en avion et en hélicoptère parce qu'ils avaient incendié les quartiers d'habitation. Ils avaient des armes. Ils faisaient la loi comme au Far West. Il y avait une bataille pour savoir quel syndicat prendrait la maîtrise du chantier ; vous pouvez imaginer ce que cela représentait en trafic d'influence et en pots-de-vin. C'étaient des durs. Nous étions sérieusement menacés.»

Mila donna à toute cette affaire l'air d'une aventure ; elle disait aux voisins : «Hé, Shirley, il va y avoir plein d'hommes autour, n'est-ce pas extraordinaire?» Mais la situation aurait pu être grave. Caroline jouait avec les gardiens de sécurité devant la maison. Des policiers conduisaient Brian au travail. Les voisins appelaient Mila pour lui demander pourquoi il y avait des étrangers dans des autos stationnées devant sa maison. Ce n'était pas prévu dans le scénario. Mais Mila insistait pour dire qu'elle n'avait pas peur. «J'étudiais tellement fort à ce moment-là ; peut-être avais-je l'excuse de l'ignorance. Je n'allais pas aux audiences. Il y a bien eu des appels de menaces, mais on avait des gardes du corps, donc je pensais qu'on s'occupait de nous. Je ne m'en faisais pas. Je crois que s'en faire à propos de choses comme celles-là est une perte de temps et d'énergie. Quand votre heure a sonné, elle a sonné. Je ne vais pas perdre le sommeil pour une chose à laquelle je ne peux rien. »

Pendant toute cette période, Mila réussissait à s'occuper de la maison, à suivre des cours à Concordia, à recevoir leurs amis et à préparer les repas pour les agents de sécurité. John, qui était également étudiant en génie (il avait opté pour la chimie à McGill) ne voyait pas beaucoup sa sœur, mais Ivana commençait son secondaire et aimait aller chez sa grande sœur. Elle y passait souvent la nuit, non seulement pour aider Mila, mais pour participer à ce qui devenait un mode de vie passablement prestigieux. Elle se sentait bien aise d'amener ses amies chez Mila. Boba également. « J'avais pris l'habitude de montrer sa maison à mes amies. Un jour, elle était dans la chambre à coucher avec Brian et je faisais visiter les lieux ; elle m'a dit : « Maman, il faut que ça cesse. »

À cette même époque, Mila développa un style bien à elle. Les cheveux longs et droits, séparés dans le milieu, à la mode dans les années 1960, furent raccourcis et sa coiffure complétée par une frange espiègle qui deviendrait sa marque distinctive, tout comme les ongles soigneusement manucurés et lses vêtements aux couleurs vives et à la coupe impeccable.

Des élections furent déclenchées en 1974 et son ami Michael Meighen décida de se représenter. Elle avait travaillé pour lui en 1972, avant de rencontrer Brian, et il avait encore cette fois-ci besoin d'elle. Le quartier général de la campagne n'avait rien de prestigieux, avec son installation téléphonique provisoire et ses fils emmêlés sur le plancher de béton. Quand la porte donnant sur la rue Sainte-Catherine s'ouvrait, un courant d'air glacé s'y engouffrait.

Mila travaillait en compagnie de Molly Fripp, qui était alors directrice de Miss Edgar's and Miss Cramp's School (ECS) de Montréal, école que Mila avait fréquentée quelque temps. Pour Molly, cette bénévole dévouée, réfléchie, parfaitement bilingue, était un actif qui valait son pesant d'or. Ce qui impressionnait vraiment les gens autour de Mila, c'était non seulement sa volonté de travailler (quand on manquait d'aide et qu'on l'appelait pour travailler, même si ce n'était pas son tour, elle venait avec le bébé et un parc à jouer), mais également ses manières courtoises et patientes avec tous ceux qu'elle rencontrait, que ce soient les grosses légumes du parti ou les bénévoles qui s'occupaient à libeller des enveloppes.

Elle accueillait les gens tellement chaleureusement qu'ils ne pouvaient faire autrement que de se sentir appréciés. Peu lui importait le travail à accomplir : « faire des sandwiches debout sur un sol de béton ou répondre au téléphone », se souvient Molly. D'autres conviennent que Mila est du type des personnes chanceuses qui, même dans l'ombre, semblent occuper le devant de la scène.

Si 1974 et 1975 avaient été des années fertiles en événements dans la vie de Mila, rétrospectivement, elles semblent une simple période de réchauffement par rapport à ce qui arriverait en 1976. La carrière d'avocat de Brian était en plein essor. Mila suivait toujours ses cours à l'université et prenait soin de Caroline alors âgée de quatorze mois. À l'été de 1975, elle s'aperçut qu'elle était à nouveau enceinte. Une année excitante s'annonçait.

Mila ne termina jamais ses études. Quand Brian décida de s'engager dans la course au leadership du Parti progressiste-conservateur, Mila abandonna ses études, pensant que c'était la seule chose à laquelle elle pourrait revenir plus tard. « Je ne pouvais imaginer comment je pourrais étudier à temps plein, voyager avec mon mari et prendre soin de deux enfants.

« Aujourd'hui, je souhaiterais avoir terminé mes études. Je ne peux y retourner parce qu'il y a une limite de dix ans pour achever des études de génie, mais si je recommençais ces années, c'est la seule chose que je changerais. J'aurais pris cette année. Brian aurait voyagé sans moi. Dans ce pays, on semble croire malheureusement que les gens qui n'ont pas de diplôme universitaire ne réussissent pas aussi bien ou n'ont pas autant de valeur que ceux qui en ont un. C'est presque comme le bénévole qui ne reçoit aucune rétribution, comme s'il ne travaillait pas. Ça se ressemble. Je crois que les choses auraient été plus faciles pour moi, en tant qu'épouse d'un homme politique, si j'avais terminé mes études. Maintenant que je sais que je peux faire autre chose, j'y retournerai peut-être et m'inscrirai en arts. »

Peu après avoir abandonné ses études, elle rencontra une femme qui avait été son professeur de tapisserie quand elle était petite. « J'étais chez Steinberg et je me hâtais de faire mes emplettes avec les deux enfants dans le panier quand je l'ai vue. Elle est venue vers moi et avec son accent prétentieux, elle m'a lancé : « Mila chérie, tu étais une enfant *tellement* laide. C'est incroyable ce que tu es devenue. » C'était toujours la question d'avoir l'air différent, d'être différente. J'avais vraiment tout d'un enfant yougoslave. » Peu importait le fait qu'elle cadrait bien dans la vie qu'elle menait au Canada et qu'elle était l'épouse d'un éminent avocat, louangée à titre de bénévole, hôtesse talentueuse et mère énergique, on lui rappellerait encore et toujours qu'elle avait été une étrangère.

# Chapitre quatre

*« C'est l'une des choses les plus difficiles que j'aie jamais faites. Je n'ai même pas eu l'occasion de créer des liens avec mon bébé. Mais c'était important pour Brian que j'aille en Floride avec lui à ce moment-là. Il avait besoin de moi. C'était une question de priorité. »*

Mila Mulroney

A<small>U MILIEU</small> des années 1970, Montréal était en pleine effervescence. Les Expos de Montréal étaient une équipe jeune, les Canadiens dominaient le classement de la Ligue nationale de hockey, les Soviétiques étaient venus en ville disputer des matchs de hockcy et la fièvre des Jeux olympiques de 1976 captivait l'imagination des Montréalais. Le théâtre était florissant et la ville était en train de devenir un centre de la mode.

Brian et Mila profitaient de la vie au maximum. Ils fréquentaient les jeunes éminences grises de Montréal : Michel et Erica Cogger, Jean et Michelle Bazin, Michael Meighen, Peter et Mary White, Bernard et Madeleine Roy. À l'exception de Lowell Murray (que Brian avait rencontré quand il étudiait à l'université St. Francis Xavier d'Antigonish, Nouvelle-Écosse), c'étaient tous des diplômés en droit de l'Université Laval de Québec (leur surnom était la Mafia de Laval). Ils parlaient de politique depuis leur rencontre. Stanfield est-il vraiment un bon leader? Qui pourrait le remplacer? Le Parti progressiste-conservateur pourrait-il gagner une autre élection?

Mila avait travaillé comme bénévole pour les conservateurs et, même si elle restait en dehors de la bagarre, elle comprenait les conversations qui se tenaient dans son salon. Exception faite de Bernard Roy, ils avaient tous, à un moment ou l'autre, parlé de se présenter à la direction du parti. On s'attendait à ce que tôt ou tard, l'un des « gars » soit de la course. Mila avait toujours cru que Brian était celui qui pourrait recueillir les fonds et les appuis nécessaires à l'organisation d'une campagne au leadership. Toutefois, c'était alors davantage un sujet de conversation qu'un projet concret.

Par un week-end chaud de juillet 1975, Brian et Mila se rendirent en voiture dans les Cantons-de-l'Est pour un week-end avec Michel et Erica Cogger. Michel avait hâte de parler à Brian seul à seul et il l'invita à aller marcher avec lui. Brian se souvient très bien de cette promenade dans les bois. Robert Stanfield venait de démissionner. Brian dit à Michel qu'il avait appelé Stanfield et essayé de le convaincre de rester. «Je trouvais que c'était terrible que Bob démissionne comme leader du Parti progressiste-conservateur, dit Brian, mais personne d'entre nous ne savait à ce moment-là à quel point sa femme Mary était malade.» Ils discutèrent des successeurs possibles de Robert Stanfield tandis que Mila et Erica restaient à la maison à surveiller leurs fillettes qui pataugeaient dans la piscine.

La Mafia de Laval avait toujours affirmé que, pour gagner une élection nationale, le parti devait avoir un leader capable de l'emporter au Québec. Ils se rendaient compte qu'il était virtuellement impossible de former un gouvernement sans le Québec et les autres régions francophones du Canada. Michel dit à Brian : « Je connais un candidat qui pourrait conduire le Parti progressiste-conservateur à la victoire, parce qu'il peut gagner au Québec et dans le reste du pays. » Brian lui demanda de qui il s'agissait et Michel répondit : « De toi ».

Même si Brian était ambitieux et s'il prenait part, comme les autres, aux discussions qui avaient lieu dans son salon, c'était la première fois qu'on lui proposait réellement de l'appuyer dans une course à la direction du parti. Brian se souvient d'avoir dit à Cogger : « T'es fou ! » Cogger insista et fit valoir les mérites de cette idée. Mais Brian avait, cet été-là, des visées autres que politiques. L'Iron Ore du Canada lui avait fait des propositions. La multinationale offrait au jeune avocat des possibilités très attrayantes. Cogger rétorqua qu'il y aurait des dizaines d'offres comme celle de l'Iron Ore, mais qu'il n'y avait qu'une seule course à la direction du parti tous les dix ans ; cependant, Brian n'était pas prêt à abandonner ses projets, enfin, pas tout de suite. Ils retournèrent au chalet sans qu'il en soit à nouveau question.

En revenant chez eux, Brian et Mila discutèrent de la proposition de Michel. Ils n'étaient ni l'un ni l'autre certains que d'entrer dans la course au leadership était alors le bon choix à faire. Toutefois, même s'ils n'étaient mariés que depuis deux ans, Mila devina que la politique attirait beaucoup Brian. Elle fit en silence le pari que l'Iron Ore devrait peut-être chercher un autre candidat.

Brian était dans les coulisses de la politique depuis l'âge de seize ans. À l'Université St. Francis Xavier, ce jeune étudiant de première année arrogant refusait de se plier à ce que les anciens appelaient la règle du « Seigneur des anneaux » sur le campus, suivant laquelle les nouveaux n'étaient pas autorisés à adresser la parole aux plus vieux. Mulroney parlait à qui il voulait. Il se distingua à l'intérieur du parlement étudiant et se révéla un orateur et polémiste énergique. À Laval, en droit, il continua à faire de la politique, affirmant souvent que le premier ministre Diefenbaker le conviait pour causer. Personne ne le croyait ; il l'invita donc un jour à venir à Québec et à s'adresser à la classe. Tout le monde resta estomaqué quand Diefenbaker arriva.

Après la collation des grades en 1964, Brian et sa bande de Laval refluèrent vers Montréal et des postes lucratifs dans des cabinets d'avocats. Ils travaillaient fort et s'amusaient beaucoup. Bernard Roy sourit en se remémorant l'époque où le bar Le Carrefour de la place Ville-Marie leur servait de quartier général. C'est là qu'ils se réunissaient pour parler d'affaires et de politique en prenant un martini et pour rencontrer des gens, surtout des femmes, qui travaillaient à la place Ville-Marie. Dans les premiers temps, ils partaient pour Québec, habituellement dans la vieille Triumph de Bernard, pour aller voir des petites amies. Par la suite, louant des chalets dans les Laurentides, ils apprirent à skier et se perfectionnèrent dans l'art d'organiser des surprises-parties.

« J'ai de très bons souvenirs de cette période, dit Bernard. J'en ai entendu de toutes sortes sur le comportement de Brian à cette époque-là, mais je ne me souviens pas qu'il se soit comporté de façon répréhensible. » Un autre ami, Lowell Murray, croit que les histoires suivant lesquelles Brian brûlait la chandelle par les deux bouts sont de l'exagération. « Quand Brian était célibataire, il travaillait le soir jusqu'à 19 h. Sa mère s'occupait de faire le ménage de son appartement. Parfois, elle faisait cuire un rosbif et le laissait sur le comptoir. Il semble que Brian en prenait une tranche pour souper et allait se coucher ou regardait la télévision ou bien appelait quelqu'un. Il n'aurait pu réussir dans son monde, celui des relations de travail, en sortant tous les soirs. »

Les manœuvres politiques de Brian se poursuivirent et en 1967, il était le lien entre le Parti progressiste conservateur et l'Union nationale de Daniel Johnson, alors au pouvoir. En 1972, il était coprésident de la campagne québécoise des conservateurs.

L'année suivante, en janvier 1973, on lui offrait un statut d'associé chez Ogilvy Renault et, un an plus tard exactement, il commençait à siéger à la commission Cliche. C'est là qu'il a acquis la réputation d'un dur négociateur, d'un batailleur de rue qui ne céderait jamais devant les pressions, quel que soit le danger. On le considérait alors comme un héros à Montréal, l'homme qui avait fait un pied de nez au monde terrifiant et corrompu du crime organisé.

À cause de son titre de commissaire, il reçut des dizaines d'invitations à parler lors de cérémonies officielles. Il ne pouvait toutefois les accepter avant que la Commission eût terminé son enquête et remis son rapport. Finalement, à l'automne 1975, il accepta de faire une tournée de conférences à travers le pays. C'était exactement huit semaines après le week-end que Mila et lui avaient passé chez les Cogger à la campagne. Michel décida qu'il était temps de reformuler sa requête.

Il convainquit Brian de profiter de cette tournée pour tâter le terrain en vue de se présenter à la direction du Parti progressiste-conservateur. Cogger insista : Brian n'avait rien à perdre ; il devait faire ce voyage de toutes façons. Même si Brian croyait qu'il était trop tôt, il accepta de sonder le terrain, puisqu'il y allait et que son ami Cogger venait avec lui. Mila resta chez elle avec Caroline. (À cette époque, il n'était pas question qu'elle fasse campagne à ses côtés. Elle dit que son rôle devait être strictement un rôle de soutien. Elle pensa qu'il serait très bien avec ses amis Cogger, Murray, Meighen, Bazin et Roy.)

Au retour de cette tournée de conférences, on commençait, tant dans les médias que chez les conservateurs, à parler de Mulroney comme d'un candidat possible. Quelques semaines plus tard, à l'hôtel Bristol Place de Toronto, un groupe de partisans le choisissait comme candidat à la direction du parti. Il revint à Montréal et dit à Mila : « Ç'a l'air un peu étrange. La perspective d'entrer dans la course au leadership n'a aucun sens. » Il était inquiet parce qu'il était le seul candidat qui ne fut pas député. « J'avais trente-six ans. Je ne m'étais jamais présenté en politique. Je n'avais même jamais été élu marguillier de ma vie. Mais après en avoir parlé avec Mila, nous avons décidé d'aller de l'avant. »

Mila approuvait le côté fonceur de son mari. Elle aussi aimait prendre des risques et comprenait comment il se sentait. De plus, elle avait déjà établi ses priorités. Brian d'abord. Même si elle était enceinte de son deuxième enfant et ne se sentait pas en position de participer à une campagne à la direction du parti, elle était quand même prête à relever le défi. Plus que tout, elle croyait que son mari était l'homme tout désigné pour ce poste.

Elle sentait qu'il ne fallait pas laisser passer cette occasion unique. «Je crois que personne n'a le droit de dire non à des possibilités comme celle-là. Si Brian était prêt à tout risquer, à essayer quelque chose de nouveau, de quel droit l'en aurais-je empêché? La dernière chose que je veux, c'est de devoir me remémorer les occasions, les chances perdues. Je n'aurais pu le supporter.

«J'avais travaillé comme bénévole pour Michael Meighen quand il s'était présenté aux élections; je savais donc un peu dans quoi je m'embarquais. Mais je savais aussi que ce serait différent. Un bénévole peut prendre ses distances par rapport au candidat. Il n'a pas de responsabilités. Il travaille et encourage le candidat. Je travaillais de longues heures, je faisais le quart de nuit (comme la plupart des jeunes bénévoles quand je travaillais pour Michael Meighen). Quant à Brian, il ne savait même pas exactement ce que cela signifierait. Le pays est très grand. Jusqu'à ce qu'on commence à le parcourir, on ignore la somme d'énergie qui sera nécessaire. Mais j'étais prête. Je décidai que cette fois, j'apprendrais en même temps que Brian. »

À peu près à la même époque, Mila fit des démarches en vue d'éliminer un petit problème. Elle décida de se soumettre à une rhinoplastie. Elle dit que ce n'est pas parce qu'elle n'aimait pas son apparence. «J'avais beaucoup d'amis et je m'étais toujours sentie attirante quand j'étais adolescente. » Elle avait plutôt besoin d'une chirurgie pour corriger l'obstruction de ses voies respiratoires causée par la fracture du nez subie lors de l'accident d'automobile qui avait eu lieu quand elle avait dix ans.

Quand Caroline était petite, Mila avait de la difficulté à dormir. Elle ne pouvait respirer par le nez. Elle alla voir un médecin à l'hôpital Royal Victoria et lui demanda ce qui pourrait être fait. Il lui dit que des éclats d'os laissés par la fracture occasionnaient ces problèmes de respiration et qu'on pouvait facilement les enlever. Puis il lui demanda : « Qu'est-ce qu'une jolie fille comme vous fait avec un nez si laid ? » Il lui suggéra de consulter un plasticien pour faire redresser son nez par la même occasion.

« Je ne l'aurais probablement pas fait juste pour faire redresser mon nez, mais comme il fallait m'opérer pour autre chose, je me suis décidée. » Elle se rétablit rapidement et retourna à son rôle de châtelaine des lieux, qui étaient en train de devenir le centre de commande de la Mafia de Laval, des conservateurs du Québec ainsi que des bénévoles et des partisans potentiels.

Le 13 novembre, Brian annonça officiellement sa candidature. Il entrait dans la course pour devenir le chef du Parti progressiste-conservateur. Le 16 décembre, il alla à Baie-Comeau dire aux gens de sa ville natale ce qu'il entendait faire. Mila s'y rendit dans un petit avion loué en compagnie de plusieurs journalistes. Elle se rappelle qu'il faisait terriblement froid, qu'elle portait un imperméable pèlerine rouge, ample et court, et que tout le monde essayait de la faire asseoir parce qu'elle était enceinte. Mais elle se souvient surtout du fait que son mari a fait le discours de sa vie.

Brian compara Baie-Comeau à toutes les petites villes du pays. Bill Fox, correspondant de l'agence Southam News, qui deviendrait en 1984 le premier secrétaire de presse de Brian Mulroney, était sur les lieux. « Je n'oublierai jamais ce jour où Brian a regardé tous ces gens et a dit : « C'est un grand pays celui où le fils d'un électricien peut se présenter au plus haut poste. » Il était manifestement très fier d'être le fils d'un électricien et il insista beaucoup sur le fait de « se présenter ». Je me souviens d'avoir été frappé par la beauté de sa femme, Mila, et aussi par le fait qu'elle était toute nouvelle dans le jeu de la politique. »

En décembre, Mila se rendit compte qu'elle devait remettre à plus tard la suite de ses études. Elle quitta l'université alors qu'il ne lui restait qu'un trimestre à faire pour obtenir le diplôme d'ingénieure. Brian et elle rejoignirent Michel et Erica Cogger chez une relation d'affaires, Peter Thomson, à Nassau, pour les vacances de Noël. Ils laissèrent Caroline avec les Pivnicki et partirent le soir de Noël. « Brian avait besoin de moi, dit Mila. Nous avions beaucoup de points à discuter. Il n'y avait pas d'arbre de Noël, pas de célébrations à Nassau. Ça ne ressemblait pas à Noël. J'ai presque effacé ce souvenir de ma mémoire. Nous avons fêté Noël avec Caroline à notre retour, le 6 janvier. Je ne pense pas qu'on marque un enfant de cette façon. Caroline avait seulement dix-huit mois. Elle ne connaissait rien aux dates. » Dans moins de huit semaines, le vote relatif à la nomination d'un chef pour le Parti progressiste-conservateur se déroulerait au Château Laurier à Ottawa.

Il y avait douze candidats en lice. Au début, Brian partait bon dernier, mais au fur et à mesure que s'accroissait l'appui à sa candidature, ses espoirs et ses attentes grandissaient. Il dit : « Quand les partisans se font plus nombreux, tu commences à regarder les autres candidats et tout naturellement, tu finis par penser que peut-être, tu peux le faire, que les autres sont peut-être moins bien qualifiés. À Noël, on voyait la course de cette façon. En janvier, nous étions, dans l'esprit de bien des gens, en première ou en deuxième place. Lors du congrès du 22 février, nous étions numéro deux après le premier tour de scrutin (après Claude Wagner). Cela signifiait en réalité qu'il y en avait dix ou onze derrière moi. »

C'est lors de ce congrès que Marjory LeBreton, qui connaît bien le Parti progressiste-conservateur et qui est présentement chef de cabinet adjointe au bureau du premier ministre, remarqua pour la première fois Mila Mulroney. « Leur section du Centre civique était à ma droite. Elle était assise là avec Brian. J'étais en haut dans les gradins à la regarder et je pensais : « C'est la personne sur qui compte cet homme. » Je me suis souvenue d'elle parce qu'elle était visiblement enceinte et que la place était étouffante et remplie de fumée. Quand on a annoncé le vote, elle s'est approchée de lui, l'a protégé, a gardé la maîtrise de la situation. À mon arrivée au congrès, j'aurais parié mon hypothèque que Brian Mulroney allait gagner. »

Néanmoins, tôt durant le congrès, Brian et Mila savaient qu'il ne pouvait pas gagner. Après le discours de Diefenbaker enjoignant le parti d'élire un chef qui avait déjà un siège à la Chambre des communes, ils savaient qu'ils avaient perdu leur pari. Donc, même si les téléspectateurs ne connaissaient pas encore les résultats, les Mulroney savaient quelle serait l'issue de la course avant même que Brian soit éliminé au troisième tour. Ensemble, Brian et Mila avaient visé l'or et pour la première fois depuis leur mariage, ils avaient perdu.

Brian fut amèrement déçu des résultats de la course au leadership et de ce qu'il considérait comme la duplicité de certaines personnes sur qui il avait compté et qui avaient changé leur fusil d'épaule. Perdre une course au leadership est en quelque sorte plus difficile que de perdre une élection générale parce que c'est le parti, le club, la famille qui vous inflige une défaite. C'est comme une guerre civile qui divise les amitiés et les familles. Les dissensions continuent longtemps après le cessez-le-feu.

Ses amis comprirent comment il se sentait. L'un d'entre eux dit : «Supposez que vous soyez Brian Mulroney, le meilleur avocat de Montréal, le commissaire respecté de la commission Cliche, le beau gars, le négociateur débonnaire et que vous perdiez au profit d'un gars connu sous le nom de Joe Qui. C'était un moment très difficile.» De plus, confient ses amis, ils en parlaient tout le temps avec lui, analysant les résultats sans arrêt. Brian revoyait tout dans sa tête et cela continuait à le déranger. Il était également inquiet du nombre de personnes qui, à son avis, l'avaient laissé tomber. Des gens qui étaient ses amis depuis vingt ans s'étaient retrouvés dans le camp d'un autre.

Ceux qui ont participé à une course au leadership ou qui ont appuyé un candidat connaissent les déceptions et les contrecoups laissés par une défaite. Après avoir perdu la course à la direction du Parti libéral au profit de John Turner, qui fut ensuite battu par Brian aux élections, Jean Chrétien se rendit à un cocktail donné par Jean-Pierre Cabouat, l'ambassadeur de France au Canada, en se vantant des résultats qu'il aurait obtenu s'il avait été le chef. «J'aurais botté le cul à Mulroney si j'avais gagné la course au leadership», dit Chrétien. Puis il continua à démolir Turner. Ceux qui écoutaient comprirent que c'étaient les paroles d'un candidat défait.

Les séquelles étaient difficiles à supporter pour tous, pour Brian, pour Mila et pour leurs amis et collègues. Mais Mila pensait que c'était pour Brian que c'était le plus difficile, et il était sa priorité. Elle comprenait le sentiment de trahison qu'il ressentait. Elle savait aussi combien c'était déchirant d'avoir été le dernier candidat à entrer dans la course, d'être parti du bas de l'échelle, d'avoir connu une ascension si vertigineuse que la victoire semblait possible et de perdre au bout du compte. Il faut beaucoup de temps pour que se cicatrisent de telles blessures.

Moins de trois semaines après le congrès, le 9 mars 1976, naissait Benedict. Brian était encore si populaire à Montréal qu'il ne pouvait marcher dans la rue sans que six ou sept personnes l'arrêtent pour lui serrer la main. Il ne prenait pas un seul repas au restaurant sans que des sympathisants viennent à sa table. Aussi, à leur arrivée à l'hôpital St. Mary's, Mila, dont les contractions avaient commencé, s'aperçut que les infirmières n'en avaient que pour Brian : « Bonjour, M. Mulroney, nous vous attendions. » Mila observa l'agitation autour de son mari et pensa : « Hé ! c'est *moi* qui suis enceinte. C'est *moi* qui ai une valise. C'est le département d'obstétrique ici, non ? Et moi alors ? »

Ben se présentait par le siège. L'accouchement fut long et douloureux, mais quand il est finalement arrivé, dit Mila, il était magnifique. « Il avait même une raie parfaite dans les cheveux et une merveilleuse petite figure carrée avec de grands yeux bleus. Ç'a été un bébé facile. On aurait dit qu'il savait que c'était un temps de réflexion pour nous. Quand c'était le temps de manger, on lui disait « Réveille-toi, Ben » et il se réveillait. Quand c'était le temps de dormir, on lui disait « Fais dodo, Ben » et il s'endormait.

Ben n'avait qu'une semaine quand Mila le confia à ses parents afin de pouvoir accompagner Brian en Floride

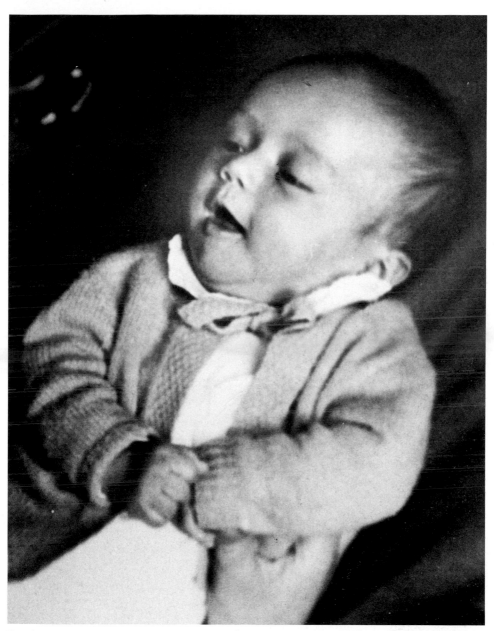

*Pendant les dix premiers mois de sa vie, Mila dormait dans un panier à côté du lit de ses parents, dans leur petit appartement de deux pièces à Sarajevo.*

«À l'opposé de Mita Pivnicki, les pères yougoslaves ne s'estimaient pas particulièrement privilégiés d'avoir une fille.» À droite, la famille Pivnicki : la mère de Mila, Boba, et Mila tenant la main de son père.

La famille eut finalement l'autorisation d'emménager dans un appartement plus grand. Mila et Boba, du balcon, jettent un coup d'œil à leur nouvel environnement.

*« S'il est intelligent, il ne reviendra jamais », murmuraient à Boba Pivnicki (à gauche) les amis rencontrés lors des promenades dans le parc avec sa fille. Mila avait quatre ans quand Mita partit pour le Canada. Boba était alors enceinte et dut se débrouiller seule pendant dix-huit mois avant de venir rejoindre Mita au Canada avec les enfants.*

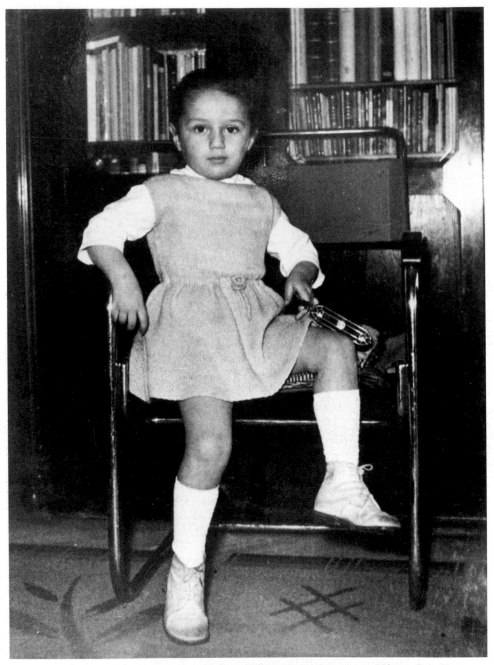

*On avait donné à Mila une petite sacoche qu'elle emmenait partout. Même si, en Yougos-lavie, les magasins étaient souvent vides, Mila était toujours joliment vêtue parce que sa mère tricotait presque tous ses vêtements.*

« À cette époque, mon style, c'était mes racines d'immigrante yougoslave : mes tresses et mes vêtements trop grands pour qu'ils me m'aillent longtemps. »

*Le père et la fille réunis à Montréal. Un ami intime de la famille dit qu'il tenait à elle « comme à la prunelle de ses yeux ».*

*Enfant, Mila visita les édifices du Parlement à Ottawa ; jamais elle n'aurait imaginé qu'un jour, elle y aurait son propre bureau.*

*Aussi loin qu'il remonte dans ses souvenirs, son frère John se souvient que sa grande sœur prenait soin de lui «Elle me tenait toujours la main, m'emmenait partout. »*

*La famille Pivnicki, plusieurs semaines après l'accident d'automobile de 1963. Boba a toujours le bras en écharpe; dans les bras de Mitu, Ivana, la plus jeune.*

La légende suivante accompagne la photo de Mila dans l'album des finissantes du cours secondaire :

« Au départ, nous sommes tous des originaux. Ne devenons pas des reproductions. »

Le bonheur, c'est : un estomac plein.

Son ambition : devenir sculpteure

Ce qu'elle déteste le plus : la pression

Son modèle : « la Personne »

Sa faiblesse : les histoires ennuyeuses

*Sur le site de Terre des Hommes, Mila (à l'extrême gauche) et des amis; elle y travaillait l'été où elle rencontra Brian Mulroney.*

*Mila et Caroline jouant dans la piscine chez des amis. « Mila aborda la maternité avec une attitude décontractée, rare chez les nouvelles mères. »*

*Brian et Mila montrent fièrement leur nouveau bébé, en face de la maison des Pivnicki, à Montréal. Mila était encore à l'université à cette époque.*

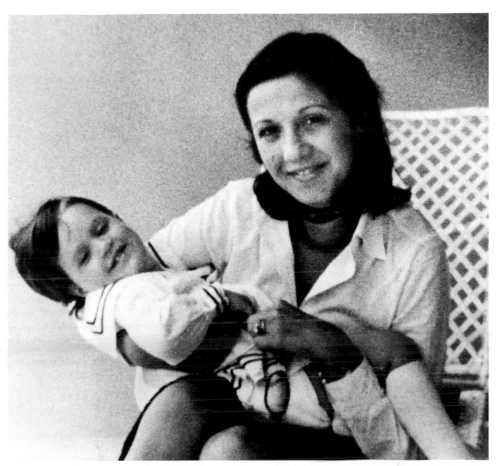

*Mila et Caroline, à peu près à l'époque où Brian siégeait à la Commission Cliche. Caroline jouait avec les gardes de sécurité qui protégeaient la famille. Les téléphones de menaces étaient devenus monnaie courante.*

*Mila avec Caroline et Benedict. Celui-ci est né moins de trois semaines après que Brian eut perdu la course à la direction du Parti progressiste-conservateur en février 1976. Cet été-là, Brian commença à travailler pour l'Iron Ore du Canada.*

*Après avoir remporté la course à la direction du Parti progressiste-conservateur, Brian fit campagne dans la circonscription de Central Nova, en Nouvelle-Écosse. La famille passa l'été au Pictou Lodge. Mark, le plus jeune sur cette photo, est né en 1979.*

*Chez elle, au 24 Sussex Drive. Mila est enceinte de Nicolas, qui est né exactement un an après l'élection de Brian au poste de premier ministre.*

pour recoller les morceaux de leur vie à la suite de la course au leadership. Ils emmenaient Caroline avec eux, mais comme le dit Mila, « Je ne pouvais passer mes nuits debout à cause du bébé. C'est l'une des choses les plus difficiles que j'aie jamais faites. Je n'ai même pas eu l'occasion de créer des liens avec mon bébé. Mais c'était important pour Brian que je l'accompagne en Floride à ce moment-là. Il avait besoin de moi. C'était une question de priorité. J'ai décidé d'y aller, pensant que c'était la bonne décision. J'étais en paix avec moi-même. Le bébé était important. Mais le bien-être de Brian l'était davantage. Je pensais que le bébé serait bien avec ma mère. »

Ils ont passé dix jours en Floride à parler de ce qui était arrivé et à faire des projets pour l'avenir. « Ce fut une occasion de se détendre, de parler à fond de tout ce dont nous voulions parler. Nous avons mis toutes les pièces du casse-tête sur la table. » Elles incluaient la carrière, le travail, la maison, la famille. La carrière et l'emploi sont deux choses différentes pour Brian, dit Mila. « Il avait toujours aimé la politique et en avait toujours fait. Comme vice-président du Parti progressiste-conservateur et en tant qu'avocat, il pouvait rapprocher les deux choses. À ce moment-là, il sentait qu'elles étaient séparées. Pendant un moment, il disait qu'il ne voulait plus jamais retourner en politique. Mais je savais qu'il parlait comme ça parce qu'il était blessé. »

Quant à la maison et à la famille, ils voulaient une plus grande maison. Même si la leur avait trois chambres à coucher et un cabinet de travail, ils sentaient qu'il était temps d'en acheter une plus grande. Mila voulait également que Brian passe plus de temps avec sa famille. En tant qu'avocat dans le domaine des relations de travail, il

pouvait travailler dix-huit jours d'affilée, souvent à l'extérieur de la ville. À titre de politicien travaillant dans les
coulisses, il pouvait facilement passer tous les soirs de la
semaine à parler boutique devant un martini et un souper.
Mila voulait parler du genre d'attention dont une famille a
besoin. Elle voulait plus d'empire sur leurs vies et sur le
temps passé ensemble.

Tout en démêlant les lignes de leur avenir, ils marchaient sur la plage, s'assoyaient sur le balcon, sortaient
souper. Et ils appelaient chez eux cinq fois par jour pour
savoir comment allait Ben et trouvaient même du temps
pour jouer avec Caroline qu'ils avaient à peine vue durant
les trois semaines de la course au leadership. «Là-bas, nous
avons formulé ce que nous voulions et ce que nous ne
voulions pas. Nous avons décidé que pour le moment,
nous ne voulions pas d'une vie si intense. Nous voulions
plus de temps pour les enfants, plus de temps pour être
en famille. Nous voulions du temps pour voyager et nous
voulions un travail que nous pouvions contrôler au lieu
d'un travail qui nous contrôle.»

Après dix jours en Floride, ils ne voyaient plus les
choses de la même manière. Ils avaient parlé de ce qu'ils
représentaient l'un pour l'autre et fait le point sur leur
relation. Ils savaient qui étaient leurs amis. Il semblait que
certaines personnes qui avaient été très proches de Brian
et qui l'avaient appuyé durant la course au leadership
avaient soudainement disparu après sa défaite. Même si la
guérison n'était pas terminée, Mila dit: «Quand j'y repense, ce
fut l'un des moments les plus sains de nos vies.»

À leur retour à Montréal, Brian décida de quitter le droit et
de se lancer en affaires. On lui avait fait plusieurs offres

intéressantes et il finit par accepter celle de l'Iron Ore du Canada. Il commença comme vice-président et un an plus tard, il en était le président et le chef de la direction. L'emploi comprenait des à-côtés : une carte de membre du très chic Mount Royal Club, l'usage d'un club de pêche privé au Labrador, deux avions de l'entreprise dont il pouvait disposer à sa guise et quatre sièges derrière le banc des Canadiens au Forum. (Ce dernier avantage de l'emploi n'enthousiasmait pas particulièrement Mila puisque sur une échelle de un à dix, son intérêt et sa connaissance du hockey marquaient à peine des points.) Grâce à ce poste à l'Iron Ore, les Mulroney se retrouvaient plus riches que jamais, ce qui incluait une maison sur le chemin Belvedere, au sommet de Westmount.

Avant de commencer son emploi, Brian mit au point un contrat lucratif qui lui assurait la sécurité financière à vie, mais qui stipulait qu'il devait rester à l'écart de la politique pendant cinq ans. Il prit également le temps de quitter son bureau chez Ogilvy Renault et de se réinstaller dans le monde des affaires. Il passa également beaucoup de temps à réfléchir. Même s'il avait dit qu'il ne retournerait jamais dans l'arène politique, Mila savait que son amour pour la politique signifiait qu'il y reviendrait un jour. De plus, Brian rencontrait encore ses amis pour reparler sans se lasser des détails de la course au leadership.

Mila dit que 1976 fut une triste année « parce qu'il nous manquait quelque chose qu'on avait tellement voulu atteindre. Mais Brian avait fait une forte impression là-bas. Il s'était bien conduit, avait rehaussé son image, bien parlé, avait eu de bonnes idées, acquis assez de notoriété pour faire son chemin. Ce fut une expérience révélatrice qui nous servit en 1983. »

Toutefois, même l'excitation d'un nouvel emploi n'effaçait pas le souvenir de la course au leadership. Mila le soutint résolument. Quand ses amis venaient à la maison et s'informaient de Brian, elle insistait pour qu'ils lui parlent à lui. Ils allaient au cinéma ou s'assoyaient dans le jardin pour lire. Elle veillait attentivement sur lui, parce qu'elle savait qu'en temps opportun, ses blessures guériraient et qu'à son avis, c'était un homme qui valait la peine qu'on l'attende.

Mila se souvient de cette époque comme d'une période où leur relation s'est renforcée. « Nous sommes devenus des amis et nous nous sommes rendu compte que ces choses importantes dont on parle entre conjoints peuvent se réaliser. La confiance s'est installée entre nous et a continué de grandir. Nous avons résolu tous les petits pépins et sommes devenus le meilleur ami l'un de l'autre. Je considérais cette époque comme une période d'établissement des fondations. »

Mila trouvait sa nouvelle vie plus facile. Elle avait moins d'engagements. Elle commença à faire des choses pour elle-même ; elle prit des cours de gymnastique tous les jours, travailla comme bénévole à l'Hôpital pour enfants de Montréal, fit la lecture aux enfants atteints du cancer. Elle fut bénévole au Musée des beaux-arts et organisa un groupe de jeux avec d'autres mères du voisinage dont les enfants n'étaient pas d'âge scolaire.

Elle se prit à redécorer sa nouvelle maison. Sa belle-sœur Olive Elliott était avec elle la première fois qu'elle vit la maison du chemin Belvedere. Mila regarda les murs et

les planchers et lui dit : « Personne n'a aimé cette maison. »
Et avec des amis elle se mit au travail, enlevant des couches et des couches de vieux papier peint et débarrassant
les planchers de la moquette qui y était collée.

La maison avait une très vieille cuisine qui devait être
rénovée. Il n'y avait pas de garde-robe dans le vestibule
d'entrée (à la place, il y avait des crochets dans la salle de
bain). C'était un projet idéal pour une femme qui s'enor-
gueillissait de ses idées sur la décoration et qui adorait
rénover les vieilles maisons. Elle peignit les moulures en
jaune. Le salon, qui mesurait dix mètres sur cinq, fut refait
avec des panneaux de pin vieilli, pourvu de bibliothèques
et de deux coins de détente. Elle peignit la chambre de
Caroline en rose vif et décora les salles de bains pour
qu'elles s'harmonisent avec les anciennes baignoires aux
pieds travaillés. Il y avait un foyer dans la chambre à
coucher des maîtres, une banquette sous la fenêtre et un
vestiaire. Mila fit de cette maison une maison de rêve.

Elle avait déjà la réputation d'une femme qui aime les
couleurs vives et apprécie les beaux tissus et les coupes
audacieuses. Selon Olive : « Elle a un sens du détail qui va
plus loin que la décoration et le choix de beaux vêtements. Elle voit des choses que la plupart des gens ne
voient pas. Nous sommes allées voir une pièce à New
York un jour et après, pendant le repas, nous en avons
discuté plusieurs aspects. J'étais très étonnée des petits
détails dont elle se souvenait. »

Dans leur magnifique résidence sur la montagne, les
Mulroney menaient une belle vie. Tous les deux ou trois
mois, ils passaient quatre ou cinq jours à New York dans
un appartement de la compagnie, en face de Central Park.
Ils allaient en Europe plusieurs fois par année ; à Paris, ils

descendaient au Ritz. Ils firent un voyage extraordinaire à bord de l'Orient-Express avec trois autres couples. Et souvent, quand Brian allait au quartier général de l'Iron Ore à Cleveland, Mila l'accompagnait.

Comme Montréal et la Floride sont sur le même fuseau horaire et que l'avion de la compagnie était toujours à leur disposition, ils allaient en Floride trois ou quatre fois par année et demeuraient au St. Andrews Club, près de Boynton Beach, entre Palm Beach et Miami.

Mila se souvient que lors d'un de ces voyages, elle avait vérifié la liste des objets qu'ils emportaient toujours avec eux : poussettes, parc, biberons, couches, etc. À leur arrivée en Floride, Brian reprit la liste à rebours, cochant chaque pièce de cet équipement vital à sa sortie de l'avion. Quand il fut certain que tout ce dont ils avaient besoin pour les enfants y était, il renvoya l'avion, pensant qu'il avait les bagages de toute la famille. « L'avion décolla et retourna à Montréal avec la valise de Brian. Il n'avait rien, sauf ce qu'il avait sur le dos. »

Durant cette période, Julia Mustard rencontra par hasard son amie d'enfance. Elle se sentit très loin de son ancienne camarade. « Nos styles de vie étaient différents. J'étais célibataire, je faisais carrière dans les beaux-arts et je voulais voyager. Elle était tellement traditionnelle, tellement conformiste. Elle s'était engagée dans la voie que je craignais de la voir prendre. J'ai senti que notre relation d'écolières était terminée et j'en fus déçue.

« Quand nous étions à l'école, j'étais très contestataire et je critiquais fort le système scolaire. Elle participait toujours plus que moi aux activités de l'école. Mais nous restions amies. Quand je l'ai vue à la télévision pendant la campagne au leadership, ça m'a paru étrange. J'avais l'impression de connaître la personne que je voyais sous les feux des projecteurs et en même temps, je n'étais pas tout à fait certaine que c'était bien celle que je connaissais. C'est une femme intelligente, très talentueuse. Mais elle semble être dans l'ombre de son mari. Je sais qu'elle peut tout faire, c'est pour cela que c'est si difficile pour moi de la voir rester en coulisse. »

Mila devint enceinte encore une fois en 1977, mais elle fit une fausse couche. Le 29 avril 1979 naissait leur troisième enfant, Mark. Elle n'aima pas sa grossesse cette fois-là. « Pour vous dire à quel point j'étais grosse, je pesais 87 kilos quand je suis entrée à l'hôpital pour accoucher. J'avais tellement faim pendant cette grossesse que je plaçais une chaise devant la porte du frigo. J'étais grosse comme une barrique de lard... non, il n'y avait pas de barrique, juste du lard.

« Une amie à moi, Anelie Bubalo, était également enceinte. Nous avions toutes les deux des bébés du même âge et elle avait décidé que c'était assez. Je l'avais convaincue que ce n'était pas juste pour son enfant de rester enfant unique. Elle avait donc décidé d'en avoir un autre et elle était devenue enceinte en même temps que moi. Comme elle avait un souffle au cœur, elle dut rester à l'Institut de cardiologie de Montréal pendant les dernières semaines de sa grossesse. J'allai la voir un jour. J'étais énorme. Elle était là, étendue sur son lit d'hôpital, dans une magnifique robe de nuit en soie, sur des draps brodés (comme elle savait qu'elle resterait longtemps, elle avait apporté les siens), buvant de l'eau à la cuillère à thé. On aurait dit qu'elle avait pris cent grammes. Je portais une robe très ample bordée d'un volant, des mocassins et je mangeais tout ce que je voyais. »

Au moment où les contractions commencèrent, Mila était à l'épicerie avec Ben et Caroline. Elle quitta le magasin, laissa les enfants à la maison avec l'aide familiale et demanda à Joe, l'homme à tout faire qui travaillait pour eux, de la conduire à l'hôpital. Arrivée là-bas, elle appela Brian. Mais Mark n'était pas prêt pour son entrée dans le monde et il la remit à plus tard. « Quand je suis retournée à la maison après deux jours, j'étais tellement gonflée, grosse et inconfortable que j'arrivais à peine à me supporter. J'attendais à la porte que Brian arrive avec l'auto quand une infirmière m'a dit : « Oh ! juste une minute, je vais chercher votre bébé. » Il ne m'en fallut pas plus. Je me suis mise à pleurer sans pouvoir m'arrêter. »

Une semaine plus tard, les contractions recommencèrent. Cette fois-ci, Mila ne prit pas la peine de se rendre à l'hôpital. Au lieu de cela, elle appela Brian pour lui dire qu'il y avait deux chaises dans la vitrine d'un grand magasin de la rue Sherbrooke qui correspondaient à la description de celles qu'il voulait pour son bureau. Elle lui proposa d'aller les voir ensemble. Ils conduisirent donc les enfants chez les Pivnicki, allèrent voir les chaises, décidèrent de les acheter, choisirent du tissu pour les faire recouvrir et se rendirent ensuite à l'hôpital St. Mary's.

Mark est né tôt dans la soirée. Même s'il pesait plus de quatre kilos, on le mit dans un incubateur parce qu'il s'était écoulé plus de vingt-six heures entre le moment où les eaux de Mila avaient crevé et le moment de sa naissance. Elle se souvient combien c'était bizarre de voir son gros bébé en santé avec ses cheveux bouclés et ses fossettes dans un incubateur. Brian avait pu assister à l'accouchement cette fois. Il dit que c'est une expérience qu'il n'oubliera jamais.

Dans une biographie intitulée *Mulroney, de Baie-Comeau à Sussex Drive*, Ian MacDonald, un bon ami de Brian, parle de cette période, soit trois ans après la campagne au leadership, en disant : « Un jour, la terrible amertume disparut. Il cessa tout simplement de faire des commentaires désobligeants à l'endroit de Clark. Il avait également renoncé à l'alcool. »

Les journalistes et les commentateurs ont souvent critiqué le mode de vie de Brian durant cette période de sa vie. C'est ensuite à l'été 1991 que les potins sont devenus le plus virulents ; on disait que l'échec de l'Accord du lac Meech avait autant blessé Brian que l'échec de la campagne au leadership de 1976 et qu'il avait réagi de la même façon extrême à ces deux défaites.

En 1991, les lecteurs de chroniques mondaines au Canada (ou, dans ce cas-ci, en Allemagne ou en Angleterre) ont pu lire dans les journaux des histoires qui rappelaient celles de 1976 et qui montraient Brian souffrant de dépression et buvant beaucoup après la défaite. Les rumeurs parlaient de nuits extravagantes à Montréal, de week-ends d'égarement dans les Laurentides ainsi que de longues soirées où il noyait son chagrin dans d'énormes martinis au Beaver Club du Reine Élizabeth de Montréal. On disait que son comportement en public était consternant et que son comportement en privé était extrêmement pénible pour Mila. On a également dit que ce sont les années où elle l'a sauvé, que sans Mila, il ne s'en serait pas sorti.

Assis dans un fauteuil confortable à son bureau, dans le cabinet de travail du rez-de-chaussée au 24 Sussex Drive, Brian Mulroney réfléchit sur ces années et sur les histoires qui ont commencé à circuler à leur propos après qu'il soit devenu premier ministre. «Je ne sais pas pourquoi les gens ont considéré que j'étais déprimé. Une chose que les gens qui me connaissent vous diront, c'est que je ne suis jamais déprimé. Je me fâche. Je me vexe. Je peux être un tas de choses, mais jamais déprimé. Je ne sais pas d'où viennent ces inepties.

«Si j'étais enclin à la dépression, je ne serais pas ici aujourd'hui. J'aurais laissé tomber il y a longtemps. Avoir une propension à la dépression et faire le travail que je fais sont deux choses diamétralement opposées. Comme on scrute à la loupe tous mes agissements depuis huit ans, si j'avais une tendance à la dépression, quelqu'un aurait remarqué quelque chose. J'ai eu des tas de raisons d'être déprimé et toute personne le moindrement portée au désespoir se serait mise à boire. Pas moi.»

Brian ne nie pas qu'il buvait beaucoup dans les années 1970, comme d'ailleurs la plupart des hommes d'affaires de son entourage. Toutefois, juger sa façon de boire dans les années 1970 d'après les normes de 1992 ferait de lui un alcoolique. Mais agir ainsi, c'est ne pas tenir compte du spectaculaire revirement d'attitudes en faveur d'habitudes de vie plus saines qui s'est produit dans les quinze dernières années.

«Si vous reveniez à Montréal, disons en mars 1976, et alliez dîner au Beaver Club, il y aurait deux cents personnes dans la salle à manger. De ces deux cents personnes, quatre-vingt-cinq pour cent boiraient des martinis et quinze pour cent de l'eau minérale. Si vous alliez au Beaver Club aujourd'hui, quatre-vingt-cinq pour cent prendraient de l'eau minérale et quinze pour cent des martinis. En 1976, six ou sept sur dix de mes amis fumaient la cigarette. Aujourd'hui, il n'y en a plus qu'un, peut-être deux. »

Les attitudes ont changé depuis le temps où le fait que certains politiciens buvaient beaucoup passait presque inaperçu. On raconte que dans les années 1860, il fallait parfois sortir sir John A. MacDonald ivre de la Chambre des communes, et jusque dans les années 1970, les histoires de députés ivres à leur pupitre étaient légion. À ce moment-là, ces comportements ne semblaient offenser ni ne surprendre personne. La fin de cette époque a commencé, dit Brian, avec le revirement en faveur d'habitudes de vie plus saines.

« Ce n'est pas particulier à Montréal, ça s'est passé comme ça partout. C'est comme le mouvement pour la bonne forme physique. En 1965, si vous aviez dit à des gens d'aller faire du jogging, ils vous auraient envoyé promener. Tout le monde fait du jogging maintenant. La société a changé sa façon de vivre. Les gens qui fumaient ne fument plus. Ceux qui buvaient ne boivent plus. Et ceux qui restaient assis à ne rien faire et étaient en train de devenir des poussahs sont dehors en train de faire du jogging.

« En 1976, je faisais exactement comme tout le monde. Je fumais, je buvais et je m'amusais beaucoup. Je travaillais fort et je n'ai jamais manqué une journée de travail ; apparemment, j'avais du succès dans ce que je faisais. »

Chose certaine, une personne rendue moins performante par l'alcool ou la dépression n'aurait pu abattre autant de travail que lui. « J'ai organisé une campagne internationale de financement pour l'Université St. Francis Xavier qui a très bien marché. L'objectif était de sept millions de dollars. Nous en avons recueilli onze. J'étais président de la campagne de Centraide pour la région métropolitaine de Montréal. Je faisais partie du conseil d'administration de onze entreprises différentes, dont la Banque canadienne impériale de commerce, Standard Broadcasting, Provigo et la compagnie Hanna Mining. J'avais une femme et trois enfants. Je faisais ce que tout le monde faisait. Quand on avait trente-cinq ou quarante ans et qu'on avait du succès, on faisait toutes ces choses.

«Je ne peux pas parler pour les autres villes, mais c'était très à la mode de boire beaucoup à Montréal en ce temps-là. Ça ne vous faisait pas dégringoler dans l'échelle sociale. En fait, le seul de mes bons amis qui *ne buvait pas*, c'était John Rae.» (Il fut le directeur de campagne de Jean Chrétien, le frère de l'actuel premier ministre ontarien, Bob Rae.)

Brian nie également avec véhémence avoir été grossier, violent ou odieux quand il buvait. «Je suis certain qu'il y en a qui aimeraient dire que j'ai cassé la gueule à des gens, que je me suis fait arrêter pour conduite en état d'ébriété, que je me bagarrais ou que j'ai déjà vomi à la table de quelqu'un. Mais je n'ai rien fait de cela.» Il nie également avoir jamais trompé Mila.

En 1979, l'année de ses quarante ans et celle de la naissance de Mark, Brian commença à se rendre compte qu'il devait changer sa façon de vivre. «Quand t'es jeune, disons vingt-cinq ou trente ans, tu peux faire tout ça. Tu peux veiller tard, souper jusqu'à deux ou trois heures du matin et aller travailler le lendemain. Puis j'ai pensé à l'intensité de mon travail, à mes engagements à l'extérieur que j'aimais vraiment beaucoup, que ce soit la levée de fonds pour l'Université S.F.X. ou la campagne de Centraide, à ma famille, au fait que nous sortions beaucoup et rentrions tard, comme la plupart des couples à Montréal. Bref, j'ai conclu que d'ici quelques années, la combinaison de toutes ces choses me causerait des ennuis. Je ne savais pas si ce serait dans deux ans ou dans vingt. On ne sait jamais. Mais je ne voulais pas l'apprendre à mes dépens. »

Brian ne voulait pas travailler moins, mais il savait qu'il devait abandonner quelque chose. « J'ai décidé que ce serait beaucoup plus sain pour moi, pour ma famille, pour mon avenir, de m'assagir un peu. Il était temps que j'arrête de boire et de fumer. Ce n'était pas bon pour ma santé. J'ai arrêté de boire et je n'ai jamais repris un verre ; je n'en ai non plus jamais parlé à personne. Je n'ai jamais directement ou indirectement participé à une assemblée des A.A. Je n'ai jamais parlé à qui que ce soit.

« Laissez-moi vous dire que si j'avais été associé de près ou de loin aux A.A., je vous le dirais. Je serais très fier de vous le dire parce que je pense qu'ils font de l'excellent travail et je serais le premier à leur faire de la publicité. Mais ce n'est pas comme ça que ça s'est passé. Je n'en ai jamais parlé à personne. Je me souviens encore d'être allé manger avec Jean Bazin au Beaver Club en septembre ou octobre 1979 et que Bazin m'ait dit : « Prenons une bouteille de vin. » J'ai dit non. Il a répondu : « Il y a des mois qu'on n'a pas pris un verre ensemble. » Je lui ai dit : « J'attends Noël. On en prendra un à Noël. »

« Nous nous sommes réunis à Noël au Beaver Club. On était environ dix ou douze à ce repas. Généralement, les martinis coulaient à flots. Ça ne me disait rien. Je n'ai jamais repris un verre depuis que j'ai arrêté. Toute cette histoire absolument farfelue selon laquelle je fais partie d'une organisation secrète pour cesser de boire est fabriquée de toutes pièces. »

Il ajoute qu'il n'est pas une exception parmi les leaders politiques actuels. La plupart d'entre eux aujourd'hui s'en tiennent à un verre de vin. Selon Brian, « Kohl, le chancelier d'Allemagne, peut prendre une bière à l'occasion et après une longue journée, George Bush prend peut-être un martini. Ronald Reagan ne buvait pas du tout et Margaret Tatcher prend peut-être un verre de whisky maintenant, mais jamais quand elle était premier ministre. Pas un d'entre eux ne prend quoi que ce soit dans la journée. »

Cesser de boire s'est révélé beaucoup moins difficile pour lui que d'arrêter de fumer, ce qu'il a fait environ cinq ans plus tard. « J'ai cessé de fumer en février 1984. Mila et moi étions en Floride. Nous étions sortis souper avec Charles et Andy (Andrea) Bronfman. Nous étions seulement tous les quatre à leur appartement de Palm Beach. Andy fumait comme une cheminée. Charles fumait la pipe. Même Mila fumait à l'occasion. Je fumais à peu près trois paquets par jour. J'étais vraiment un gros fumeur. Ce soir-là, quand nous sommes revenus à l'appartement, je pensais que je m'empoisonnerais.

« J'étais alors chef de l'opposition et c'était devenu de plus en plus difficile de fumer lors des banquets et des réceptions auxquels nous devions assister. Je passais mon temps à me demander comment je pourrais bien griller une cigarette. Je prétendais que j'allais à la toilette ou qu'il fallait que je donne un important coup de fil. Je trouvais difficile d'attendre la fin de la période des questions. Parfois, j'allais fumer derrière les rideaux à la Chambre des communes. C'est dire à quel point je ne pouvais m'en passer.

« Mark était très jeune et il regardait la publicité anti-tabac à la télé ; il me disait toujours : « Papa, tu sais, ces cigarettes vont finir par te tuer. » Même les enfants cherchaient à me convaincre d'arrêter.

« De toutes façons, en rentrant cette nuit-là, en Floride, j'ai décidé qu'il était temps d'arrêter. Le lendemain, Mila devait aller à Bathurst au Nouveau-Brunswick pour une cérémonie officielle. Je devais aller à Vancouver, à Toronto ou ailleurs. À notre retour à Stornoway quelques jours plus tard, Mila est entrée dans la pièce et m'a dit : « Qu'est-ce qui s'est passé ? Tu as quelque chose de différent. » J'ai dit que j'étais comme à l'ordinaire et elle a répondu : « Je n'arrive pas à mettre le doigt dessus, mais tu n'es pas comme d'habitude. » Puis tout à coup, elle a compris : « Tu as cessé de fumer. » J'ai dit : « Je n'ai pas arrêté. J'essaie. N'en parle à personne. »

« Personne ne s'en est soucié pendant environ deux semaines, jusqu'à ce que quelqu'un de mon personnel remarque que je ne fumais plus et en parle à la presse. J'ai alors été inondé de centaines de lettres de félicitations. Après cela, je n'aurais pu recommencer, même si je l'avais voulu. L'alcool ne m'a jamais manqué depuis le jour où j'ai arrêté, mais la cigarette me manque encore. »

Dans l'intervalle, Mila et lui s'adaptaient à leur nouvelle vie. Il se familiarisait avec son travail à l'Iron Ore tandis qu'elle recevait leurs amis et ses collègues de travail. Il voyageait beaucoup. Il devait apprendre beaucoup de choses rapidement et consacrer son temps et son énergie à montrer au conseil d'administration de Cleveland ce dont il était capable. Mila décora son bureau avec un tel goût que les meubles sont encore là aujourd'hui. « Nous étions à l'aise financièrement et nous vivions bien », dit-elle.

Boba les trouvait chanceux. « Tout le monde voyage, tout le monde reçoit, mais ils le faisaient d'une manière plus somptueuse. J'étais fière de Mila, pas seulement parce qu'elle vivait dans une maison magnifique, mais parce qu'elle l'avait décorée de ses propres mains. »

Même si leur vie était devenue prestigieuse, Boba dit qu'ils n'ont jamais pensé mener la vie des gens riches et célèbres. Mila ne voyait certainement pas sa vie comme cela. « C'est le genre de choses qui n'arrivent qu'à la télé, dit-elle. Je cuisinais, je nettoyais. Je conduisais les enfants à l'école et j'allais les chercher. Mais on pouvait se permettre de prendre des vacances et de voyager. »

Les enfants voyageaient avec leurs parents à l'occasion, mais habituellement ils restaient à la maison avec une gouvernante. En 1982, les Mulroney louèrent un chalet au chic Club Hermitage de North Hatley dans les Cantons-de-l'Est. Les enfants avaient alors trois, six et huit ans. « C'était le pire hiver depuis des années, dit Mila. Il ne neigeait pas, donc pas de ski. Le lac n'était pas gelé, donc pas de patinage. Il y avait seulement de la boue, de la pluie et de l'herbe brune partout. Un vrai cauchemar. Des visiteurs arrivaient à tout moment. Je passais tout le week-end à entretenir le feu et à cuisiner pour les invités. » L'avantage d'être très riche, c'est qu'on peut se sortir des cauchemars. En février, ils quittèrent cet endroit pour la Floride.

Quand Mila organisait une réception, elle engageait un traiteur. À l'occasion, sa mère venait encore l'aider, mais c'était souvent désastreux puisqu'elles sont l'une et l'autre autoritaires. Quand elles se retrouvaient toutes les deux aux commandes, il y avait du grabuge dans la cuisine.

Mila dit que son style de vie ne l'a pas changée parce qu'elle n'y accorde pas tant d'importance. «J'aime les belles choses mais je peux vivre sans elles. J'ai vécu sans elles. Les choses matérielles sont comme un coussin. C'est un besoin superficiel et ce n'est pas nécessairement la chose la plus importante dans ma vie. J'aime changer les meubles de place, mettre des plantes en pots, arranger les fleurs. Je suis heureuse quand je fais ces choses. Si un jour je n'ai plus tous ces biens matériels, je vivrai sans eux. »

Leurs amis comptaient encore beaucoup pour eux. Cathy Campeau (qui avait été mariée à l'un des confrères de Brian chez Ogylvie Renault) se souvient que c'est Mila et Brian qui l'ont aidée quand son mariage a pris fin en 1981. «J'étais allée à la Barbade avec mes trois enfants. Le soir de la veille de mon retour, mon mari Art a appelé pour me dire qu'il s'en allait et que je n'y pouvais rien changer. Il avait dû appeler Mila et une autre de mes amies, Imeka Vandenberg, parce que quand je suis descendue de l'avion à deux heures du matin, Mila et Imeka étaient là. Elles étaient venues nous chercher, les enfants et moi, avec ma familiale.

«Mila m'appelait tous les jours et m'aidait à traverser cette affreuse période. Mais ce qui me stupéfiait, c'était que Brian m'aidait aussi et pourtant, c'était un moment difficile pour lui. Il appelait tous les jours pour s'informer des enfants et de moi. Et par la suite, ils ont toujours continué à m'inclure quand il y avait des événements auxquels des couples étaient invités. Ils ne m'ont jamais laissée tomber. »

Le 1$^{er}$ juin 1981 prenait fin l'entente conclue entre Brian et l'Iron Ore selon laquelle il ne devait pas faire de politique pendant cinq ans. On commençait à murmurer contre Joe Clark et on parlait de révision du leadership. Il y avait également des rumeurs au siège social de l'Iron Ore à Cleveland, d'après lesquelles on parlait de fermer l'usine de Schefferville, une ville que l'entreprise avait construite pour son usine dans les années 1950.

Dès janvier 1982, Brian avait un plan en tête pour les deux choses. Il prévoyait passer le printemps à faire des conférences pour consolider ses assises au Québec au cas où il y aurait une révision du leadership. Quant à Schefferville, il avait concocté la meilleure entente que les syndicats aient jamais vue. Si cette ville devait disparaître, sa mort serait rendue moins pénible grâce à Brian Mulroney qui avait grandi dans une ville de compagnie et savait les effets dévastateurs qu'une mauvaise entente pouvait avoir sur les familles qui y vivaient.

Son plan fonctionna. En janvier 1983, les conservateurs se réunissaient à Winnipeg pour leur congrès. Joe Clark, qui avait obtenu l'appui de 69 % des membres de son parti, demanda quand même la tenue d'un congrès au leadership en juin. Brian quitta le congrès pour la Floride où il mit la touche finale à l'entente de Schefferville. En février, il dut faire face à une commission parlementaire créée par René Lévesque pour enquêter sur la fermeture de l'usine. Les gens du gouvernement et les médias prirent pour acquit que Schefferville mettrait un terme à ses ambitions politiques. Toutefois, quand les audiences prirent fin, Brian Mulroney avait gagné des appuis, du respect et une meilleure image.

Fort de ces expériences, Brian se sentait prêt à gagner les délégués du pays un à un. Son équipe de 1976 était de retour à ses côtés. Ils auraient pu chanter «This Old Gang of Mine». Seulement cette fois-ci, Mila n'était plus dans les coulisses. Bien au contraire, elle était elle-même devenue une force politique. Elle ne faisait pas seulement partie de l'équipe, elle était devenue la principale conseillère de Brian.

Mila travaillait encore dans les campagnes en vue d'élections partielles et elle recevait à sa table les participants à cette nouvelle course. Les noms mentionnés étaient ceux de gens importants, comme celui du premier ministre de l'Alberta, Peter Lougheed et celui du premier ministre ontarien, Bill Davis. Elle écoutait attentivement ce que disaient ses invités. Elle écoutait également ce que son propre réseau d'amies avait à dire. Andrée Beaulieu qui avait fait partie du Groupe du ballet, raconte une histoire qui décrit le réseau en action.

«Mila nous invita, mon mari et moi, à un match de football. Quatre jours avant la partie, nous étions à New York avec nos amis Peter et Jeanne Lougheed et Philippe et Nan-B de Gaspé Beaubien. Philippe et moi tentions de convaincre Peter de se présenter dans la course au leadership du Parti progressiste-conservateur, mais il s'y refusa officiellement quelques jours plus tard quand nous étions de retour au Canada.

«Lors du match de football, nous avons parlé à Brian et à Mila de la soirée passée avec les Lougheed et Brian a dit: «Croyez-vous vraiment que Peter ne veut pas se présenter? Parce que s'il se présente, je ne me présenterai pas.» Nous l'avons assuré que c'était bien son intention. Nous nous sommes demandé, Roger et moi, quelle conversation ils auraient le soir en rentrant chez eux.»

Les Mulroney avaient beaucoup appris : sur les gens, sur la politique canadienne et sur la pression que subissent les élus. Ils avaient eu le temps nécessaire pour acquérir de l'expérience et établir leur sécurité financière. Mila dit : « Sans ces années, de 1976 à 1983, nous n'aurions jamais pu faire ce que nous avons fait après 1983. »

Andrée et le Groupe du ballet sont demeurés fidèles à Mila à travers toutes les épreuves. Elles étaient à ses côtés quand elle est revenue d'Ottawa après la défaite de 1976 et elles y étaient toujours en 1983, à la veille de la course au leadership. Ce serait une course à laquelle elles contribueraient, dans laquelle elles s'investiraient cœur et âme, même si cela leur coûtait le plaisir de la présence de leur amie yougoslave. Toutefois, il s'avéra que la distance entre Montréal et Ottawa servit simplement à renforcer les liens qui liaient ces femmes. Et après tout, passer une nuit au 24 Sussex Drive au lieu d'assister à un ballet n'était pas pour leur déplaire.

Le 9 mars 1983, les femmes du Groupe du ballet étaient réunies, avec quatre mille autres personnes, au Reine Élizabeth de Montréal pour le lancement officieux de la course au leadership 1983. C'est Michel Cogger qui avait organisé cette réception, intitulée « Les amis de Brian Mulroney », de concert avec le représentant du Parti progressiste-conservateur, Keith Morgan. L'objectif était de faire savoir à tous que Mulroney était encore capable d'attirer de grandes foules, même si l'on avait l'intention de mener une campagne discrète.

La réception était prévue pour 18 h, un soir de semaine, afin que les invités puissent venir après leur travail. Des grands noms des sports, des arts, des affaires et des syndicats étaient également invités et ils vinrent nombreux. Bobby Orr y était, tout comme Martha Howlett de CTV, Pierre Péladeau de Québécor et Paul Desrochers, qui avait été le bras droit de Robert Bourassa. Détail peu surprenant, la moitié des journalistes de la tribune de la presse d'Ottawa y étaient également. On lui souhaita bonne chance pendant une heure et demie. Tout au long des discours et des acclamations, Mila demeura aux côtés de Brian, surveillant, épiant et écoutant la réponse du public. À la fin de la soirée, ils débordaient tellement d'énergie, de bonne volonté et de confiance qu'ils auraient pu, leur semblait-il, propulser à eux seuls leur avion jusqu'à Ottawa.

Onze jours plus tard, le jour du quarante-quatrième anniversaire de Brian, ils prirent ensemble l'avion pour Ottawa. Le lendemain, le 21 mars 1983, Brian annonçait qu'il se portait candidat dans la course au leadership du Parti progressiste-conservateur. La deuxième manche allait commencer.

# Chapitre cinq

*« On n'avait jamais vu quelqu'un comme elle auparavant. On avait eu deux vieux célibataires excentriques et Maryon Pearson, qui était une femme charmante, mais n'avait rien d'une épouse d'homme politique. ... C'était la première épouse de premier ministre vraiment moderne. »*

Craig Oliver

« Est-ce que Violette veut bien me rejoindre sur l'estrade? » La dame qui tenait le microphone attendit un moment et redemanda : « Violette, pouvez-vous venir sur l'estrade maintenant, s'il vous plaît? » Elle se pencha vers la femme la plus près d'elle et murmura : « Elle s'appelle bien Violette, non? »

« Sais pas », répondit l'autre.

Elle essaya encore une fois : « Violette Mulroney, si vous êtes dans la salle, pourriez-vous venir ici, s'il vous plaît. »

C'est alors que Mila comprit que c'était elle qu'on appelait. Elle se précipita à l'avant de la salle pour accepter le cadeau que le Parti progressiste-conservateur de la circonscription du Sud-ouest ontarien lui offrait. Avant de monter sur l'estrade, toutefois, elle donna son prénom à la dame juchée sur l'estrade et l'entendit annoncer « Maïla » Mulroney. « C'est Mila », dit-elle une fois de plus.

Vraisemblablement, elle ne jouira plus jamais, comme lors de ce soir d'hiver de 1983 dans le sud-ouest de l'Ontario, d'un tel anonymat ; toutefois, cet incident, qui a fourni à son amie Nancy Southam le surnom qu'elle préfère lui donner, lui permit de voir d'un autre œil la vie sous les feux des projecteurs.

Elle avait tâté un peu du monde de la politique sept ans plus tôt, en 1976, quand son mari avait participé à la course à la direction du Parti progressiste-conservateur. Mais, comme elle était alors étudiante à temps plein, mère d'une jeune enfant et enceinte d'un deuxième, elle avait peu participé à la campagne.

La veille de l'annonce officielle de la candidature de Brian à la course au leadership 1983, Mila et lui rassemblèrent quelques vieux amis et des « habitués » d'Ottawa (Pat MacAdam et sa femme Janet, Michael McSweeney, Michel et Erica Cogger, Allan Fotheringham) au Château Laurier. C'était le 20 mars, le jour du quarante-quatrième anniversaire de Brian. Devant un souper, ils discutèrent du rôle que jouerait Mila dans la campagne et conclurent qu'elle voyagerait à l'occasion avec Brian, mais que la plupart du temps, elle resterait à la maison avec les enfants.

Le jour suivant, Brian annonçait sa candidature et quelques jours plus tard, il se rendait avec Mila à Vancouver pour une apparition publique. À partir de ce moment, Mila ne le quitta presque plus. Elle savait qu'elle avait un rôle à jouer. Elle sentait que Brian avait besoin d'elle et de plus, elle prenait plaisir à la campagne électorale.

Tous ceux qui ont voyagé ou travaillé avec les Mulroney savent que Brian est au meilleur de sa forme quand

Mila est à ses côtés. Il est moins tendu, plus prudent. Sa présence lui donne confiance. Quand il est en campagne, son personnel aime qu'elle soit toujours avec lui.

Mila dit que la course au leadership de 1983 leur a permis de vraiment consolider leur relation. «Tu te sens seule sur la route quand tu dois voyager d'une ville à l'autre avec ton mari et un adjoint en espérant pouvoir rencontrer les trois mille délégués en vue du congrès et qu'à chaque arrêt, il n'y en a que quatre ou cinq. Il y avait de longs parcours en auto, de longues attentes dans les aéroports et, toujours, l'impression qu'il fallait être «en éveil». Nous en sommes venus à nous connaître vraiment. Jamais nous ne nous étions vus à l'œuvre de si près. Quand j'ai vu mon mari aussi concentré, aussi discipliné, mon respect et mon admiration pour lui ont beaucoup grandi.

«J'apportais avec moi ce que j'appelais mon sac à main de Mary Poppins. Dedans, il y avait des oranges pour le potassium, du Tylénol pour les maux de tête, une crème analgésique pour le mal de cou. J'apprends vite et Brian s'est rapidement aperçu qu'il pouvait me soumettre ses idées pour avoir un premier son de cloche.» Elle s'habitua également à loger dans les hôtels Travelodge à 30 $ la nuit, à manger des tablettes de chocolat pour un apport rapide d'énergie, à commander une pizza juste à l'heure de fermeture des restaurants et à utiliser le lit comme table et le couvre-lit comme nappe. Même si les petits avions la rendent un peu nerveuse, elle a passé de nombreuses heures dans des appareils à quatre ou six places pour se rendre tant dans les petites villes que dans les grandes.

Il lui arriva de devoir se frayer un chemin dans une assemblée de délégués au Colliery Inn de Sidney,

Cap-Breton, ou de luncher avec six personnes à Caraquet, au Nouveau-Brunswick. C'étaient des gens du parti ; Brian les connaissait, mais elle ne les avait jamais rencontrés. Et où qu'elle fût, elle appelait les enfants trois fois par jour. Elle travailla cent heures par semaine pendant quatre mois, son énergie constamment alimentée par une foi inébranlable en son mari.

Elle rattrapa avec panache une ou deux bévues. Par exemple, lors d'un voyage à Williams Lake, en Colombie-Britannique, leur adjoint administratif, Michael McSweeney, sortit de l'avion et dit : « Bienvenue à Elliott Lake ». Mila ne laissait jamais passer un « scoop ». Elle rétorqua avec esprit : « Il ne sort jamais d'Ottawa. Que connaît-il de la Colombie-Britannique ? »

Brian remporta la course au leadership lors d'un congrès politique bruyant à Ottawa en juin 1983. Pat MacAdams raconte une histoire sur l'instinct de Mila et comment elle a appris à s'y fier durant le congrès. Il avait été convenu que si David Crombie se retirait de la course, ses délégués passeraient dans le camp de Mulroney. Si cela arrivait, Brian était censé aller à la tente de Crombie lui serrer la main. Les médias eurent vent de la chose et l'affaire tourna au cirque. Les gens de Mulroney arrivèrent avec une fanfare. Shirley Crombie fut piétinée et bousculée. Les journalistes hurlaient. Crombie se sentit très offensé. Avant que cela n'arrive, Mila, qui se trouvait dans une suite avec le personnel de la campagne, avait supplié Brian de ne pas y aller. Elle disait : « Il y a quelque chose qui cloche là-dedans. » Mais on avait déjà pris les dispositions et Brian croyait qu'il ne pouvait pas laisser tomber comme ça. Après cet incident, elle fit confiance à son instinct et les gens autour d'elle également.

Peu après le congrès, la famille alla s'installer au Pictou Lodge à Stellarton, Nouvelle-Écosse. Brian était encore en campagne, mais cette fois-ci, pour se faire élire député de Central Nova ; il aurait ainsi un siège à la Chambre des communes.

Mila dut subir un autre test, en tant que femme du chef de l'opposition cette fois. Rencontrer les délégués individuellement avec Brian s'était révélé efficace. Maintenant, elle devrait rencontrer seule des salles bondées d'électeurs. Elle prouva qu'elle savait admirablement se gagner une foule.

Elle assista à des thés, à des encans, à des pique-niques au homard et à des « épluchettes de blé d'Inde ». Elle parlait des fleurs sauvages à la manière des gens du coin et avait appris à regarder le ciel avec un air de dégoût et à faire des commentaires sur le temps, comme si elle avait vécu dans les Maritimes toute sa vie. Manifestement, elle avait énormément de succès. Lors d'une réception officieuse, au moment où la horde des journalistes commençait à envahir la maison, elle se rendit compte que Brian devait être là et elle dit avec esprit : « Ai-je entendu « la voix » ? Vous savez, cet homme avait une voix de soprano au début de la campagne. »

Nombreux sont ceux à Stellarton qui se souviennent d'un thé qui eut lieu par l'une de ces journées d'été étouffantes où l'air semble immobile et où l'humidité vous prend aux os. Pour Mila, c'était la réception numéro douze du jour cinq de la campagne en vue de l'élection partielle. Mais c'était un événement important. Et Mila sait mieux que quiconque comment faire valoir ces moments-là.

Une cinquantaine de femmes étaient réunies au sous-sol d'un bungalow de Stellarton. Il y avait des plateaux de sandwiches aux œufs, des gâteaux roulés et du thé et du café dans d'anciens récipients en argent qui sentaient encore le poli utilisé quelques heures avant l'arrivée des invités.

Mila bondit hors de l'auto, enleva ses coûteux verres fumés, fit glisser son sac de son épaule et à mi-chemin, les lança à Michael McSweeney ; elle pénétra dans la maison et se lança tout de go dans une discussion animée avec les invités. Elle avait alors trente ans et les gens qui se trouvaient là se souviennent encore qu'elle avait un style, une façon d'agir, qui la rendait différente. Par exemple, quand elle s'approcha d'une femme âgée qui avait de la difficulté à entendre, au lieu de lui parler très fort, comme le font habituellement les gens avec les personnes âgées, elle s'assit à ses côtés, s'approcha d'elle et lui parla d'une voix normale. Les invités étaient surpris de voir cette fille de la grande ville, assise sur le sofa, en jupe-culotte, qui discutait de la quantité de sucre qu'il y avait dans les biscuits qu'elle mangeait. Ils sont bons, disait-elle. Mais les siens étaient très bons aussi.

Lors de cette élection partielle, les conservateurs qui travaillaient dans les coulisses la surveillaient comme les fermiers surveillent les semailles du printemps, se demandant ce que la moisson donnera. Dès le début, on s'entendait pour dire que Mila Mulroney serait un actif précieux pour le parti. Hugh Segal, un conservateur qui œuvre en coulisses depuis l'époque de Bill Davis en Ontario et qui est actuellement le chef de cabinet du premier ministre, dit : « Mila met tout le monde à l'aise presque instantanément : les enfants dans la rue à l'Halloween, les princesses, les épouses des dignitaires soviétiques en visite officielle au pays. En comparaison, certaines épouses de premiers ministres, de lieutenants-gouverneurs et de gouverneurs généraux réussiraient à rendre mal à l'aise Dale Carnegie lui-même. »

Ollie Bowan, du quartier général conservateur à Stellarton, pilotait Mila d'une réception à l'autre. Elle se souvient d'avoir rencontré Brian et Mila à l'aéroport de Halifax le jour de leur arrivée. « Ils étaient jeunes, vêtus avec désinvolture et désireux de s'imposer. Brian se demandait comment ils devaient s'habiller. Il portait alors un pull à losanges et je lui ai dit que ça irait. Il l'a porté presque tous les jours par la suite.

« Mila était chaleureuse. C'était impossible de ne pas l'aimer. Elle a gagné le cœur des gens du comté de Pictou et ils ont gagné le sien. Elle sait s'y prendre avec les foules parce qu'elle est très sincère. Qu'elle s'adresse à une jeune mère ou à une grand-maman, elle communique réellement et facilement avec tout le monde. Et du moment qu'elle est avec Brian, elle peut le faire aimer des gens. J'étais surprise de sa rapidité à saisir les gens. Au retour d'une rencontre, elle me décrivait des personnes et je pouvais toujours savoir exactement de qui elle parlait. »

Une autre des fonctions dont Ollie a dû s'acquitter manifestement avec grand plaisir, et dont elle parle d'ailleurs avec un sourire au coin des yeux, était la tournée des restaurants locaux où l'on servait une nourriture qu'on peut qualifier de « junk food » et dont Mila raffolait. « Nous allions toujours au « Pizza Delight » et aussi chez McDonald pour un petit lunch avant le coucher. Il y avait aussi le « Dairy Queen » ; elle adorait cet endroit. Mais celui qu'elle préférait entre tous, c'était le « Lobster Bar ». Il restait ouvert plus tard quand elle était en ville. »

Michael McSweeney, qui était également conseiller municipal de Canterbury à Ottawa, se souvient de ce mois d'août dans le comté de Pictou. «Les enfants et l'aide familiale occupaient un chalet du Pictou Lodge. Brian, Mila, Pat MacAdam et moi, une autre. Nous y sommes demeurés du 12 juillet au 29 août. Mila et moi avions conclu une entente. Je cuisinais et elle faisait la vaisselle un soir et le lendemain, on faisait l'inverse. Elle m'a beaucoup appris. Je n'avais jamais entendu parler de «fettucine Alfredo» avant cet été-là. Il fallait nourrir douze à quinze personnes chaque soir. Il y avait la famille, plus Pat et moi, et toujours quelques bénévoles et des gens du coin. Un soir, je faisais la vaisselle. Je portais des gants de caoutchouc Playtex jaunes. Il y avait de la mousse partout. Mila me regarda et dit : «Le voici, la coqueluche d'Ottawa, arborant fièrement ses gants Playtex jaune vif, au service des gens de Canterbury.»

Vivre sur la sellette lui demanda une certaine adaptation, mais les observateurs d'expérience disent que Mila trouva son rythme rapidement et facilement. «Elle est dotée d'un entregent extraordinaire», dit Bill Fox qui est par la suite devenu secrétaire de presse et directeur des communications de Brian Mulroney. «Elle a une sensibilité particulière pour les nouveaux Canadiens qui essaient de s'établir ici. J'avais l'impression qu'elle attirait comme un aimant tous ceux qui avaient un long patronyme; ils venaient souvent lui parler des problèmes qu'ils avaient avec l'immigration, l'éducation, leurs vieux parents ou leurs enfants. Les gens ont toujours l'impression d'avoir enfin trouvé une oreille attentive, mais elle ne fait pas le saut en politique. C'est une sympathisante, non une technocrate.»

L'élection partielle remportée, il devenait évident que Mila avait besoin d'une assistante à temps plein. La «Mila-manie» battait son plein. On parlait d'elle dans tous les principaux journaux et magazines. Elle commença à recevoir des douzaines de demandes, en particulier des communautés culturelles, pour prendre la parole lors de cérémonies officielles.

Bonnie Browlee fut engagée comme secrétaire et elle devint rapidement sa confidente et l'une des ses amies les plus intimes. Du 1er septembre 1983 au 4 septembre 1984, elles passèrent vingt-cinq jours par mois à visiter des centaines de petites villes à travers le Canada, certaines même jusqu'à dix fois. Elles voyageaient sans agents de la Gendarmerie royale, sans personnel ni cortège ; elles comptaient sur les bénévoles et l'une sur l'autre. Elles demeuraient dans les motels ou hôtels que le parti leur trouvait. Elles écrivaient les discours sur les tables à café des hôtels et Bonnie les dactylographiait habituellement à genoux par terre, sur une machine à écrire empruntée. Bonnie dit : «À cette époque, quand nous montions dans l'auto avec les gens qui avaient organisé l'événement, elle me chuchotait : «Tu t'occupes de la conversation. Je ne sais pas quoi dire. » Bientôt, j'avais rarement besoin de placer le moindre mot. »

En dépit des moyens de fortune dont elle disposait, on traitait déjà Mila comme une célébrité. En avion, Bonnie raconte que «tout le monde se ruait sur Mila en disant : «Oh! Madame Mulroney, que puis-je vous apporter? Quelque chose à boire peut-être? Êtes-vous assez confortable?» Elle leur disait ce qu'elle voulait boire, ils me jetaient un coup d'œil et s'en allaient. Mila finissait par les rappeler pour leur dire : «En passant, Bonnie aimerait...» C'était comme ça sur tous les vols. Je commençais à me sentir comme la femme invisible. Quand l'avion atterrissait, je restais là avec ma tasse dans les mains, me demandant si quelqu'un allait finir par venir la chercher. »

Quand Bonnie et Mila prirent la route au début de septembre, elles voulaient mettre un terme au stéréotype de l'épouse d'homme politique. Elles trouvaient que les épouses des chefs d'État étaient prisonnières des attentes des gens. Elles tentèrent donc de pousser plus loin les limites de ces attentes.

Tout débuta lorsque l'orchestre symphonique de Victoria invita Mila à faire une lecture de *Pierre et le loup*. Elle avait reçu une série d'invitations et elle avait décidé avec Bonnie qu'elles en grefferaient le plus grand nombre possible autour d'un événement intéressant, nouveau ou différent. *Pierre et le loup*, pensèrent-elles, les changerait des résidences pour personnes âgées et des brunches du Parti progressiste-conservateur.

C'est Mila qui raconte : « C'était en décembre. J'arrive à Vancouver en manteau de fourrure. Au pire, il faut porter un imperméable à Vancouver en décembre. Au mieux, des manches courtes. À mon arrivée, les journalistes se précipitent. Personne ne m'avait jamais parlé de ces meutes de journalistes qui vous sautent dessus. Je me retrouve donc collée au mur, une douzaine de micros pointés sur le visage et bombardée de questions qui fusent de toutes parts. Il pleut à verse. J'ai ce gros manteau de fourrure sur le dos. Je jette un coup d'œil à Bonnie et je pouffe de rire. Je ne peux pas m'arrêter. Finalement, nous montons dans une auto avec des gens que je n'ai jamais vus. Personne ne me dit leurs noms. Je fais des signes à Bonnie : « Qui sont ces gens ? » Elle me répond : « Pas la moindre idée. »

Elles retinrent leurs places dans un hôtel et travaillèrent au discours que devait prononcer Mila à un brunch du Parti. Après le brunch, elles sortirent et se retrouvèrent face à des photographes qui les attendaient. Elles montèrent dans l'auto et Mila sourit et salua de la main, s'attendant à ce que l'auto démarre après quelques instants.

« La personne au volant appuie sur le mauvais bouton. Ce n'est pas l'auto qui démarre, mais la capote qui commence à remonter. Je ne pouvais le croire. Je pensais que je mourrais sur place. Tout le monde regarde. L'auto ne bouge pas. Le conducteur ne bouge pas. Je suis assise et je salue de la main. La capote remonte lentement. On aurait dit une scène tout droit sortie de Monty Python. »

Les répétitions de *Pierre et le loup* commencèrent dès son arrivée à Victoria. Le chef d'orchestre déclara à Mila qu'elle était « fantastique », mais demanda à lui parler en coulisse après la répétition. Mila explique : « Il ne faut pas oublier qu'à cette époque, j'avais les jambes molles. Je n'étais pas de ces personnes chanceuses qui se sentent à l'aise sur une scène. Je veux dire que je faisais peine à voir. » En coulisse, le chef d'orchestre lui suggéra de penser à respirer de temps à autre. « Quoi ? Je ne respirais pas ? », lui répondit Mila au comble de la nervosité.

Juste avant le spectacle, ils en reparlèrent dans la loge du chef d'orchestre. « Il me disait de respirer chaque fois qu'il y avait un point dans le texte. Mais tout en disant cela, il tenait son caleçon et y saupoudrait de la poudre de talc. C'est peut-être parce que je n'avais que trente ans et que je n'avais pas vu grand-chose, mais je ne savais plus où regarder. »

Quand le spectacle commença enfin, la salle était au tiers pleine. Bonnie lui avait dit : « Ne t'en fais pas, Mila, tu ne pourras voir personne à cause des projecteurs ».

«Ah! Oui?, dit plus tard Mila. J'ai levé les yeux et j'ai vu quatre personnes assises juste là.»

Ce n'était pas exactement leur plus grand moment, mais Bonnie insiste pour dire que Mila a très bien lu. Elle affirme avoir un enregistrement de Mila dans son auto et même le faire jouer de temps à autre.

Plus tard, dans un restaurant, le chef d'orchestre commanda un «Pink Lady», son amie demanda une eau de seltz et une autre personne à la table prit un «Shirley Temple». Bonnie et Mila se regardèrent, regardèrent le serveur et commandèrent «une vodka martini, s'il vous plaît».

La situation ne s'est pas vraiment améliorée quand elles ont voyagé avec l'entourage de Brian cette année-là. Elle dut tellement souvent ouvrir sa portière d'auto elle-même qu'elle en vint à pouvoir ouvrir une portière de limousine blindée d'un coup de sa chaussure à talon haut. Elle en sortait, vêtue d'une robe de bal, se sentant un peu comme la «Femme bionique». Brian apprit vite à rester assis tant que quelqu'un n'avait pas ouvert la portière de Mila. «Ce n'était pas une rebuffade, insiste-t-elle, c'était seulement que les gens n'étaient pas habitués à ce qu'il y ait quelqu'un assis à côté de lui.»

Le vendredi soir, peu importe où et avec qui ils étaient, ils avaient une règle selon laquelle «le dernier engagement doit être terminé à 21 h 45». C'était leur soirée de relâche, un moment pour décompresser, pour se faire livrer une pizza ou une autre denrée quelconque à la chambre et regarder *Dallas* à la télé. «C'était un temps pour relaxer, pour regarder quelque chose qui n'avait rien à voir avec la réalité. Juste un moment d'arrêt», se souvient Mila.

Plus leur tournée progressait, plus Mila et Bonnie devenaient aguerries. Les thés se déroulaient sans anicroche. C'est seulement lorsqu'elles s'aventuraient hors des sentiers battus qu'elles ne pouvaient prévoir ce qui allait se passer. Toutefois, ensemble, Bonnie et Mila avaient l'impression qu'elles pouvaient se tirer de presque toutes les situations.

En quadrillant ainsi le pays, elles établirent une liste des dix meilleurs foyers pour personnes âgées. «Nous en avons tellement visités que nous savons déjà lequel nous choisirons plus tard», lance Bonnie. Et Mila d'ajouter: «Ce sera «La Maison Mila Mulroney pour les personnes âgées.» Il y aura plein de travailleurs yougoslaves et le bar ouvrira tous les jours à 17 h. Et nous servirons des barres Nanaïmo puisque nous avons essayé toutes les recettes du Canada et que nous savons qui fait les meilleures.»

Les Mulroney avaient emménagé à Stornoway, la résidence officielle du chef de l'opposition. Mila prenait des leçons à la maison comme sur la route. Première leçon: ne pas laisser ses effets personnels à la traîne lorsqu'il y a une réception. Quelqu'un lui a chipé son parfum, quelqu'un d'autre a été surpris en train de fouiller dans son placard de chambre et dans les tiroirs de sa commode et quelqu'un d'autre encore a été surpris le nez dans la garde-robe de Brian; le soir même, ses lunettes de lecture avaient disparu.

Stornoway, longtemps considérée comme la «bête noire» de la Commission de la capitale nationale (la CCN gère les résidences officielles du gouvernement) avait été redécorée trois fois au cours des sept années précédentes: par Maureen McTeer, Pierre Trudeau et Maureen McTeer encore. C'est une énorme bâtisse qui devrait probablement être détruite. Mais comme l'un après l'autre, tous les chefs de l'opposition l'ont occupée depuis 1950 et que c'est l'une des deux résidences où la princesse Juliana de Hollande a vécu avec sa famille quand elle était au Canada pendant la Deuxième Guerre mondiale, cette résidence est «bardée» de références historiques comme un général de décorations. Personne ne trouve le courage d'en ordonner la démolition.

Mila redécora elle aussi Stornoway. Stevie Cameron, qui était alors chargée de la chronique mondaine au *Ottawa Citizen*, se souvient : «Mila décida qu'il y aurait maison ouverte pour montrer Stornoway à la presse. Elle l'a fait parce qu'à cette époque-là, ils avaient dit : «Quand nous dépenserons des fonds publics, nous vous montrerons comment nous les avons utilisés.» On avait fait beaucoup de critiques et dit beaucoup de sottises au sujet des résidences officielles : «Les Trudeau ont dépensé trop d'argent. Les Turner en ont trop dépensé également.» Mila montra des coupures de presse qui précisaient qui possédait quoi dans la maison (quelles œuvres d'art et quels meubles appartenaient aux Mulroney et lesquels appartenaient au gouvernement). C'était également une occasion pour Mila de montrer quelle bonne décoratrice elle était. Elle avait engagé ce décorateur tape-à-l'œil du nom de Giovanni Mowinckel. Il voulait donner à la maison un cachet «haute bourgeoisie». Mais Mila voulait des couleurs vives qui sont davantage son style. Même Giovanni admira son goût. Elle a posé avec lui pour les photographes et nous a montré ce qu'elle avait fait de la maison, y compris l'ajout de lavabos à hauteur d'enfant qu'elle avait fait installer dans les salles de bains situées à l'étage. » La visite de la résidence reçut un accueil favorable. Mila avait passé son premier examen.

Stornoway était maintenant prête pour son inauguration officielle. Cent personnalités en vue de la ville d'Ottawa furent invitées à une réception d'avant Noël, le premier décembre. La maison était magnifique, avec ses arbres de Noël décorés et ses bouquets de poinsettias. Mila avait du travail au bureau ; Michael McSweeney se rendit donc à Stornoway pour s'assurer que tout était en ordre. Il y a trois foyers dans la maison : un dans le salon, un autre dans le cabinet de travail et un troisième dans le hall. Michael alluma le foyer situé dans le hall, ferma les portes vitrées et partit allumer les deux autres. Il oublia d'ouvrir la clé de tirage. « Quand je suis revenu, il y avait de la fumée partout. Au dessous du foyer, le manteau blanc de deux mètres et demi de haut était noir de suie. Il était 17 h. Les invités arrivaient à 18 h. On pouvait à peine respirer. » Michael se dépêcha d'ouvrir les fenêtres, d'installer des ventilateurs pour faire sortir la fumée et il demanda à trois membres du personnel de prendre des brosses à dents pour essayer de nettoyer la suie sur le manteau sculpté de la cheminée. « Peu avant dix-huit heures, Mila est arrivée, dit Michael. Ça sentait encore la fumée. Elle n'était pas le moindrement déconcertée. Elle a dit : « Ouvrez les portes du foyer et la cheminée va aspirer la fumée à l'extérieur. » Elle a même souligné qu'il était bon que la pièce soit fraîche étant donné qu'il y aurait beaucoup d'invités. C'est une femme d'un flegme inébranlable. »

Ils n'habitèrent pas Stornoway longtemps, car John Turner décida qu'il y aurait des élections à l'automne. Pour Mila, c'était comme si la campagne se poursuivait. Ils reprirent la route, mais cette fois-ci, Brian avait décidé de se présenter dans sa circonscription natale de Manicouagan, ce qui signifiait qu'il fallait rencontrer et gagner un tout nouveau groupe d'électeurs. Le 4 septembre 1984, les Mulroney attendaient dans une chambre d'hôtel de Baie-Comeau, en compagnie d'amis intimes et de conseillers, la fermeture des bureaux de scrutin et le dépouillement des votes. Non seulement on disait que Brian gagnerait dans sa propre circonscription, mais certains sondages laissaient prévoir un balayage conservateur d'un bout à l'autre du pays.

Ils étaient arrivés à Baie-Comeau en avion le 2 septembre et habitaient la maison voisine du manoir de Baie-Comeau, la résidence qui avait été construite pour héberger les grands patrons de la compagnie quand ils venaient pour affaires. Les enfants étaient restés à la maison avec leurs grands-parents Pivnicki, qui étaient venus de Montréal pour être avec eux.

Brian et Mila avaient fait campagne pendant toute la journée du lundi. Le mardi, ils étaient allés voter tôt, sous une pluie battante. Le secrétaire de presse, Bill Fox, se souvient qu'il leur cherchait un parapluie et qu'il a pensé que celui qu'ils utiliseraient serait vu par des millions de téléspectateurs. Quelqu'un arriva avec un parapluie bleu deux tons avec le nom Wilson (un fabricant d'équipement sportif) écrit dessus. Bill a pensé : « La meilleure publicité qu'il aura jamais. »

Ce soir-là, la bande de St. FX, la Mafia de Laval, les gars de Baie-Comeau ainsi que le personnel de campagne et de la circonscription étaient rassemblés dans le salon de l'ancienne résidence de la compagnie à 18 h 30, tout juste après la fermeture des bureaux de scrutin à Terre-Neuve.

Après huit semaines de frénésie, ils n'avaient plus qu'à s'asseoir et à attendre.

Ils n'eurent pas à attendre trop longtemps. Les appels téléphoniques dans les Maritimes pour obtenir des résultats fragmentaires laissaient prévoir un balayage conservateur et à 20 h, quand Peter Mansbridge de la CBC apparut à l'écran, il annonçait un raz de marée conservateur. Le personnel de campagne et les travailleurs des coulisses félicitèrent le nouveau premier ministre.

Mila s'échappa de la foule et monta à l'étage avec Bonnie. Elle avait besoin de quelques minutes de solitude pour penser à ce qui venait de se passer et à ce que l'avenir lui réservait. Elle songea qu'elle n'avait jamais vraiment su exactement quoi faire pendant la campagne, mais que son instinct lui avait toujours dit quoi *ne pas* faire. Elle avait contribué au succès de Brian et elle était prête à le partager avec lui.

À une heure du matin, les Mulroney se rendirent au centre récréatif local pour le discours d'acceptation et pour fêter. L'endroit était bondé de monde. Les gens chantaient, les ballons flottaient au-dessus de la foule, les haut-parleurs diffusaient de la musique.

Brian et Mila montèrent sur l'estrade et les applaudissements déferlèrent pendant dix minutes. Ils saluaient de la main leurs partisans, dansaient, s'enlaçaient. Le bruit était si fort qu'ils pouvaient à peine penser ; mais penser, ça pouvait bien attendre au lendemain, car ils célébrèrent l'événement toute la nuit.

Le matin ne tarda pas et il amena avec lui d'autres agents de la Gendarmerie royale qui étaient soudainement apparus en ville, un appel du président Ronald Reagan et un voyage de retour à Ottawa dans l'après-midi. Boba et

Mita Pivnicki célébraient leur trente-deuxième anniversaire de mariage le lendemain et Brian et Mila devaient être à la maison pour l'occasion.

Mila devait passer un autre examen, en tant qu'épouse d'un homme politique celui-là : devenir la châtelaine du 24 Sussex Drive. Les agents de la Gendarmerie royale, le personnel et l'entourage se mirent à faire partie intégrante de sa vie. Jusqu'à ce jour, Mila avait été passablement accessible, particulièrement à la presse. Les magazines et les journaux obtenaient facilement des entrevues et des séances de photos avec elle.

Le jour où les Mulroney devaient déménager de Stornoway (ils demeurèrent à la résidence du lac Harrington le temps que les Turner aient pris leurs dispositions pour quitter le 24 Sussex Drive), ils acceptèrent de recevoir un journaliste qui voulait faire un article sur leur famille pour le numéro de Noël d'un magazine. Même s'il n'y avait plus aucun meuble dans le salon, on alluma un feu dans le foyer et on installa des fauteuils pour que les Mulroney puissent s'asseoir. La famille se rassembla devant le foyer pour la photo. Tout était prêt : Brian, avec un exemplaire de *The Night before Christmas* dans les mains, les enfants autour de lui, Mila appuyée sur le fauteuil derrière Brian. Juste à ce moment, Brian dut aller répondre à un appel téléphonique. La famille se dispersa dans la pièce en attendant son retour. Soudainement, sans qu'on pût le prévoir, les portes surchauffées du foyer éclatèrent, projetant des tessons de verre brûlant à travers toute la pièce. Si le coup de téléphone n'avait pas interrompu la séance de photos, les enfants et leurs parents auraient sûrement été gravement blessés et brûlés. Mila considéra cette explosion comme faisant partie de cette vie tumultueuse qui était devenue la sienne. On ramassa le verre. Le premier ministre revint. On prit la photo. Il alla «au bureau» et elle poursuivit l'entrevue. Le train-train quotidien quoi!

Peu après que Brian soit devenu premier ministre, Mila prit un bureau dans l'édifice Langevin qui abrite presque tout le bureau du premier ministre. Elle embaucha du personnel pour s'occuper du courrier (environ 10 000 lettres par an), des invitations (environ une douzaine par semaine) et des événements qu'elle coordonnait pour le premier ministre (par exemple, lors de la venue à Ottawa du prince et de la princesse de Galles à l'automne 1991, Mila organisa le gala qui eut lieu au Centre national des arts, gala qui réunissait 2 100 invités).

Ce n'était pas la première fois que l'épouse du premier ministre avait son propre bureau. De fait, elles ont toutes utilisé les services de secrétariat du Bureau du premier ministre. Margaret Trudeau avait une assistante à son service. Maureen McTeer avait une secrétaire et un bureau dans l'édifice Sud quand son mari était chef de l'opposition et quand il fut premier ministre, elle prit un bureau au premier étage de l'édifice Langevin et son personnel passa à trois personnes. Mila avait un style différent. Elle ne chercha pas à esquiver la question du bureau, elle l'attaqua de front. Tout le monde n'était pas d'accord. Ses dépenses, d'abord à Stornoway et ensuite au 24 Sussex Drive, étaient maintenant scrutées à la loupe. La «Milamanie» était terminée et on commençait à tirer sur elle dans les journaux d'Ottawa parce qu'on trouvait qu'elle abordait son rôle comme si elle était la première dame des États-Unis.

Mila ne cherche pas d'excuses pour ce qu'elle considère comme des services essentiels. Elle a réservé 55 mètres carrés d'espace inutilisé et y a installé quatre petits bureaux et une réception. Le mobilier en pin de style canadien et presque tous les tableaux lui appartiennent. Quatre sont loués à la banque d'œuvres d'art du Conseil des arts du Canada pour la somme de 1 200 $ par année. On acheta deux ordinateurs pour le bureau et en 1984, on fit poser une moquette. Trois personnes sont chargées de tous les événements qui ont lieu au 24 Sussex Drive : dossiers de la Fondation canadienne de la fibrose kystique, cadeaux pour les dignitaires de passage et cartes de Noël. Elles collaborent également avec le service des événements spéciaux pour toutes les activités auxquelles participe Mila Mulroney. Bonnie Brownlee supervise les opérations de ce service, mais elle porte le titre d'adjointe administrative du premier ministre ; ses fonctions comportent donc l'établissement du calendrier des événements et la planification des tournées pour Brian et pour Mila.

Dans une semaine typique de travail, Mila passe trois jours et demi au bureau. Elle arrive vers 12 h 30 et repart vers 17 h 30 ou 18 h. Elle lit son courrier, lance de nombreux appels téléphoniques, rédige les cartes de remerciements qui doivent être écrites à la main. Elle travaille également aux allocutions qu'elle doit prononcer. Elles sont rédigées par un rédacteur du gouvernement, mais elle polit toujours la version finale. Elle consulte les ministres pour se renseigner sur les événements auxquels elle doit participer et elle garde Brian en contact avec le parti.

La papeterie et les timbres de Mila sont payés par le Parti progressiste-conservateur. Bonnie Brownlee est payée par le gouvernement pour la correspondance qu'elle rédige. Les coûts d'opération du bureau de Mila n'ont jamais été dévoilés parce qu'il fait partie du Bureau du premier ministre et que son coût de fonctionnement n'est pas séparé. Celui du Bureau du premier ministre s'établit à 5 830 000 dollars par an.

Certaines personnes s'opposent au fait que Mila ait son propre bureau. À la Maison-Blanche, Barbara Bush a un bureau et du personnel à son service, mais c'est différent. La première dame des États-Unis a un statut officiel. Elle dispose de son propre budget, peut utiliser les avions militaires et elle doit servir son pays. L'épouse du premier ministre du Canada n'a pas de statut officiel. Elle (jusqu'à présent, il n'y a pas eu de «il») est une bénévole. Elle peut demeurer aux côtés de son mari ou rester dans l'ombre, à sa guise.

Parallèlement, les activités de l'épouse du premier ministre sont strictement limitées. Si elle est avocate, elle ne peut pratiquer le droit, pour éviter les conflits d'intérêts. Si elle exploite un magasin d'antiquités et accorde un rabais à quelqu'un, on en fait toute une histoire. Mila, quant à elle, ne se pose pas de questions sur son rôle : elle est là pour aider Brian et elle a besoin de personnel pour l'aider. Les Mulroney sont arrivés à Ottawa en tant qu'équipe gagnante et ils ne vont pas changer pour faire taire les critiques.

Le correspondant parlementaire de CTV, Craig Oliver, dit : «On n'avait jamais vu quelqu'un comme elle auparavant. Elle innove. On avait eu deux vieux célibataires excentriques et Maryon Pearson, qui était une femme charmante mais n'avait rien d'une épouse d'homme politique. Joe Clark n'a pas été en poste assez longtemps pour que Maureen McTeer ait le temps de faire quoi que ce soit et Margaret Trudeau était complètement dépassée. C'était la première épouse de premier ministre vraiment moderne.

« Quant à sa façon de considérer son rôle, il faut admettre que nous allons vers un modèle présidentiel depuis Trudeau. Ce ne sont pas les Mulroney qui ont initié ce mouvement. C'est la télévision en grande partie qui en est responsable. Dans les années 1960, la télé a fait du premier ministre un personnage national de première importance, comme jamais auparavant. Je ne peux donc blâmer Mila d'être devenue une personnalité en vue. C'est le système. Les médias veulent la voir. Elle est jolie et passe bien à la télé. On ne peut la blâmer pour cela.

« On a dit qu'elle lui faisait du tort à cause de ses dépenses somptuaires du début. Mais bien des gens ont commencé à s'apercevoir que ce ne sont pas des fonds publics qu'elle dépense pour ses vêtements, et quel mal y a-t-il à ce qu'elle veuille être habillée à son avantage? N'est-ce pas ce que nous cherchons tous à faire? Mila a eu mauvaise presse au début à cause de son style « Maison-Blanche », mais je crois que les journaux copiaient ce qui se disait ailleurs. Je travaillais alors à Washington et on critiquait Nancy Reagan parce qu'elle consacrait des fortunes à l'achat de nouvelle vaisselle pour la Maison-Blanche et de vêtements pour elle. On faisait de même dans les journaux canadiens. »

Oliver se souvient d'un incident qui s'est produit à Washington et qui lui prouva que Mila était très bien préparée à son rôle. « Juste après l'accession de Mulroney au pouvoir, ils étaient en visite à Washington. Linda McLennan et moi y étions aussi pour l'émission Canada AM et le réalisateur voulait que nous fassions une entrevue avec Mila. On a fait la demande au service de presse et on nous a répondu : « Oui, Mila est d'accord pour l'interview, mais seulement si c'est Craig Oliver qui la fait. » Je pense que c'était très intelligent de sa part. Linda aurait pu lui mener la vie dure. Mais j'aurais eu l'air d'un vieux salaud si je m'étais acharné sur cette jolie femme qui était l'épouse du nouveau premier ministre. C'est vous dire combien elle porte attention à ce qu'elle fait. »

C'est également l'une des raisons qui font qu'on la trouve ambitieuse et calculatrice. Quant à Craig Oliver, il dit : « J'admire cela. Il n'y a rien de malhonnête ou d'immoral à tenter de faire bonne impression. Au Canada, c'est nouveau que la femme du premier ministre soit si active et engagée. Aux États-Unis, c'est comme ça depuis Eleanor Roosevelt. Je crois qu'à tout prendre, c'est peut-être une bonne chose. Ça peut devenir un bon tremplin si vous vous en servez bien, et je crois que c'est ce qu'elle a fait. »

Le sénateur Michael Meighen, dont la campagne électorale en 1972 fut la première à laquelle participa Mila, craint que « les Canadiens soient un peu trop chatouilleux en ce qui a trait aux dépenses de fonds publics par les gens du gouvernement, qu'ils aient une opinion tordue et erronée sur ce sujet. C'est le Canada sous son plus mauvais jour. Toutefois, si vous mettez en question cette fixation, on vous accuse de vouloir étouffer l'affaire. Je serais enclin à penser que le rôle de Mila est terriblement éprouvant. »

Clare Hoy, qui est affecté à la chronique mondaine à l'agence Southam News et est son plus grand détracteur, n'est pas d'accord : « Aux États-Unis, la première dame a un poste officiel qui a son propre budget et son personnel. Ici, ce n'est pas comme ça. Quant à savoir si ce devrait l'être ou non, je n'en sais rien. »

Dans un de ses articles, il a accusé Mila de demander à la Gendarmerie royale de la saluer. Son collègue du *Toronto Sun*, Doug Fisher, était consterné de cette accusation et a répondu dans un article que c'était pure invention. Les deux hommes en sont venus à une épreuve de force au Club de la presse à Ottawa sur l'incident. Même si certains journalistes d'Ottawa ont mis ses sources en question, Hoy affirme ne pas avoir à prouver ses allégations. « Si je suis certain que quelque chose est vrai, je l'imprime et je me fous que ça indispose les Mulroney ou leurs enfants.

« Si on est d'avis que son poste est légitime, on devrait le dire clairement. Je ne dis pas qu'il ne devrait pas l'être, peut-être même qu'il le devrait. Mila est un rouage très important, très sous-estimé, dans la machine politique de Mulroney. Je ne me plains pas du fait qu'elle dépense de l'argent. Je veux seulement savoir combien coûte son bureau. »

(M. Hoy a été congédié par le *Toronto Sun* à cause de ses articles sur Mila Mulroney. La version du journal est qu'il a été muté du bureau d'Ottawa à celui de Toronto et qu'il a refusé d'y aller. À leur avis, c'est une démission. « Ça barde beaucoup plus quand on écrit sur Mila que quand on écrit sur Brian », dit Hoy.)

Il est certain que le rôle d'épouse du premier ministre à changé sous le règne de Mila. Marjory LeBreton, chef de cabinet adjointe, a travaillé pour quatre chefs conservateurs : John Diefenbaker, Robert Stanfield, Joe Clark et

Brian Mulroney. Elle avait donc un poste de choix pour observer quatre épouses d'hommes politiques en action.

« Olive Diefenbaker était distante, sereine, très digne et elle ne voyait certainement pas les choses comme Mila Mulroney les voit, dit M^me LeBreton. On critiquait beaucoup les Diefenbaker et leur façon très collet monté de recevoir. En fait, c'était l'éducation presbytérienne très stricte qu'avait reçue Olive qui dictait leur style et les faisait paraître élitistes. Olive Diefenbaker arrive loin derrière Mila Mulroney quant à son importance au sein du parti, et par le fait même, dans l'opinion publique. »

Olive Diefenbaker avait cinquante-cinq ans quand John et elle vinrent habiter la résidence du premier ministre. Elle a été la première à ouvrir celle-ci au public. Elle y invitait la presse, les députés et les diplomates à des réceptions en plein air, mais celles-ci étaient ennuyeuses comme la pluie et personne ne voulait y aller. Elle avait la réputation de porter des jugements catégoriques et de détester bien des gens à Ottawa. Mais c'était aussi une solide partisane de John Diefenbaker.

Mary Stanfield était une femme chaleureuse qui avait les pieds sur terre et qui se sentait toujours mal à l'aise en public. Elle a souvent confié à des amis qu'elle serait plus heureuse en Nouvelle-Écosse. Elle a donné une preuve éclatante de son bon tempérament (et peut-être une preuve du réel manque de pouvoir des épouses des hommes politiques) le jour où le ministère des Travaux publics a entièrement repeint l'intérieur de Stornoway en rose et vert « gouvernement ». Même si Mary Stanfield y vivait à ce moment-là, personne ne l'a consultée au sujet des couleurs. Les causeuses et les rideaux de son salon, qui étaient dans des tons de pêche, juraient horriblement avec les murs roses. Elle n'en a pas fait tout un plat, seulement des blagues. «Elle avait un grand sens de l'humour et était une formidable partenaire pour M. Stanfield, dit Marjory LeBreton. Elle était heureuse de rester dans l'ombre. Elle était amicale et d'un grand soutien, mais elle ne voyageait pas beaucoup avec lui.

«J'ai travaillé avec Maureen McTeer quand elle était recherchiste pour Robert Stanfield. C'était une jeune avocate brillante et bilingue et de fait, je dis toujours que j'ai été le cupidon de service entre elle et Joe. (Quand Joe Clark est devenu député en 1972, il avait besoin d'un assistant ou d'une assistante de recherche et il voulait apprendre le français. Je lui ai présenté Maureen à l'automne de 1972. Il l'a engagée et ils se sont mariés en juin 1973.) Que Maureen ait conservé son nom de jeune fille lui a attiré de nombreuses critiques des conservateurs. Je détestais la position du parti à ce sujet et je ne me suis pas gênée pour le faire savoir. Mais il y avait un groupe au sein du parti qui la rendait responsable du sobriquet de «Joe Qui» dont était affublé son mari. Certains d'entre eux ont même été très méchants envers Joe et elle à ce sujet. Maureen avait également un problème d'identité. Je ne crois pas qu'elle ait jamais vraiment décidé de ce qu'elle voulait faire ou de son rôle. Parfois, elle était «l'épouse de...», le lendemain, elle affirmait son indépendance. C'était fort embrouillé.

«Je voyageais avec Joe Clark et j'organisais ses tournées. La base du parti était toujours contente quand Joe était seul, parce que Maureen n'était jamais certaine de la place qu'elle voulait occuper. Il arrivait qu'à cause d'elle, on dépasse complètement notre horaire. Quand elle s'y mettait, elle était merveilleuse, mais quand elle décidait qu'elle ne voulait pas être là, c'était terrible.

« La relation entre Maureen et le parti n'était donc pas particulièrement saine. Je crois qu'il y avait des torts des deux côtés. Les gens du parti avaient un certain sentiment d'hostilité à son égard. Mais elle ne leur facilitait pas toujours les choses. Elle était parfois d'humeur changeante et pouvait soudainement décider de ne pas aller à un événement qu'on avait prévu à son intention.

« D'autre part, avec Brian Mulroney, il se produisit le contraire. Chaque fois que Mila, pour une raison ou pour une autre, ne pouvait l'accompagner, les gens du parti étaient toujours terriblement déçus. Quant aux changements d'humeurs, si Mila en a, elle les cache bien, parce que je ne lui en ai jamais vu, jamais. Elle est également très protectrice à l'égard du premier ministre. Elle est comme son arrière-garde, elle a toujours un œil sur lui. Elle lui fait un bon contrepoids. Elle est très intelligente, surveille ce qui se passe et est assurément un actif pour lui et pour le parti. Elle est à ses côtés mais elle demeure indépendante d'esprit. »

Alors que la comparaison continuelle entre les épouses des premiers ministres agace Mila, les références à l'époque de la « Milamanie » l'irritent carrément. Elle croit qu'elle touche les gens parce qu'ils voient en elle une femme avec des enfants, une mère. Elle dit : « Je me souviens d'une femme à l'Île-du-Prince-Édouard qui est venue me dire : « J'ai quatre enfants. Moi aussi je dois réussir à faire des milliers de choses dans une journée. C'est bien de rencontrer quelqu'un comme vous. » J'ai senti qu'on venait de me faire un très beau compliment. »

Mila trouve aussi qu'il faut se méfier de cette étiquette de modèle de comportement qu'on cherche à lui imposer. «Je n'aime pas qu'on me considère comme un modèle à imiter, parce que je ne peux me mettre à la place de personne. Je ne dis même pas quoi penser à mes enfants, à moins d'être absolument certaine qu'ils sont sur la mauvaise voie. Si quelqu'un arrivait ici d'un autre pays et me considérait comme un modèle, je crois que ce serait bien. Mais je pense que ce serait contradictoire de dire que j'aimerais que les gens m'imitent.»

Ses choix quant au genre d'activités et d'événements auxquels Brian et elle décident de participer n'ont pas toujours fait l'affaire de l'entourage de Brian. Mais ça ne l'a jamais empêchée d'émettre des suggestions. En 1989, David Foster leur demanda de jouer à la balle lors du tournoi annuel de la Fondation David Foster pour les enfants qui ont besoin d'un don d'organe. «Les conseillers de Brian ne voulaient pas qu'on donne de lui cette image. Mais c'est un très bon athlète. C'est quelque chose que les Canadiens ne savent pas à son sujet. Il était un excellent joueur de hockey et vous devriez le voir patiner. Il adore les enfants et cet événement sert à ramasser des fonds pour une bonne cause. On le voit toujours en complet et cravate. Je voulais que ses conseillers donnent une autre image de lui.» Brian y alla (il est bien difficile de lui dire non) et la photo prise lors du match a été utilisée et réutilisée à des fins publicitaires.

La même chose arriva lorsqu'elle lui demanda de collaborer avec le Bureau d'enregistrement des enfants disparus et d'aller à l'ouverture du congrès sur le SIDA. Ses gens lui disaient: «N'y allez pas.» Brian l'a fait parce que Mila le lui a demandé.

« Les gens disent que j'influence Brian. Je ne dirais pas que je l'influence, mais que je confirme ce qu'il pense. Il arrive et me demande : « Qu'est-ce que tu penses de ceci ou de cela ? » Je dis : « Ça paraît fantastique. » Il me répond « Ce n'est pas ce que mes gens en disent. » Si Brian s'oppose à telle chose, je ne peux pas le faire changer d'idée. Mais je peux lui offrir un point de vue différent. J'essaie très fort de ne pas me mêler de ce à quoi je ne connais pas grand-chose. Mais au niveau des activités sociales, qui sont davantage mon domaine, j'essaie de lui faire voir pourquoi c'est bon pour lui. Par exemple, Brian adore les enfants. Il passe beaucoup de temps avec eux. Mais quand il y a eu une campagne d'alphabétisation, on lui a conseillé de ne pas s'en mêler. Je l'ai convaincu d'y aller et il a adoré cela. Je crois qu'il aimerait participer à plus d'activités du genre, mais je sais qu'il a peu de temps. »

Hugh Segal croit également qu'elle fait un bon contrepoids à Brian le politicien. « Quand vous êtes un conservateur, on vous associe à des valeurs et à des opinions que d'aucuns trouvent dépassées. Si vous êtes marié à une personne qui n'a pas la jeunesse, la beauté ou le cran, ou qui n'incarne pas un certain appétit de vivre, la banalité de l'image collective peut vous être fatale. Vous pourriez avoir l'air non seulement démodé dans vos idées mais aussi de manquer fondamentalement de contact avec la réalité. Elle donne à leur couple une allure franchement moderne, que ce soit au niveau de l'apparence et du contenu ou à celui de l'équitabilité de leur relation. Elle contribue à donner de l'énergie et du pétillant au parti et aux conservateurs. Ça compte beaucoup quand vous devez faire accepter des idées impopulaires. Elle humanise considérablement le parti. »

Même si Mila est plus aguerrie face à la politique qu'elle ne l'était à Stellarton en 1983, elle n'en demeure pas moins candide. Dernièrement, lors d'un cocktail, sa quatrième apparition en public de la journée, elle s'est écroulée sur un divan en disant : « J'ai dormi une vingtaine de minutes avant de venir ici. Je pense que je n'aurais pas dû. » C'est ce genre de remarques impromptues qui fait qu'on l'aime.

Qu'elle soit à la table d'honneur, à une table de conférence ou à un cocktail, son visage expressif dévoile sa personnalité. Elle penche sa chaise en avant pour être plus attentive, puis regarde autour d'elle d'un air penaud et repose doucement sa chaise sur les quatre pieds avec, sur le visage, une expression qui signifie « là, vous m'avez eue ». C'est la mère vulnérable qui doit boire un verre d'eau à petites gorgées pour réussir à se contenir en écoutant un drogué désintoxiqué de seize ans dire qu'il préférait mourir plutôt que de lire la déception sur le visage de sa mère. « Je savais que j'allais me mettre à pleurer », dira-t-elle plus tard.

C'est aussi la vedette qui doit composer avec tout le cérémonial de sa fonction : tapis rouges, limousines, gardes de sécurité de la GRC (qui parfois, vêtus de smokings, lui ouvrent un passage dans la foule lors des galas), photographes et journalistes qui enregistrent chacun de ses gestes. Mais elle garde en même temps les pieds sur terre, trouve souvent le moyen de plaisanter avec les gens dans la foule et de reléguer tout ce faste à sa place.

Son sens de ce qui est opportun est illustré par une histoire que raconte Bob Handforth, citoyen du troisième âge qui joue du piano lors des cérémonies officielles au 24 Sussex Drive. Bob jouait déjà du piano pour les Mulroney quand ils vivaient à Stornoway, où se passa cette histoire. «Je portais toujours un complet quand j'allais à un événement officiel jouer du piano. M<sup>me</sup> Mulroney me demanda un jour si cela m'ennuierait de porter un smoking. Je lui ai dit que cela ne m'ennuierait pas, mais que je n'en avais pas et n'avais pas les moyens d'en acheter un. Elle m'en a acheté un. Je cherchais une façon de la remercier ; alors maintenant, quand il y a une réception pour la fibrose kystique chez elle, je joue du piano mais je refuse d'être payé. »

Un an seulement après leur arrivée au 24 Sussex Drive, la maison avait changé, le style avait changé et la famille aussi. Nicolas Mulroney est né le jour du premier anniversaire de l'élection de Brian. Ce fut un mois difficile pour Brian. Deux ministres de son cabinet (John Fraser et Marcel Masse) avaient démissionné et les députés de l'opposition criaient haro sur le gouvernement. Les médias avaient un appétit vorace pour les scandales.

Mila connaissait son affaire. Elle savait jouer à l'équilibriste. La question était : allait-on lui faire un croc-en-jambe ?

# Chapitre six

*« Les potins ne m'ont jamais empêchée d'être naturelle et confiante avec les gens. Je serai sans doute échaudée de nouveau, mais je préfère vivre ainsi plutôt que dans une paranoïa continuelle. »*

Mila Mulroney

C'EST EN 1975, à l'âge de vingt-trois ans, que Mila découvrit que le mot « confidentiel » pouvait avoir une signification différente selon les personnes. Elle avait accompagné Brian à Baie-Comeau, où celui-ci avait annoncé qu'il serait pour la première fois candidat à la direction du parti. Mais comme Brian avait à l'époque décidé de prolonger son séjour, son ami L. Ian MacDonald suggéra que Bill Fox, un reporter de l'agence Southam News, ramène Mila à Montréal et l'emmène peut-être bien souper au restaurant.

Bill se chargea des réservations, et il invita Don MacPherson, de la *Gazette* de Montréal, à se joindre à eux. Ils soupèrent tous les trois chez Ruby Foo's, parlant librement et de façon « confidentielle » de la campagne électorale et de la vie de Mila avec Brian. Plusieurs militants conservateurs en vue étaient présents dans la salle à manger et, à la consternation de Bill Fox, offrirent de payer le repas de Mila. Mais ce ne fut qu'un irritant mineur à côté de la commotion qui suivit, deux jour plus tard, lorsque la *Gazette* publia un article relatant intégralement la conversation. Bill se rappelle l'incident : « Don ne savait peut-être pas qu'il s'agissait d'une conversation confidentielle mais Mila, elle, en était persuadée. J'ai craint qu'elle ne veuille plus jamais m'adresser la parole. » L'article commençait ainsi :

> L'Année de la Femme tire à sa fin et précisément le candidat est sur le point de commencer cette journée de campagne par un énoncé de politique sur la question.
>
> Le jour se lève à peine, les premiers rayons obliques atteignant la tranquille avenue Devon, à deux pas des hauteurs de Westmount, mais le candidat est déjà réveillé. Il s'habille, inquiet à l'idée de rater son vol.
>
> « Mila », lance-t-il d'une voix irritée à sa femme encore assoupie et qui devrait donner naissance à leur deuxième enfant dans deux mois, le jour du vote peut-être, avec un peu de chance, « où sont mes chemises ? »...
>
> Sa femme, un authentique être humain et non pas simplement l'une de ces poupées mécaniques que la plupart des politiciens ressortent de l'emballage quand la présence d'une épouse est jugée essentielle, nous confie au sujet de Brian que « la campagne le rend fou ».
>
> Pourtant cette folie, elle l'accepte, de même que les angoisses des départs et ce que cela

exige d'elle, comme de se lever tôt afin d'aider le candidat à trouver ses chemises à l'endroit même où elle les place depuis leur mariage, il y a trois ans.

Elle le fait parce que c'est ce que son mari attend d'elle. Elle veut ce qu'il veut, et ce qu'il veut, c'est devenir le chef du Parti progressiste-conservateur.

Mila eut peine à en croire ses yeux lorsqu'elle lut l'article. En larmes, elle appela Brian et lui demanda : « Comment cela a-t-il pu arriver ? »

La situation dans laquelle Mila s'était placée était nouvelle pour elle, mais aussi pour tous les personnages publics. Quoique plusieurs observateurs prétendent que c'est le Watergate qui a servi d'événement déclencheur de ce changement dans la pratique journalistique, le virage s'est amorcé en fait dans les années 1960. C'est la campagne électorale de 1968, celle où Pierre Elliott Trudeau l'emporta sur Robert Stanfield, qui fut la première à refléter ce nouveau pouvoir des médias. L'attirail complet des campagnes modernes y était : les gourous de la communication analysant chaque parole prononcée, les firmes de relations publiques fabriquant l'image du candidat et manipulant l'événement à l'avantage du parti, et une campagne mettant l'accent sur la personnalité du candidat plutôt que sur la politique du parti.

Ce style venu des États-Unis s'était rendu jusqu'à nous, en même temps que se développait une technologie télévisuelle maintenant capable de répondre aux exigences de campagnes électorales suivies à la loupe. Les épouses des candidats devenaient beaucoup plus visibles, et les enfants étaient, eux aussi, associés à la campagne. L'image américaine du bon politicien accompagné de sa charmante famille prit de l'importance et fit son entrée dans la politique canadienne. Miriam Stanfield fit campagne avec son père en 1968, et souvent elle reçut plus d'attention que lui, car il était tout à fait inhabituel de voir une jeune femme faire campagne aux côtés du chef.

Puis, en 1973, les journalistes Bob Woodward et Carl Bernstein du *Washington Post* avaient mis à jour une histoire de corruption, de double jeu et de vol, qui impliquait la Maison-Blanche et qui avait fini par faire basculer le président des États-Unis. En guise de retombées de leur travail ardu et de leur détermination acharnée, les journalistes récoltèrent gloire et fortune sous la forme de contrats d'édition, de cinéma et de conférences. Peu importe où ils se trouvaient, les politiciens et leurs proches furent soumis, quant à eux, aux feux de projecteurs beaucoup plus puissants et à une vigilance plus étroite.

Le style journalistique qui a émergé à la suite du Watergate a fait ressortir le meilleur et le pire au sein de la profession de journaliste. Aujourd'hui, les journalistes d'enquête sont plus habiles, plus rigoureux dans leurs analyses qu'ils ne l'ont jamais été. Mais le type du journaliste à l'affût du pot aux roses à dévoiler dans le seul but de devenir célèbre a aussi connu un bel essor. Même si le public remet de plus en plus en question la justesse de la position des médias qui agissent en accusateurs publics, il garde une certaine attirance pour la nouvelle à sensation : le *National Enquirer* a un plus fort tirage que toutes les autres revues hebdomadaires en Amérique du Nord, mis à part le *TV Guide*.

D'après Hartley Steward, ex-rédacteur en chef et éditeur d'importants journaux canadiens, ex-collaborateur de magazines et actuel éditeur du journal *Ottawa Sun*, «le style postwatergate a permis l'émergence d'un grand nombre de bons journalistes d'enquête, mais aussi d'un grand nombre d'hommes et de femmes qui attaquent les politiciens et les personnes connues de façon constante et sans avoir fait un minimum de recherche. Cette conviction que l'on a d'avoir le droit d'écrire tout ce qui nous plaît, sans égards ni mesure, n'existait pas il y a dix ans.»

Mila Mulroney a, la plupart du temps, eu bonne presse. Elle a fait la page couverture de la plupart des grands magazines, elle a été l'objet de reportages dans les journaux, et elle a été abondamment interviewée par la télévision. Elle affirme pourtant que pendant les huit dernières années à Ottawa, elle n'a pratiquement rien lu sur elle qui soit entièrement vrai, ce qui constitue l'une des raisons pour lesquelles elle préfère les entrevues télévisées.

Aux non initiés, sa vie aux premières loges de la politique apparaît comme un havre privilégié et bien protégé. Mais les tapis rouges, les limousines et les escortes policières ont un prix, et ce prix c'est la présence des médias soutenus par une technologie de pointe, affamés et à l'affût de scandales, n'attendant que le faux pas, toujours prêts à publier, pratiquement sans préavis, les détails personnels qui sauront satisfaire l'appétit apparemment insatiable du public pour les anecdotes sur la vie privée des gens connus.

Exemple : Au cours de la Conférence du Commonwealth tenue à Vancouver en 1987, Mila reçut à dîner à deux reprises les épouses des chefs d'État présents au sommet, la communauté philanthropique de Vancouver et une poignée de célébrités. L'un de ces dîners eut lieu au restaurant Bridges, un endroit en vogue avec vue sur la ville, l'autre était un buffet *dim sum* servi dans un restaurant chinois. Deux cents personnes participèrent à ces dîners. Elle commanda des fleurs pour les tables à la boutique Thomas Hobbs Florist Ltd, et elle les fit porter par la suite dans un certain nombre d'institutions hospitalières. Quelques jours plus tard, un article paraissait dans le *Globe and Mail* affirmant que Mila avait dépensé 5 000 $ à même l'argent des contribuables pour des achats incluant les fleurs, mais aussi des articles tels que des meubles de jardin pour elle-même et pour la résidence d'Ottawa.

«J'ai téléphoné au fleuriste et lui ai demandé de me faire parvenir une copie de la facture par télécopieur», raconte Mila. «La facture se montait à 2 000 $. Il était dans tous ses états. Il avait le sentiment d'avoir été dupé.»

Thomas Hobbs explique ainsi ce qui s'est passé : «Quand Stevie Cameron [la journaliste] m'a téléphoné, je ne savais même pas qui elle était. Elle ne m'a pas dit qu'elle préparait un article. Elle m'a dit qu'elle téléphonait au sujet du mariage de sa sœur, qu'elle voulait discuter avec moi de la question des fleurs et qu'elle était une amie de longue date de Mila. Elle m'a demandé ce que Mila faisait dans le magasin et je le lui ai dit. Alors, elle a inventé un tas de trucs pour étoffer son article. Elle a dit que Mila avait acheté des meubles de jardin ici. Nous ne vendons même pas de meubles de jardin. Le montant de la facture n'était pas de 5 000 $ comme le rapportait le *Globe and Mail* mais d'environ 2 000 $. J'avais vraiment l'impression d'avoir été trahi. J'ai écrit au *Globe and Mail* une lettre où je leur disais qu'ils devraient vérifier les choses avant de les imprimer. Le *Globe and Mail* n'a publié aucune rétractation, mais ma lettre, elle, a été publiée.

Mila agit au vu et au su de tout le monde. En 1983, elle décidait qu'elle se rendait disponible pour représenter son mari en public. Elle savait qu'en montant ainsi sur les planches, elle donnerait prise à la critique de nature personnelle et que cela déplairait à certains. Elle sait, par exemple, que ses habitudes de consommation représentent une cible facile pour les journalistes. « Des personnes ont écrit sur moi des choses qui ne sont pas particulièrement favorables. Je ne les rejette pas, parce que je reconnais le fait qu'ils ont probablement raison. On ne peut pas toujours faire les choses comme il faut. Je sais que je n'ai peut-être pas eu les gestes appropriés quelquefois. Ça ne m'ennuie pas lorsque les gens veulent en apprendre plus long sur moi. Si l'on veut savoir où je fais mes courses ou ce que j'ai fait, il suffit de téléphoner au bureau.

« Un jour, nous avons reçu un appel de la personne responsable d'une chronique à potins dans un journal montréalais, qui voulait savoir où je faisais mes courses. Bonnie Brownlee lui a dit : « Faites-moi la lecture de votre liste et je vais vous dire, dans chaque cas, si c'est un endroit qu'elle fréquente. Je vous le promets. » La personne en question a cité le nom d'un commerce et Bonnie a dit : « Non, elle ne va pas là. » Elle lui a alors répondu : « Pourtant, mes sources m'affirment que oui. » Eh bien ! je n'étais jamais allée dans ce magasin. »

Mila affirme qu'elle n'a aucune objection à tout révéler au sujet de ses vêtements et de son style de vie. « Mais si vous n'avez pas l'intention de jouer franc jeu, si vous possédez un auditoire ou une chaire du haut de laquelle vous prêchez sans avoir à présenter l'autre version, alors pourquoi faudrait-il que je me laisse interviewer? Si vous devez dénaturer ce que je dis, je perds mon temps. Si vous avez l'intention d'écrire des calomnies à mon sujet, vous pouvez les écrire sans moi. »

Exemple : La célèbre affaire Giovanni Mowinckel, qui a rempli les colonnes des journaux pendant des semaines et des semaines en 1987, mettait en scène le décorateur d'intérieur Giovanni Mowinckel dont Mila avait retenu les services pour décorer Stornoway et, plus tard, le 24 Sussex Drive. Les plans de décoration et les prix payés furent épluchés par la presse au jour le jour et dans les plus infimes détails.

« Parmi les somptueux éléments d'ameublement et de décoration du 24 Sussex Drive, on trouve des armoires conçues pour recevoir des centaines de paires de chaussures, y compris les douzaines de paires de mocassins du premier ministre, et un coussin-contour sur commande pour le lit du bébé. » Ainsi commençait l'un des articles de Stevie Cameron et de Graham Fraser qui firent la une du *Globe and Mail*. Cet article entrait dans le menu détail des dimensions des penderies (trois mètres et demi d'espace d'accrochage pour les robes du soir), des installations sanitaires (un bain tourbillon et un double lavabo), du prix du papier peint pour le vestibule (soixante rouleaux à 100 $ chacun) et même de la provenance des draps et des serviettes (la boutique Duvet d'Ottawa).

L'article faisait paraître l'aménagement intérieur aussi « somptueux » que possible. Plus de cent paires de souliers devenaient « des centaines de paires ». La collection de robes du soir de Mila semblait disproportionnée, mais ce n'est pas si extraordinaire lorsque l'on tient compte du fait qu'elle doit, chaque mois, participer à plusieurs événements en tenue de soirée. Il est courant dans les maisons modernes de trouver des lavabos doubles et un bain tourbillon. Et le papier peint de qualité coûte effectivement cher, surtout si le vestibule est très grand.

Dans les articles subséquents, on examinait les paiements pour ces rénovations et l'utilisation des fonds du Parti progressiste-conservateur. Comme les contributions au P.C.C. sont déductibles d'impôt, le *Globe and Mail* qualifia d'«escroquerie» la méthode de paiement des rénovations.

À court d'argent, Giovanni Mowinckel quitta Ottawa en mars 1987, laissant derrière lui des liasses de factures impayées. Sa société, Colvin Design, fut mise en faillite. Plusieurs raisons pouvaient expliquer ses problèmes de trésorerie. Il avait demandé trop peu pour son travail au couple Mulroney à cause du prestige inhérent à ce genre de contrat. Il avait l'habitude de se réserver un bénéfice substantiel (environ 60%) sur les accessoires et l'ameublement commandés au nom de ses clients, mais au couple Mulroney il ne réclama que le prix coûtant, en plus du montant de sa rémunération de *designer*. Ses autres clients n'apprécièrent pas d'être négligés pendant qu'il travaillait aux résidences officielles. Parallèlement, il engagea de lourdes dépenses dans l'automobile et l'immobilier : il importa d'Angleterre une Bentley ancienne, et il acheta des appartements à Toronto et en Floride, une résidence d'été dans les collines anglaises de Cotswold et une ferme dans la région de la Gatineau.

La journaliste Stevie Cameron passa les finances de Giovanni Mowinckel au peigne fin, dressant dans l'un de ses articles la liste complète des dates et des montants de tous les chèques versés par le Fonds du P.C.C. Plus tard, elle localisa les dossiers du décorateur dans un entrepôt ; munie d'un photocopieur, elle se rendit à l'entrepôt où elle fit des copies des factures se rapportant au contrat Mulroney. Le *Globe and Mail* la dépêcha même en Italie dans le but de retracer Giovanni Mowinckel et de l'interroger à propos des factures impayées. (Le décorateur refusa de se prêter à l'entrevue.)

À la suite de toute cette recherche, Stevie Cameron déclare que le comptable chargé par elle de la vérification des factures et des reçus a conclu que le seul article non comptabilisé était un collier acheté par Mowinckel au nom de Mila. En 1988, dans un article dont le titre laissait à penser que le Parti progressiste-conservateur payait les bijoux de Mila, elle écrivit que Danielle Letarte, une employée temporaire à la comptabilité chez Giovanni Mowinckel, avait utilisé, en août 1985, un chèque du Fonds du Parti progressiste-conservateur du Canada afin de couvrir une traite bancaire de 3 237 $ qui devait être expédiée chez Bulgari, une bijouterie romaine huppée, en paiement pour un collier de topaze, d'acier et d'or que Mila avait commandé au cours d'une visite privée à Rome au mois de mai de la même année.

Madame Letarte explique que le chèque était de 5 000 $ et qu'elle avait reçu comme directive d'en faire tirer une traite bancaire de 3 237 $, laquelle devait être retournée à Mowinckel, et de déposer le reste dans le compte de ce dernier. Elle ne sait pas où la traite a été envoyée ni ce qu'il en est advenu.

Mila raconte : «J'ai vu le collier dans une boutique en Italie. Celui-là n'était pas à vendre, mais on m'en promit un. Giovanni m'a offert de profiter d'un prochain voyage pour me le rapporter. C'est ce qu'il a fait, et il me l'a apporté à Ottawa. Il a ajouté le prix du collier à sa facture. Ce prix était de 2 400 $. Je le lui ai payé. Je ne lui ai pas demandé «un reçu s'il vous plaît». On ne peut pas toujours être sur ses gardes. Il s'agissait d'un homme avec qui j'avais travaillé à deux projets de rénovation. On ne peut pas se méfier de tout le monde. Les potins ne m'ont jamais empêchée d'être naturelle et confiante avec les gens. Je serai sans doute échaudée de nouveau, mais je préfère vivre ainsi plutôt que dans une paranoïa continuelle.

Il existe chez les journalistes une tendance à jouer au psychologue populaire lorsqu'ils tracent un portrait. Le portrait est censé refléter la personnalité du sujet, mais les journalistes ne disposent souvent que d'une heure d'entrevue pour découvrir la complexité de la personne, ce qui laisse beaucoup de place à la conjecture et à la présomption.

Le portrait intitulé «Représentez-vous Mila» («*Imagine Mila*»), paru dans le magazine *Saturday Night* d'avril 1988 sous la signature de Bob Fulford, illustre bien le problème que pose l'approche psycho-pop. Cet article contenait d'abondantes informations sur les autres épouses de premiers ministres canadiens et sur les «premières dames» américaines (Fulford comparait Mila à Jacqueline Kennedy), mais il était relativement pauvre en renseignements sur Mila. Pourtant, Fulford trouva moyen, à partir d'une seule entrevue, de tirer un certain nombre de conclusions plutôt hâtives à son sujet. Après avoir expliqué les attentes contradictoires de la population canadienne par rapport aux épouses de premiers ministres, il la classait sommairement, la définissant comme «une comédienne jouant sans scénario et comptant sur les répliques de l'auditoire». Ayant noté qu'elle n'attaquait pas ses critiques ni les ennemis du Parti progressiste-conservateur, il concluait qu'elle avait «une personnalité curieusement effacée, retenue et plutôt prévisible...» Il poursuivait : «Elle m'a donné l'impression d'une image publique soigneusement mise au point.»

«Je pense qu'il écrit bien, reconnut Mila, mais, dans ce cas-ci, il avait une idée préconçue à mon sujet ; il n'avait pas besoin de m'interviewer pour écrire son article. J'ai constaté bien souvent que les gens qui écrivent sur moi en croyant me connaître sont en fait ceux qui me connaissent le moins.»

Clare Hoy y va joyeusement, lui aussi, de ses hypothèses sur la personnalité publique et privée de Mila. «Mila Mulroney est aimable, vraiment charmante en public. Elle met les gens à l'aise. Je pense qu'elle joue là une carte qui est utile à son mari. Mais je crois deviner que, lorsque la porte se referme, elle remet la carte dans le paquet. Je ne dis pas qu'elle a tort de le faire, et je n'ai pas la possibilité de vérifier si c'est effectivement ce qu'elle fait. Je crois simplement que les journalistes ne devraient pas oublier cela.»

Robert Fife, chef du service d'Ottawa au *Toronto Sun*, est plus sévère envers les jugements rapides. «Nous [les journalistes] avons tendance souvent à généraliser. C'est à partir de cela que vous devez ensuite vous faire vos propres opinions sur les gens. Cela vous empêche d'élargir votre regard sur eux.»

Exemple : Alors âgée de treize ans, Caroline Mulroney entra dans une librairie en pleine période de Noël et vit un nouveau livre portant en couverture la photo de sa mère. Empressée de lire ce qui avait été écrit sur celle-ci, elle commença à feuilleter le livre. Il s'agissait de *Political Wives (Les Épouses des hommes politiques)*, par Susan Riley, laquelle déclarait en introduction : « Les vraies prostituées travaillent beaucoup plus fort pour gagner leur argent que ne le font les épouses des hommes politiques, et dans des conditions bien inférieures. » Elle comparait Mila à Imelda Marcos et, plus loin, y faisait allusion comme à la « Evita des pampas glacées ».

Madame Riley n'a pas interviewé les femmes à propos desquelles elle a écrit. Elle n'a pas sollicité d'entrevue et ne présente pas d'excuses à cet effet dans son introduction, disant simplement que « ce livre n'en est pas un de reportage ». Lucille Broadbent, représentée elle aussi dans ce livre, ajoute : « De nombreuses épouses se sont demandé lesquelles avaient été interviewées. Lorsqu'on écrit sur quelqu'un, on devrait lui faire la politesse de l'interviewer. Il me semble que si vous devez faire des commentaires sur la vie privée des gens, il ne devrait pas s'agir de commentaires superficiels que vous êtes incapable d'appuyer. »

Susan Riley est d'avis qu'il était suffisant pour elle d'observer, en action, les épouses des hommes politiques. Mais pour sa part, Hartley Steward a appris, dès son premier cours à l'école de journalisme il y a vingt-cinq ans, que l'observation ne suffit pas. « Je me souviens de la journée de la rentrée au Ryerson Institute. Il y a eu une terrible bagarre dans la classe. Personne ne savait que le professeur avait monté l'incident de toutes pièces. Il a fini par jeter dehors les deux coupables, puis il s'est tourné vers le reste de la classe et nous a dit : « Écrivez ce qui est arrivé. »

« Le résultat a été étonnant. Personne ne décrivait l'événement correctement. En fait, l'un des deux bagarreurs portait une cravate rouge vif (ce qui était prévu au scénario), mais personne n'a été capable d'en rapporter la couleur. Le professeur nous a expliqué que, lorsqu'un incident se produit, chacun se dit en lui-même : « Comment tout ça va m'atteindre, moi ? » Dans ce cas-ci : « Est-ce que le gars va s'en prendre à moi, la prochaine fois ? Est-ce que je devrai me méfier de lui toute l'année ? Est-ce que tout va bien aller ? » Le professeur a poursuivi en disant : « Si vous voulez devenir journalistes, vous devez prendre du recul par rapport à ces choses-là. Vous ne pouvez pas y mêler vos sentiments personnels. » On ne donne plus ce genre de leçon d'objectivité de nos jours. »

Le progrès le plus récent en journalisme semble être une inquiétante tendance à rapporter la rumeur comme s'il s'agissait d'une réalité. Lorsque apparurent dans le magazine *Frank* et dans quelques tabloïds britanniques et allemands des rumeurs de mésentente entre Brian et Mila, ces rumeurs laissant soupçonner que Brian avait des problèmes d'alcool et de violence et que Mila le quittait, « il y avait là, nous dit Maureen McTeer, un degré de malveillance assez dévastateur. Des gens de partout au pays m'ont répété ces rumeurs sans les remettre aucunement en question. Des amis m'ont même appelée d'Europe pour savoir si cela était vrai. Comment le saurais-je, de toute manière ? Et pourquoi quelqu'un voudrait-il m'en faire mention, sinon par mesquinerie ? Si les gens peuvent s'abaisser à lancer ou à répéter ce genre de rumeur, nous pouvons tous en être atteints. Tout le monde devrait savoir que, même si Brian et Mila sont en cause telle semaine, ce sera le tour de quelqu'un d'autre la semaine suivante. Nous sommes tous vulnérables. »

Elle suppose que la rumeur a été lancée dans le but de « les faire trébucher au moment où le parti était en chute dans les sondages. Dans ce milieu, lorsque vous tombez, les gens vous frappent de toute part ». Maureen McTeer a très mal réagi, par ailleurs, à l'idée que l'on puisse colporter des rumeurs de violence envers une femme en en faisant des gorges chaudes, et que cela soit, dans certains cas, le fait de féministes prêtes à se battre pour mettre sur pied des maisons d'accueil ouvertes à n'importe quelle autre femme en danger.

À l'automne 1991, John Sawatsky affirmait tout net, dans sa biographie de Brian Mulroney intitulée *Mulroney : La politique de l'ambition*, que celui-ci n'avait pas pris d'alcool depuis douze ans. Cette déclaration dissipa finalement les doutes sur la question de l'alcool. Mais la vitesse à laquelle la rumeur originale s'était répandue à travers le pays et la crédibilité des gens qui la répandaient donna naissance à une nouvelle rumeur, celle d'une campagne de « salissage » orchestrée par quelqu'un qui voulait la tête de Brian Mulroney.

Selon Craig Oliver, directeur de CTV à Ottawa, « la campagne qui avait été mise au point contre le couple Mulroney était d'une incroyable malveillance. Je crois que cela venait de Toronto, car c'est de là qu'émanaient la plupart des appels. En fait, c'était devenu si intense que l'un de nos rédacteurs me téléphona pour me demander : « Pourquoi nos bureaux essaient-t-ils d'étouffer le fait qu'il boit et qu'elle l'a quitté ? » C'est à ce point-là qu'on y croyait, à Toronto. J'ai même reçu un appel de New York de la part d'un représentant de ABC News qui m'a dit : « Nous détenons une information sérieuse selon laquelle Mulroney a été vu à son entrée dans une clinique californienne pour alcooliques. » Je lui ai répondu : « Très bien, trouvez-moi la personne qui a vu ça. » Ils n'en ont pas été capables. Personne n'a jamais pu identifier le témoin de ces événements. Le dernier de cette série d'appels remonte à juillet [1991], alors que mon interlocuteur me confiait qu'il venait de voir Mulroney dans une clinique aux États-Unis. Eh bien ! je venais de le voir à Ottawa le même jour. »

De toute sa carrière, Oliver n'avait jamais constaté de telles attaques. « Les commérages allaient pourtant bon train à propos de Pierre et de Margaret Trudeau, mais au moins il était possible de remonter à l'origine des rumeurs, sans compter que Margaret faisait réellement l'idiote en public. Mais ici, c'était différent. Il n'existait aucune source, et nous subissions tous d'énormes pressions pour que soient publiées ces nouvelles sur Mulroney. »

Vers la fin de juillet 1991, une équipe de tournage du service de l'information du poste CJOH d'Ottawa se présenta un matin à la grille de la résidence officielle d'été du premier ministre, au lac Harrington. Les membres de l'équipe chargèrent l'agent de la GRC en poste à l'entrée de transmettre aux occupants le message suivant : ils seraient en direct sur les ondes au bulletin d'information de six heures, et ils annonceraient que le premier ministre avait été admis la semaine précédente à la clinique Betty Ford, à moins que le premier ministre ne se présente à la grille. Brian Mulroney se trouvait dans la maison. On nia la nouvelle. Un nouveau message fut transmis par la GRC :

« Montrez-le nous, ou nous allons en ondes avec l'information. » On était alors à quinze minutes du bulletin d'information.

Enfin, Brian Mulroney téléphona à la station et leur demanda ce qu'ils croyaient être en train de faire. On laissa tomber la nouvelle. À vrai dire, un minimum de recherche aurait suffi à régler le problème dès le début. Le premier ministre avait été vu quelques jours plus tôt aux informations télévisées, y compris à l'émission d'information même de CJOH, au cours d'une rencontre tenue au lac Harrington avec le premier ministre de l'Ontario Bob Rae. On les avait filmés tous les deux se promenant sur le terrain du domaine.

Le problème avec les rumeurs, c'est que la victime a les mains liées. Si il ou elle nie les allégations, les accusateurs prétendent avoir touché une corde sensible, ce qui « prouve » que l'information est fondée. Si la victime ne se défend pas, les accusateurs peuvent dire : « Vous voyez bien, elle n'a rien dit, donc cela doit être vrai. » En outre, les victoires et les excès du journalisme d'enquête ont encouragé les lecteurs à croire que les informations négatives ont plus de chances d'être fondées que les informations positives.

Maureen McTeer sait bien ce que l'on ressent en tant que victime. « Bien des choses blessantes et fausses ont été dites à notre égard. C'est injuste, et cela on s'y attend en politique, mais c'est également faux, et cela on ne devrait pas être obligé de l'accepter. Ce n'est pas tant l'existence de la laideur et du mensonge qui me trouble, mais bien la jubilation avec laquelle certains s'empressent de répandre la laideur et le mensonge. Des personnes avisées se mêlent de répéter les rumeurs, au point où le mensonge finit par prendre vie. »

La rumeur est un instrument de grande valeur à Ottawa, comme dans toutes les autres capitales. Les décisions sont importantes et les enjeux sont considérables. Alors, les envoûteurs politiques se tournent vers les médias, essayant de présenter les résultats sous un jour favorable. Les politiciens, passés maîtres dans l'art d'utiliser les événements médiatiques pour faire diversion, laissent entendre que ce ne sont pas tant leurs réalisations en tant que gouvernement qui sont en cause que la façon dont les médias en rendent compte. Cela ajoute encore à la confusion entourant les questions à traiter et rend parfois même difficile l'accès des médias aux données factuelles.

En même temps, les responsables des relations publiques des partis aiment bien faire défiler sous les projecteurs la famille des politiciens, montrant de ces derniers une image impeccable, des enfants parfaitement bien élevés et un passé sans tache. Une telle perfection est difficile à avaler, et c'est pourquoi les représentants de la presse se mettent alors à examiner la propagande. Invariablement, ils découvrent des bavures dans le dossier aseptisé de la famille. Le plus petit écart engendre une méfiance profonde, et des contradictions mineures deviennent autant de preuves d'un passé trouble.

Peu de temps après que la famille Schreyer eût emménagé à Rideau Hall en 1978, elle fit l'objet d'un reportage dans le *Today Magazine*. L'article était constitué d'une suite d'affirmations gratuites, parmi lesquelles une plaisanterie de fort mauvais goût à propos du peignoir de Lily Schreyer, lequel, d'après le reporter qui le tenait de commentaires faits par les femmes de chambre à une tierce personne, était élimé. Dix ans plus tard, on se souvient encore de l'affront dans la famille Schreyer. La remarque en cause peut sembler anodine, mais c'était justement sa petitesse qui la rendait blessante.

Ce style de journalisme agressif s'est intensifié, au point où Geills Turner a pu être décrite, dans un article du magazine de langue anglaise *Chatelaine* paru en 1987, comme une femme qui «pourrait faire passer Imelda Marcos pour Mère Teresa». Geills Turner a certainement son franc-parler et un caractère impatient. Mais comme toutes les autres épouses d'hommes politiques, elle semble avoir été jaugée par les *paparazzi* de la presse écrite et placée sur une échelle qui, invariablement, va de Mère Teresa à l'une des extrémités, jusqu'à Imelda Marcos, Evita Peron ou Nancy Reagan (c'est au choix), à l'autre extrémité.

Exemple : Clare Hoy était chroniqueur au *Toronto Sun* quand il écrivit que le professeur de français des enfants Mulroney avait pu évité les délais imposés par l'immigration grâce à l'intervention de Mila Mulroney. Il affirmait qu'elle avait fait un simple appel téléphonique et qu'elle avait immédiatement obtenu pour le professeur le statut d'immigrant reçu. Selon Mila, il est exact que le professeur se soit adressé à elle pour lui demander son appui. Elle a demandé conseil à Brian qui lui a dit : «Est-ce que c'est un bon professeur?» Comme elle lui répondait par l'affirmative, Brian a jugé pertinent d'envoyer une lettre de recommandation. Mila a donc demandé à Bonnie Brownlee d'écrire au bureau de l'immigration. Neuf mois plus tard, le professeur reçut ses papiers. Son dossier

contenait aussi une lettre issue du bureau d'un autre premier ministre, Pierre Elliott Trudeau, demandant également un appui cinq ans plus tôt.

«Je reçois chaque jour une douzaine de demandes,
explique Mila. Dans certains cas, il n'est pas pertinent
que je donne suite, dans d'autres cas, je confie la demande
à Bonnie, qui y répond. Je pense que c'est ce que ferait
n'importe qui. Seulement, dans la ligue où j'évolue, les
règles du jeu sont différentes. »

Marjorie Nichols était très respectée et très bien connue
pour ses chroniques politiques. Huit semaines avant de
mourir d'un cancer en 1991, juste après Noël, elle s'est
prêtée à une entrevue portant sur les personnalités publiques et la vie privée. «Le monde entier a basculé sur son
axe au cours des cinq dernières années, disait-elle. Tout ce
que je peux dire pour décrire la culture politique actuelle,
c'est que tout le monde est devenu sale et mesquin. Ce
n'est plus du journalisme, c'est la foire aux scandales. Les
épouses, les enfants, les maris et le reste des acteurs de la
scène politique sont considérés comme des cibles, comme le
sont les conjoints élus eux-mêmes. On voit le *Globe and
Mail* traquer les habitudes de consommation de Mila et
dépenser des sommes énormes pour découvrir combien
de fois elle a changé les tapis. Franchement, moi, je m'en
fiche.

«La presse avait l'habitude de respecter certaines limites avec les personnages publics», ajoutait-t-elle. En 1967,
John Burns, alors au *Globe and Mail* et actuellement au
*New York Times*, écrivit que la reine Elizabeth était pâle
à son arrivée au Canada et que le chapeau qu'elle portait
avait l'air d'être en plastique. Le journal fut inondé de

lettres de protestations. Comme le faisait remarquer madame Nichols, « il n'était pas possible, lorsqu'il s'agissait de la reine, de dire les choses telles quelles, même si elle avait l'air de s'être mis de la farine sur le visage ». En 1979, Marjorie Nichols avait écrit dans sa chronique que Margaret Trudeau dansait au Studio 54 le soir où Pierre Elliott Trudeau perdit ses élections, mais son rédacteur en chef la menaça de retirer son article (il décida finalement de le noyer en dernière page du journal), jugeant qu'il était inconvenant de parler ainsi de la femme du premier ministre. « Tout ce que j'avais dit, raconte-t-elle, c'était que sa conduite mettait le premier ministre dans une situation embarrassante.

« Il n'y a plus de limites maintenant, ajoutait Marjorie Nichols. Le droit à la vie privée n'existe réellement plus pour les personnages publics. Mesdames Diefenbaker et Pearson n'auraient jamais toléré cela. Maryon Pearson détestait la politique. Elle serait probablement partie. »

Une anecdote souvent répétée au sujet de Maryon Pearson illustre bien ses sentiments envers la vie politique. C'était le soir du grand balayage conservateur de 1958. Elle avait, semble-t-il, souhaité que son mari perde son propre siège, puisqu'il aurait sans doute été forcé, en ce cas, de quitter définitivement la politique. Mais lorsque sa victoire fut évidente, elle maugréa : « Ah non ! On a tout perdu. On a même gagné Algoma Est », ce qui signifiait que son mari allait devoir continuer malgré tout.

Maryon Pearson buvait beaucoup, mais personne n'aurait osé en parler à l'époque. De fait, encore en 1988 lorsque Pam Wallin, alors directrice de CTV à Ottawa, demanda sur les ondes à John Turner s'il était vrai qu'il avait un problème d'alcool, on cria à la perfidie. Selon

Pam Wallin, si elle avait posé la question, c'était que les rumeurs allaient bon train sur la colline parlementaire à propos de la prétendue tendance à l'alcoolisme de Turner et que l'on devait lui fournir la possibilité de dissiper ces rumeurs. Les journalistes en poste à Ottawa ont souvent l'impression que tout ce qui se dit sur la colline se propage à travers le pays, mais on peut douter que les gens de Revelstoke, en Colombie-Britannique, ou de Sydney, en Nouvelle-Écosse, aient été au courant de la rumeur. Mel Sufrin, le secrétaire administratif du Conseil de presse de l'Ontario, déclare : « En lui posant la question publiquement, elle l'accusait. » Trois ans plus tard, cependant, lorsque la rumeur se mit à accuser Brian Mulroney d'avoir le même penchant, les gens se contentèrent de la répéter.

Exemple : Au cours de l'été 1991, même les gens des médias ont été abasourdis d'apprendre la publication dans le magazine *Frank* d'une publicité pleine page concernant Caroline Mulroney. Le titre annonçait un « concours *Déflorez Caroline* ». Il s'agissait, en somme, d'un appel au viol lancé contre l'adolescente de dix-sept ans. Un coupon à découper et à poster servait même de preuve de participation. Le directeur du magazine tenta plus tard de noyer le poisson en expliquant qu'il s'agissait d'une satire déguisée.

Mis à part le Conseil consultatif sur le statut de la femme, qui réagit en adressant une lettre de protestation au directeur du magazine, personne ne releva l'incident, ni les députés à la Chambre des communes, ni les organisations féministes canadiennes, ni les femmes, dont certaines, à l'intérieur même de la députation, sont connues pour leurs prises de position contre la violence faite aux femmes. « S'ils peuvent se permettre d'agir ainsi avec la fille du premier ministre (c'est-à-dire de lancer impunément des menaces de violence et d'agression sexuelle), que ne feront-ils pas contre nous toutes qui n'avons ni pouvoir ni agent de la GRC pour nous protéger ? », se demande Maureen McTeer.

La limite entre ce qui est acceptable en journalisme et ce qui ne l'est pas a commencé à s'abaisser rapidement à partir du moment où des magazines comme *Frank* se sont mis à publier des articles injurieux sans que personne ne les récuse jamais. Il ne s'agit pas ici du *National Enquirer*, un tabloïd si caricatural avec ses régimes pour vedettes et ses apparitions d'Elvis Presley qu'il est devenu la parodie de lui-même. Il ne s'agit pas non plus d'un de ces tabloïds britanniques friands de scandales, mais que les politiciens et les personnes en vue prennent encore assez au sérieux pour en contester les articles les plus offensants. Non, *Frank* est un hybride bizarre qui se définit lui-même comme un magazine satirique. Bien qu'il ait déjà été attaqué en justice, il semble que les gens soient peu enclins à rectifier les fausses allégations de *Frank*, à cause de l'étendue des torts qu'il est en mesure de leur causer.

Les journalistes ont abondamment manifesté leur inquiétude, ces derniers temps, face aux menaces constantes de libelle qui pèsent sur eux et face aux traitements de faveur que les journaux semblent accorder aux gens riches. En même temps, la ligne de démarcation entre l'honnête commentaire et le libelle s'est estompée, du moins en ce qui concerne les politiciens. Si, d'une part, il ne semble plus être possible de critiquer ouvertement les Albert Reichmann ou les Conrad Black, il semble, d'autre part, qu'il soit possible de dire tout ce que l'on veut sur le premier ministre du pays et sur sa famille.

Marjorie Nichols compare la presse canadienne à une meute de loups errants. «Il existe des exceptions, bien sûr, dit-elle, mais il y en a d'autres dont les articles ne sont absolument pas dignes de foi. Ils ne cherchent pas la nouvelle. Ils ne cherchent pas l'information. Ils cherchent l'erreur, la contradiction, n'importe quel élément susceptible d'être déformé en vue de faire passer quelqu'un pour un imbécile.» Un exemple qui illustre bien cette tendance est cette photographie publiée partout dans les journaux canadiens au début d'octobre 1991. On y voyait Mila, la jambe relevée, la tête renversée, qui riait aux éclats de façon vulgaire. La légende disait : «Madame Mulroney, à la cérémonie de remise des diplômes de l'Université Stanford, à Palo Alto, en Californie.»

Juste avant la prise de la photo, George Shultz avait fait la présentation officielle de Mila, à la suite de quoi il avait interpellé l'auditoire en disant : «Eh bien! voici une femme qui a eu de la chance en amour. Regardez-la : elle a sûrement étudié à Stanford.» En même temps, il tentait d'obtenir qu'elle se lève et salue l'assistance, pendant que les 7 000 personnes présentes applaudissaient en signe d'approbation. Hors contexte, Mila avait l'air idiot sur une telle photo. Mais tous les photographes de presse vous diront que c'était exactement le genre de photo que veulent les journaux. C'est pour cette raison que des personnes comme Mila Mulroney doivent apprendre à rester assises sans bouger pendant de longues périodes de temps. Elles le savent parfaitement : une seule attitude regrettable, un pied mal placé ou une remarque inopportune, et elles feront la une.

Selon Marjorie Nichols, il faut mettre cette recherche du scandale sur le compte de la paresse et de la formation insuffisante des journalistes. «Ils peuvent grimper aux arbres au risque de leur vie pour arriver à photographier quelqu'un dans sa salle de bains, mais ils ne vont jamais à la bibliothèque du Parlement et ne font aucune recherche sur leurs sujets d'articles», dit-elle. Et elle se demande ce qu'on enseigne dans les écoles de journalisme : «John Sawatsky a écrit un livre intitulé *Mulroney : La politique de l'ambition*. Son livre ne contient pas une seule référence, et pourtant il est professeur de journalisme. Cela ne passerait même pas la barre du manuel d'introduction au journalisme, alors pourquoi accorde-t-on du crédit à ce livre ? »

Le fossé qui existe entre la réalité et la façon dont elle est commentée par l'information préoccupe Maureen McTeer. Elle est d'avis que les médias n'accordent pas aux personnages publics le traitement équitable auquel tout autre citoyen a droit. Par exemple, elle estime que les médias n'ont jamais compris sa propre position comme féministe. Elle rappelle les changements sociaux majeurs qui ont eu lieu au cours des années 1970 et 1980, changements qui ont touché non seulement sa vie personnelle mais aussi la vie des gens mêmes qui écrivaient des articles sur elle. «S'ils ont pu se tromper à ce point, s'ils ont pu être des dinosaures par rapport aux questions concernant l'égalité et les changements dans les relations interpersonnelles alors qu'ils vivaient eux-mêmes ces changements, qu'est-ce qu'ils vont faire devant les changements majeurs auxquels nous faisons face en ce moment et dans lesquels nous sommes déjà engagés ? Nous vivons actuellement une révolution de nos institutions démocratiques et de notre identité nationale. Les médias sont comme les filtres à travers lesquels nous regardons se produire ces changements. Si les gens des médias n'ont pas été capables de voir la différence qui est apparue au cours des années 1970 dans notre façon de traiter les femmes, je m'inquiète de la façon dont ils vont aborder les questions fondamentales qui se jouent actuellement. »

En même temps qu'on la représente comme le contrepied de Maureen McTeer, c'est-à-dire comme une mère au foyer et une épouse empressée, Mila est condamnée à être invariablement désapprouvée, quoi qu'elle dise ou fasse. Comme on l'accusait de passer trop de temps loin de ses enfants, elle résolut de les emmener avec elle dans ses activités publiques. On l'accusa alors de se servir d'eux à des fins politiques. Lorsqu'elle quitta l'hôpital avec son dernier-né Nicolas, elle le souleva dans ses bras pour le faire voir par la fenêtre de l'auto, afin que les photographes puissent faire leurs photos. Les journaux du lendemain lui reprochèrent de n'avoir pas installé le nouveau-né dans un siège pour bébé.

Exemple : Dans sa chronique, Stevie Cameron reprocha à Mila d'avoir fixé à 5 000 $ le prix à payer pour assister à un gala au profit de la Fondation canadienne de la fibrose kystique. Ce gala comprenait un match de hockey entre les Oilers d'Edmonton et les Canadiens de Montréal, au Coliseum d'Ottawa, un cocktail au 24 Sussex Drive et une soirée de bienfaisance au Centre national des arts. Des billets de tarif ordinaire étaient aussi disponibles pour le match de hockey.

À l'appui de sa chronique, madame Cameron s'est expliquée : « Un grand nombre d'œuvres de charité crèvent de faim dans ce pays, et voilà qu'elle prête son nom à une œuvre quelconque (la sclérose en plaques ou je ne sais quoi) à 5 000 $ le billet. »

Les responsables de la Fondation canadienne de la fibrose kystique ont été estomaqués par cette critique qu'ils jugèrent empreinte de mesquinerie. À peu près toutes les œuvres charitables canadiennes font appel à des gens connus pour leurs campagnes de levées de fonds. Par ailleurs, la Fondation de la fibrose kystique arrivait loin derrière d'autres institutions du même genre, à la fois quant au financement et quant aux espoirs reliés à cette maladie mortelle. C'est pourquoi les responsables concevaient mal qu'on leur reproche leurs efforts en vue de rehausser l'image de la fondation.


Pour les épouses des politiciens, les choses ont bien changé. Mais pour les médias aussi. Il a déjà été possible de mettre fin à une discussion en déclarant : « Je l'ai lu dans le journal. » Plus maintenant. Une information confidentielle devient tout à coup publique, parce que quelqu'un a besoin d'un article qui fera vendre le journal ou le magazine.

Mon intention n'est pas de laisser entendre que la presse devrait éviter de se mêler des comportements relevant de la vie privée, lorsque des personnages publics font une mauvaise utilisation des fonds ou des privilèges liés à leurs fonctions. Il ne fait aucun doute que les feux de la rampe invitent aux regards scrutateurs et que les acteurs de la scène publique doivent être préparés à affronter les projecteurs dès qu'ils mettent un pied sur la scène.

Stevie Cameron a beaucoup écrit sur Mila Mulroney, et elle affirme qu'elle possède sur elle quatre-vingts dossiers, depuis les comptes de Giovanni Mowinckel jusqu'à la façon dont elle dispose des restes après une réception, en passant par la source de paiement de ses notes de blanchisserie. Un grand nombre de ces dossiers présentent des tares importantes : des gens qui ne veulent pas être interviewés, des dénégations, des articles que personne n'accepterait de publier. Selon la journaliste, c'est parce que les gens ont reçu instruction de ne pas parler. Mais selon Bonnie Brownlee, c'est parce que les articles sont sans fondement. « Les gens croient, dit Stevie Cameron, que je suis engagée dans une campagne personnelle contre cette femme, mais c'est faux. Je la crois archi-ambitieuse. C'est l'une des femmes les plus intelligentes et les plus charmantes que j'aie jamais rencontrées. Je n'ajoute absolument pas foi aux rumeurs qui circulent à propos de sa famille : je crois qu'elle adore son mari et qu'elle est une épouse et une mère parfaites. Mon intérêt est simple. C'est la question d'argent. Je veux savoir comment ils font pour vivre comme des millionnaires de Palm Beach avec le seul salaire du premier ministre. »

Mila n'a aucune intention de répondre à quelque allégation que ce soit concernant ses dépenses. Selon elle, les années de travail de Brian à la compagnie Iron Ore leur ont assuré la sécurité financière, et ses dépenses personnelles ne regardent personne d'autre qu'elle-même.

# Chapitre sept

*« Quand les choses deviennent très protocolaires*
*et que chacun joue du coude afin d'avoir la*
*première place, nous reculons un peu, elle et*
*moi, et elle rit de tout cela. »*

Barbara Bush

L'INSIGNE portait l'inscription : « Épouse Canada ». Mila l'épingla sur elle pour la Conférence du Commonwealth qui se tenait à Nassau en 1985, et elle se dirigea vers la salle à manger avec les autres « épouses ». Pour s'y rendre, il fallait passer cinq ou six contrôles de sécurité avec détection de métal et, à chaque occasion, il lui fallait vider son sac de son contenu. Elle eut un sourire amusé et pensa à part soi : « Cela doit changer. » Et cela changea effectivement, lorsque la Conférence du Commonwealth eut lieu au Canada deux ans plus tard et que Mila fut chargée d'organiser les activités des épouses pendant la semaine que dura l'événement.

Quoiqu'elle ne soit pas préparée à jouer ce rôle d'« épouse Canada » anonyme, le fait est qu'elle aime bien la scène internationale et le travail que cela occasionne. Et au dire de tous, elle y est très habile. Elle maintient tout au long de l'année un contact téléphonique avec les épouses des Sept Grands et des chefs des États membres du Commonwealth. À l'automne 1991, lorsqu'un ouragan frappa la demeure de George et Barbara Bush à Kennebunkport, elle téléphona à Barbara Bush pour partager son infortune. Lorsque le fils du chancelier allemand Helmut Kohl et de Hannelore Kohl fut gravement blessé dans un accident de la route en novembre 1991, elle leur téléphona afin de sympathiser avec eux. Lorsque Sally Mugabe, la défunte épouse du président du Zimbabwe Robert Mugabe, dut subir une transplantation rénale, elle téléphona pour savoir en quoi elle pouvait lui être utile. Fidèle à sa manière, « à la Mila », elle se souvient toujours des suites à donner, du coup de téléphone à lancer deux semaines plus tard, de ce qu'il convient de faire pour maintenir la cohésion de la filière Mila.

Elle a été gratifiée de bien des noms, de Mère Mila (par Nancy Reagan) à Rayon-de-soleil (par Sally Mugabe) et à Beauté (par la presse britannique). Barbara Bush est l'une de ses plus ferventes admiratrices. Selon elle, si les épouses des chefs d'État avaient à décerner à l'une d'entre elles le titre de Miss Amabilité , c'est Mila qui l'emporterait. « C'est la plus drôle de toutes, dit-elle, la plus intéressante, et c'est toujours elle qui réussit à mettre tout le monde à l'aise, particulièrement les épouses des chefs d'État du Tiers Monde. Vous devriez la voir à l'œuvre au milieu de ce genre de foire diplomatique. Jamais elle ne se trouve près d'un groupe de femmes qui se tiennent à l'écart de la conversation sans essayer de les y intégrer.

« J'ai constaté cela, en particulier, lors des célébrations du bicentenaire de la Révolution en France, où des femmes venues de tous les coins du monde assistaient aux cérémonies officielles. Parmi celles qui viennent des pays du Tiers Monde, certaines sont très timides. Elles forment des petits groupes et n'ont vraiment pas l'air de vouloir se mêler aux invités originaires des autres pays. Mila allait droit vers elles et les ramenait vers nous, ou alors elle me conduisait auprès d'elles.

« Quand on est la petite nouvelle, on se sent un peu nerveuse dans le grand monde des réunions au sommet. Mais elle m'a aidée à être à l'aise immédiatement. Je l'avais déjà rencontrée, bien sûr. Mais quand les choses deviennent très protocolaires et que chacun joue du coude afin d'avoir la première place, nous reculons un peu, elle et moi, et elle rit de tout cela. Un jour, nous étions tous au château de Versailles et certains semblaient penser que ça changeait quelque chose d'être en tête du cortège. Tous ces personnages se marchaient les uns sur les autres afin d'être à l'avant. Mila était tellement drôle. Nous sommes restées derrière et nous nous sommes bien amusées. Nous ne ressentions nul besoin d'être au premier rang. »

Mila n'est pas impressionnée par le circuit international, et elle ne change pas de style parce qu'elle s'y trouve. Lorsqu'un journaliste du Zimbabwe lui demanda si elle croyait que derrière chaque grand homme il y avait une femme, elle répondit : « Dans mon pays, on dit « à côté » de chaque grand homme. » Quand on lui demanda : « Avez-vous toujours été intéressée par la politique ? », Mila répondit : « Oui, même avant de rencontrer mon mari. » Au cours d'une visite des services de recherche géologique à Harare, lorsque l'homme qui lui servait de guide parmi les échantillons de roches lui dit : « Votre mari doit bien connaître ces choses », elle répliqua aussitôt : « Toute notre famille connaît ces choses. »

Des incidents cocasses, Mila en a vécu à la douzaine sur le circuit international. Entre autres, en 1985 lors de la Conférence du Commonwealth de Nassau, où le cortège automobile partit en la laissant sur le trottoir. (On revint la chercher quelques minutes plus tard, lorsqu'on s'aperçut qu'elle n'était pas dans l'auto.)

Au cours d'un voyage au Zimbabwe, l'automobile où elle prenait place se perdait désespérément dans Harare (le chauffeur était Zambien et ne connaissait pas les lieux). Un matin qu'elle se rendait visiter un hôpital pour enfants, le chauffeur perdit son chemin, à tel point qu'il dut se résoudre à s'arrêter en bordure d'une route de campagne poussiéreuse. Mila resta assise derrière à bavarder avec l'épouse de l'ambassadeur pendant que le chauffeur criait dans son poste de radio émetteur-récepteur que « la ville » n'était plus en vue. C'est un agent de la GRC qui répondit à son appel. À la manière d'un contrôleur aérien et gardant continuellement le contact radio, il lui dicta la direction à prendre et le dirigea jusqu'à l'hôpital.

Au service de recherche, elle devait procéder à la coupe du ruban pour marquer l'inauguration officielle d'un nouveau laboratoire auquel on avait donné le nom de Martin Konings, un scientifique canadien mort l'année précédente dans un accident d'automobile. Comme il fallait poser pour une bonne dizaine de photos officielles, elle finit par être obligée de maintenir réunis les deux bouts du ruban déjà coupé. Au dignitaire qui se trouvait à ses côtés, elle glissa : « Qu'est-ce qu'il ne faut pas faire dans ce métier ! »

On raconte aussi de nombreuses anecdotes à propos du Boeing 707 mis à la disposition du couple Mulroney. La température à l'intérieur de l'appareil est incontrôlable, les installations sont désuètes et les réparations sont souvent cause de retards. Il y a même des fuites. Au cours d'un vol, alors que le premier ministre prenait place dans le compartiment avant où il travaillait avec des documents officiels, de l'eau se mit à couler du plafond et il fut complètement arrosé, et les documents également.

L'avion transporte généralement à son bord entre quarante et cinquante personnes : le premier ministre et les membres de sa famille, des conseillers, des assistants, des employés et des agents de la GRC occupent environ vingt-cinq places ; les autres passagers sont des journalistes. Il y a deux compartiments avant. Le premier comprend deux lits à une place, deux espaces de travail où l'on peut aussi prendre ses repas, et la salle de bains, de Brian et de Mila ; l'autre, meublé de tables et de fauteuils, est destiné au personnel et aux conseillers. Le reste de l'avion est doté de fauteuils standard. À l'arrière se trouve un bar et une table garnie de fruits et de tablettes de chocolat. Le décor est à l'image de la vétusté de l'appareil : le tissu marron et bleu des fauteuils rappelle le début des années 1960, tout comme les niveaux de bruit et de pollution. En réalité, le gouvernement canadien est obligé d'accorder une permission spéciale à l'avion lorsqu'il doit se poser dans un aéroport civil, à cause de son haut degré de pollution sonore et atmosphérique.

La plupart du temps, le premier ministre aime bien profiter de ses voyages en avion pour se détendre et pour bavarder amicalement avec les journalistes, mais Mila reste le plus souvent dans la cabine avant. Cinq membres d'équipage distribuent les repas habituels des lignes aériennes.

Un jour, Brian et Mila, accompagnés du personnel attaché au Bureau du premier ministre et de représentants des médias, revenaient d'une visite officielle en Allemagne lorsqu'on entendit un bruit soudain dans la cabine. Anne-Marie Doyle, une employée du BPM, se souvient qu'elle eut si peur qu'elle faillit tomber de son siège. Le steward vint, regarda par le hublot (ce qui augmenta encore ses craintes) et annonça : « C'est probablement un changement de température qui a entraîné un changement de pression dans la cabine. » Il n'avait pas l'air très convaincant. Quelques minutes plus tard, il revint et dit : « Si vous constatez que l'avion vibre un peu, ne vous inquiétez pas. Le pilote automatique est hors d'usage. » Anne-Marie Doyle se jura bien de ne plus jamais remonter à bord du 707 du gouvernement.

Le Challenger ne vaut guère mieux. Au cours d'un vol, la poignée de la porte de la salle de bain tomba, et chaque fois que le premier ministre (ou qui que ce soit) utilisait la salle de bains, un employé devait rester à proximité et ouvrir la porte à l'aide d'un coupe-papier. Le téléphone à bord du Challenger ne fonctionne pas non plus. Les passagers des avions d'Air Canada ont accès à un téléphone, mais pas le premier ministre du Canada.

D'après Hugh Segal, chef du personnel du premier ministre, Air Force One, l'avion utilisé par le président des États-Unis au temps de Ronald Reagan produisait énormément de bruit et d'émanations polluantes, et il n'était jamais sûr quelle qu'en soit la vitesse. « La dernière chose que fit Ronald Reagan avant de se retirer, dit-il, fut de commander un nouvel avion pour George Bush. Reagan savait que la présidence de Bush aurait du mal à affronter les tollés provoqués par une telle dépense. Il savait aussi que le Air Force One devait être mis au rancart. Étant donné qu'il allait quitter son poste, il estima qu'il était en mesure d'endosser la réprobation publique. C'est ainsi que George Bush dispose maintenant d'un Air Force One tout à fait moderne. »

Malgré tous les défauts de l'appareil, le reste de l'organisation est impeccable. Lorsque le ministère de la Santé et du Bien-Être social juge qu'une destination peut représenter des risques reliés à la santé, des provisions de plasma sanguin sont stockées à bord en quantités suffisantes pour pouvoir soigner rapidement, en cas de blessures, le premier ministre et Mila, de même que leur personnel et les représentants des médias présents. Les ambassades canadiennes locales se chargent de leur fournir de l'eau embouteillée lorsqu'ils visitent des pays dont le système de purification d'eau ne correspond pas à celui du Canada. De plus, un médecin les accompagne habituellement dans les voyages de longue durée.

Pour ce genre de voyages, la garde-robe de Mila est soigneusement coordonnée et emballée. Elle aime avoir une toilette différente pour chaque jour du voyage. Même si elle préfère garder le même ensemble toute la journée, il lui arrive souvent de devoir s'habiller pour le soir. Il lui faut donc prévoir des robes cocktail et des robes du soir, ainsi que les chaussures et les sacs assortis. Elle emporte également plusieurs manteaux, car on ne peut jamais être parfaitement certain du temps qu'il fera. Pour assister au Sommet de la francophonie à Paris, elle a dû emporter un manteau d'hiver aussi bien qu'un manteau de pluie, car la température est changeante, à la fin novembre. Ses bagages se composent de deux valises pullman, de deux grands sacs fourre-tout et de housses à vêtements dans lesquelles sont suspendues les robes.

Contrairement au premier ministre qui ne dort pas en avion, Mila, elle, y parvient. Son mari est sensible au décalage horaire, mais pas elle. Son secret consiste à boire beaucoup d'eau, afin de combattre la déshydratation, et à faire des exercices physiques à l'arrivée. Même après une nuit entière de vol, dès leur arrivée, très tôt le matin, Mila sort et va faire une marche d'allure rapide.

Ils sont habituellement logés dans des hôtels cinq étoiles aux frais du pays d'accueil. À Paris, ils habitent au Plaza Athénée, à Londres, au Inn on the Park. Il arrive parfois qu'ils soient reçus chez l'ambassadeur, comme ce fut le cas au Zimbabwe, ou bien dans une résidence appartenant au gouvernement, comme cela s'est produit à Moscou.

Même si leurs hôtes font tout en leur possible pour s'assurer qu'ils soient logés de façon parfaite, il se présente de temps en temps des problèmes imprévus. Ainsi, lors de leur séjour à Speyer, en Allemagne, on leur avait retenu une chambre dans un hôtel voisin d'une cathédrale ancienne. La vue sur la grand-place du village était magnifique, mais malheureusement, les cloches de la cathédrale sonnaient aux heures et aux demies, tout au long de la nuit. Le premier ministre ne put fermer l'œil. Mila raconte qu'elle finit par s'endormir au matin, mais que Brian la réveilla parce que, ne pouvant dormir, il avait besoin de quelqu'un à qui parler.

Parfois les cérémonies d'accueil prévues pour marquer l'arrivée du couple Mulroney se révèlent quelque peu inquiétantes. On les attendait un jour à leur descente d'avion, dans un petit pays, avec une bande d'hommes en

uniformes et portant des armes chargées. La démons-
tration de puissance militaire était assez chaotique et
certains journalistes se demandaient si le premier ministre
et son épouse ne feraient pas mieux de se jeter par terre
plutôt que de passer les troupes en revue, afin d'éviter les
balles perdues. Brian fut emmené vers une voiture anti-
balles, où il prit place avec le chef de l'État ; Mila et l'épouse de ce dernier montèrent dans la suivante. Le convoi
s'élança à travers les rues, toutes sirènes hurlantes, passant devant des soldats armés de mitraillettes, de faction à
chaque coin de rue. Mila ravala ses appréhensions, sourit
et se concentra sur quelques questions polies.

Lors des rencontres internationales, le programme d'activités des épouses des hommes politiques comprend
habituellement une visite de la ville, des dîners et des
défilés de mode. Mila a tendance à ajouter ou même à
substituer aux activités prévues ses propres priorités. Elle
est là d'abord pour appuyer son mari, et lorsque le programme l'exclut d'un événement important, elle insiste
pour qu'on change le programme. Au Sommet de la francophonie en 1991, Brian devait prononcer un important
discours, mais le nom de Mila n'apparaissait pas sur la liste
des invités à la cérémonie. Il fallut faire quelques appels
téléphoniques ce matin-là, mais quand Brian Mulroney se
leva pour prononcer le discours d'inauguration, Mila était
assise au premier rang.

Elle rend aussi visite à l'association locale de la fibrose
kystique lorsqu'il en existe une, et elle cherche à participer à des événements dans les domaines auxquels elle
s'intéresse particulièrement, comme l'alphabétisation.
Elle est aussi appelée à représenter des organisations

canadiennes et à remettre des chèques ou à présenter des cadeaux au nom de leurs dirigeants. Au Zimbabwe, elle apportait trente jumelles destinées aux enfants qui fréquentaient un centre de sensibilisation à l'environnement. La cérémonie se déroula sans un accroc. Mais lorsque tout fut terminé, les jumelles restaient bien en place sur la table pendant que les enfants présents dans la salle se contentaient de les regarder. Le centre se trouvait dans une réserve faunique en pleine nature, et Mila proposa d'emmener les enfants sur le site d'observation afin qu'ils puissent essayer les jumelles. Il pleuvait. Une telle expédition n'était pas prévue au programme. Mais Mila l'emporta.

Mila, les dignitaires et les enfants pataugèrent dans un sentier vaseux jusqu'au site d'observation. Lorsqu'ils furent arrivés, ils se trouvèrent devant un paysage d'une grande beauté. Deux éléphants prenaient un bain de sable (aspirant le sable avec leur trompe et le soufflant ensuite avec force sur leur dos pour en chasser les tiques), et une harde de zèbres couraient à travers champs. C'est une « épouse Canada » satisfaite, quoiqu'un peu trempée, qui dit au revoir aux enfants ce jour-là, avant de rejoindre la voiture qui l'attendait.

Ses voyages comportent aussi des visites d'ateliers chez des artisans locaux. Les orfèvres, les ébénistes, les antiquaires sont toujours heureux de lui ouvrir leur boutique dans ces occasions. Mais c'est dans les grandes villes qu'elle fait ses achats les plus importants.

Mila adore Paris, mais c'est New York qu'elle préfère pour les randonnées touristiques, les bons repas et les achats. Elle pense que c'est la ville la plus cosmopolite qu'elle connaisse. C'est à une heure d'Ottawa seulement ;

elle peut s'y rendre incognito, mais en même temps, elle peut y visiter les galeries d'art, aller au théâtre et fréquenter les boutiques et les restaurants qu'elle préfère.

Une part du rôle international de Mila consiste à encourager, à promouvoir et à faire connaître les organismes de bienfaisance, les institutions et les projets auxquels elle estime pouvoir donner son appui. Par exemple, au cours du Sommet du Commonwealth tenu à Harare en 1991, elle visita le Centre pour handicapés Jairos Jiri. Lorsque son convoi quitta la route du Nord à la hauteur de Prospect Waterfalls, à une heure de Harare, Chiwanda Mira, la directrice du centre, l'attendait au milieu d'une cour zébrée de cordes à linge couvertes de minuscules pièces de tissus de couleur. Les enfants avaient eux-mêmes découpé les petits morceaux de tissu et les avaient suspendus en signe de bienvenue à Mila. Ils lui manifestaient leur surprise et leur joie qu'elle se soit écartée ainsi de son parcours pour leur rendre visite.

Sandra Bassett, dont le mari, Charles, est ambassadeur au Zimbabwe, avait écrit à Mila pour lui parler du centre et du courageux travail qu'on y accomplissait et pour lui en suggérer la visite. C'est le seul centre du genre au Zimbabwe, et il accueille vingt-huit enfants handicapés âgés de deux à huit ans. On y trouve des dortoirs, de même qu'une salle d'exercices physiques et de thérapie et une salle de classe. Le centre sert aussi d'école pour quinze enfants non handicapés du village de Prospect Waterfalls.

À l'intérieur l'endroit est sombre, si sombre qu'on y voit à peine. Le matériel est rare. Les enfants ont fabriqué eux-mêmes leurs propres cadres de marche en papier mâché. De chaque côté des tables de bois où ils prennent leurs repas, on a pratiqué, à la main, des échancrures semi-circulaires pour permettre aux enfants de s'y installer sans tomber. Chacun des deux dortoirs est meublé de petits lits d'enfants, répartis de chaque côté de la pièce en deux rangées de sept lits.

La plupart des enfants souffrent de paralysie cérébrale, plusieurs ont un handicap mental, et quelques-uns sont complètement paralysés. Les enfants viennent de toutes les régions du pays. Ils sont dirigés au centre par les médecins des villes autant que par ceux des campagnes, indépendamment de la situation financière de leurs familles. Contre toute attente, le personnel du centre obtient des résultats remarquables avec ses petits patients.

Mila traversa la maison chichement meublée, jusqu'à la salle de jeux où les enfants attendaient la dame venue les visiter du Canada. Elle paraissait très blanche dans cette pièce ; ses vêtements chics et ses bijoux étincelants la distinguaient parmi les autres. Mais elle plongea, utilisant gestes et mimiques pour rejoindre les enfants au-delà de la barrière de la langue. Il lui arrive souvent, quand elle s'adresse aux enfants, de leur tendre les bras, les doigts repliés aux jointures comme s'ils étaient refermés sur une balle de tennis.

Les petits réagirent avec enthousiasme. L'un d'eux, s'aidant de son cadre de marche traversa la pièce et alla se placer à ses côtés. Une autre rampa, assise sur le sol, et vint se presser contre elle. Au moment des adieux, vingt-huit petites mains lui rendirent son salut en imitant sa manière très particulière d'agiter la main.

À la sortie du centre, Mila regarda la piscine que l'on utilisait pour faire faire des exercices aux enfants souffrant de handicaps divers aux membres ou d'enflure des articulations. Mais la piscine était recouverte pour la saison.

« Pour quelle raison est-elle fermée, demanda Mila, alors qu'elle est censée être si utile ? » Chiwanda Mira lui expliqua qu'on était au début de la saison des pluies et que, même si la température montait jusqu'à trente-quatre degrés Celsius pendant le jour, le Zimbabwe se situe à une altitude de mille six cents mètres et tout se refroidit dès que le soir tombe, y compris l'eau de la piscine qui finit par être trop glacée pour les activités thérapeutiques des enfants. Et la saison des pluies dure quatre ou cinq mois.

Mila fit observer que l'on pourrait faire installer un toit pour recouvrir la piscine. Madame Mira lui répondit qu'il en coûterait l'équivalent de 25 000 $ CAN pour cela. « Voulez-vous dire, reprit Mila tranquillement, que pour vingt-cinq mille dollars, ces enfants pourraient recevoir deux fois plus de soins ? C'est insensé. »

Mila n'est pas le genre de femme à se tourmenter sans rien faire dans une telle situation. C'est une femme tournée vers l'action. Tout au long du trajet de retour, elle parut calme. Mais elle réfléchissait, se demandant à qui s'adresser. De retour à la résidence de l'ambassadeur canadien où Brian et elle étaient logés, elle écrivit quelques notes avant d'aller rejoindre Sandra Bassett qui l'attendait pour le thé. Trois jours plus tard, juste avant son départ de Harare, Mila obtint des fonds de l'ACDI, l'Agence canadienne de développement international, pour la construction du toit. C'est à l'ambassade canadienne qu'elle remit à M^{me} Mira la subvention de 25 000 $.

Les gens sont souvent étonnés de constater à quel point Mila plaît aux enfants. Le secret de son succès, c'est qu'elle comprend les enfants et ce qui peut leur faire peur ou les attirer vers une personne étrangère. Pour aller visiter la pouponnière de l'hôpital de Harare, elle avait choisi une robe vert clair et blanc parsemée de grosses taches rouges. Elle portait, épinglées à son col, deux grenouilles en or bien potelées. Il arriva pourtant qu'en la voyant s'approcher de lui, un petit garçon se mette à pleurer. Elle sait reconnaître le moment où elle peut s'approcher des enfants et le moment où elle doit rester à distance. «Je fais un premier pas vers l'enfant, explique-t-elle. S'il reste sans réaction, je m'approche encore un peu. Si l'enfant ne manifeste aucun mouvement vers moi après ma deuxième tentative, je ne m'approche pas plus. Ça se sent bien, quand un enfant a peur.»

Mila traversa la pouponnière en essayant de garder l'air joyeux. Mais la surpopulation de la salle la consternait. Les bébés étaient couchés à deux par lit ; quelques-uns étaient allongés sur des matelas déposés directement sur le sol. Environ la moitié des enfants étaient soignés pour des fractures, mais comme on ne possédait aucun matériel de traction, les enfants étaient étendus sur des lits dont on avait incliné la tête et au pied desquels était fixé un bâton servant à attacher le membre brisé. Leur propre poids engendrait la traction, permettant au membre de guérir en restant droit. Des enfants hospitalisés pour des blessures ouvertes, d'autres atteints du sida partageaient les lieux avec des petits que l'on soignait pour des infections trachéales et abdominales.

Mila aurait aimé pouvoir dire au personnel de l'hôpital qu'un chèque de cinq millions de dollars leur parviendrait sous peu pour la construction d'un nouvel hôpital pour enfants, mais elle ne le pouvait pas. L'annonce aurait été politiquement préjudiciable à son mari, car le jour même, on l'aurait accusé de subventionner une nation africaine soupçonnée de ne pas toujours respecter les droits de la personne. L'annonce dut donc être reportée à la semaine suivante et le chèque fut remis à l'administration de l'hôpital par la ministre des Affaires étrangères, Barbara McDougall, dans des circonstances un peu moins voyantes.

Quoique l'éclairage soit moins intense sur la scène internationale que sur la scène nationale, il produit parfois des effets plus sympathiques. Lorsque Mila visita les camps de réfugiés en Malaisie à l'occasion du Sommet du Commonwealth tenu à Kuala Lumpur en octobre 1989, plusieurs journalistes la suivirent dans le but de faire des reportages sur cette visite. Mila avait demandé à voir ce camp où sept mille réfugiés vietnamiens vivaient derrière de hauts barbelés. Les journalistes avaient prévu qu'elle arriverait au camp dans ses habituels vêtements signés et ses parures de diamants, et ils s'attendaient à ce qu'un tel déploiement de richesse paraisse déplacé.

Mila ne changea rien à son style de vêtements pour les besoins de cette visite. Mais, de toute évidence, elle fut émue par les conditions de vie des résidents du camp. Ils se pressèrent autour d'elle dès son arrivée, et elle fut littéralement assaillie par des enfants agitant des drapeaux canadiens et malais. Ils lui parlèrent, par voie d'interprète, des expériences vécues lors de leur traversée de la terrible mer de Chine : les attaques de pirates en mer, la disparition de leurs proches qu'ils voyaient mourir de maladie ou par noyade dans les tempêtes.

Robert Fife, chef du bureau d'Ottawa pour le *Toronto Sun*, écrivit au sujet de cette visite : «On se moque souvent, au pays, de Mila Mulroney et de ses dépenses exorbitantes. Cependant, pour les milliers de *boat people* vietnamiens entassés dans les camps de réfugiés de Sungaï Besi, sa réputation de consommatrice compulsive n'a aucune importance. Pour eux, Mila est le symbole d'un pays qui a ouvert son cœur, depuis 1975, à plus de 32 000 *boat people* en provenance des camps de réfugiés de Malaisie seulement. Hier, les quelques journalistes trop souvent cyniques qui accompagnaient Mila à ce camp de réfugiés étaient fiers d'être Canadiens. »

Mila était censée visiter le camp et rencontrer plus spécialement quelques personnes. Au début, c'est tout ce qu'elle fit. Elle serra la main des adultes et prit des enfants dans ses bras. Ils lui rendaient ses sourires et applaudissaient en la voyant traverser la chaleur étouffante des misérables locaux. Elle pénétra ensuite dans la salle à manger aux murs ouverts ; plus d'un millier de personnes s'engouffrèrent derrière elle. Clignant des yeux dans l'air chargé de poussière, elle commença : « Je suis heureuse que nous acceptions chaque année un plus grand nombre de réfugiés, mais ce n'est toujours pas assez. Nous allons faire plus. »

Il y eut une courte pause, pendant laquelle ses propos furent traduits en vietnamien. À ce moment-là, un tonnerre de cris et d'applaudissements éclata au milieu de la foule. Robert Fife relata ensuite que, « réussissant à peine à contenir ses larmes, Mila en resta muette, tout comme les journalistes. La pompe et le cérémonial de la Conférence du Commonwealth perdirent tout éclat et toute signification ».

Le protocole entourant les conférences internationales est très important pour tous les participants. C'est aussi, parfois, une occasion pour Mila de s'amuser un peu. Au cours d'une réception donnée dans un jardin alors qu'ils étaient encore à Kuala Lumpur, Mila décida de jeter sur ses épaules une écharpe de soie toute neuve. Elle raconte que l'écharpe avait coûté excessivement cher, qu'elle n'aurait pas dû l'acheter, mais qu'elle n'avait pas su résister. Le sultan de Brunei, l'un des hommes les plus riches du monde, se trouvait parmi les invités, accompagné de la plus jeune de ses deux épouses. La jeune femme fit compliment à Mila de son écharpe et lui dit que c'était la plus jolie chose qu'elle avait jamais vue. Mila la remercia pour sa bienveillante remarque, puis se prépara à s'éloigner. C'est alors qu'à son grand étonnement, la femme demanda : « Puis-je l'avoir ? » Mila comprit qu'elle n'avait pas le choix et lui tendit l'écharpe.

Le dernier soir du séjour à Ottawa du prince et de la princesse de Galles, en octobre 1991, elle se demanda si elle n'était pas en train de revivre un incident semblable. Après une soirée de gala réunissant deux mille deux cents invités au Centre national des arts, quarante d'entre eux furent invités à un souper tardif au 24 Sussex Drive. Parmi les invités se trouvaient le musicien David Foster et sa femme Linda Thompson Foster, Michael J. Fox et Tracey Pollan, Allan Thicke, Rich Little, Céline Dion et André-Philippe Gagnon.

Quand vint le moment pour le couple royal de regagner l'aéroport, des domestiques entendirent Diana qui disait : « Mon manteau est déjà dans l'avion. Je risque d'avoir froid. » Immédiatement, Mila sortit de la penderie un châle de mohair noir. « Voilà, dit-elle. Mettez-le, il vous tiendra au chaud. »

Soudain, une voix plaintive se fit entendre du fond de la salle : « Mais c'est à moi ! » La voix (comme le châle) appartenait à lady Anne Beckwith Smith, la dame d'honneur de la princesse de Galles. Une autre personne aurait pu être décontenancée par une telle bévue, mais pas Mila. Laissant à Diana le soin de remettre le châle à sa dame d'honneur, elle lui dit : « Attendez-moi ici. » Elle grimpa l'escalier quatre à quatre puis revint avec un manteau croisé de velours noir qui lui appartenait (Diana et elle ont sensiblement la même taille). Elle aida la princesse à enfiler le manteau et lui dit : « Voilà, ça ira comme ça. » Diana murmura : « Ah ! il se pourrait bien que je le garde. »

À l'aéroport, les journalistes qui avaient déjà vu Mila avec ce manteau de velours noir s'informèrent pour savoir si la princesse portait bien le manteau de Mila. Un employé le confirma, se demandant en même temps si le manteau était sur le point de subir le même sort que l'écharpe de soie de Kuala Lumpur. Mais peu de temps après que le couple royal eût pris place dans l'avion (identique à celui qui transporte le premier ministre autour du monde), le manteau fut rendu à sa propriétaire.

Quand le couple Mulroney revint au 24 Sussex, on laissa tomber le protocole pour le reste de la soirée. Quelques-uns des invités étaient encore présents, et Brian leur proposa tout de suite de chanter en chœur. David Foster se mit au piano. Céline Dion, Linda Thompson, André-Philippe Gagnon, Allan Thicke et Mila firent les chœurs. Et Brian, jouant les chanteurs de charme, fit chanter au groupe des vieux airs tels que « Shine on Harvest Moon ». Lorsque les chœurs se turent, Allan

Thicke déclara : « J'ai appris quelque chose, ce soir. Le premier ministre du Canada travaille tellement fort qu'il n'a pas écouté la radio depuis trente ans. »

Les conférences internationales et les sommets auxquels se rendent depuis longtemps Brian et Mila Mulroney sont pour eux l'occasion d'établir des liens personnels avec les dirigeants du monde. Les Bush et les Mulroney ont fait connaissance pendant le mandat de George Bush comme vice-président. « Nous nous sommes tout de suite liées d'amitié, raconte Barbara Bush à propos de Mila. Je pourrais être sa mère, et pourtant je me sens plutôt comme une grande amie. C'est là une de ses merveilleuses qualités. » Elle ajoute que leur amitié repose sur le fait qu'elles sont d'accord sur un grand nombre de choses. « Toutes deux, nous aimons notre mari, et ni elle ni moi ne nous inquiétons du fait que la vie de notre mari tienne une large place dans notre propre vie. »

Barbara Bush est d'avis que l'épouse (ou l'époux) d'un chef d'État doit représenter son pays. « Et Mila est une très bonne représentante du Canada, particulièrement en ce qui concerne les artistes de la scène et les écrivains, et certainement aussi les couturiers. Le Canada dispose en sa personne d'une excellente vendeuse. »

Barbara Bush a son point de vue bien à elle sur le travail qu'elles font, Mila Mulroney et elle. « Du côté positif, disons qu'on réussit à rencontrer toutes les personnes qu'on a envie de connaître, partout au monde. Les écrivains, les artistes de la scène, les musiciens, les gens qu'on admire, tout le monde accepte nos invitations. On rencontre des chefs d'État de partout. S'ils ne sont pas souverainement bons, sages et aimables, du moins sont-ils extraordinaires. On a le meilleur de ce qui existe. Je pense aussi qu'on a l'impression de pouvoir aider ceux qui ont faim à se nourrir, et ceux qui souffrent à recevoir des soins. Je pense que c'est là un des aspects les plus valorisants de notre fonction.

« Le côté le plus difficile, et je suppose que c'est pire encore pour Mila parce que mes enfants sont plus vieux que les siens, c'est de voir souffrir notre famille, nos enfants. Notre fils Neil a été victime d'une véritable persécution. À la suite d'un procès interminable [où on l'accusait de fraude relativement à la faillite de la Silverado Banking, Savings and Loan Company pendant qu'il en était le président], il a été reconnu coupable d'erreur de jugement. Ça lui a coûté beaucoup d'argent et ça lui a causé beaucoup de problèmes. Il y a laissé son emploi et sa maison. Ça fait mal. Tout ce qui atteint nos enfants nous atteint. Alors je pense que, lorsqu'on est une mère d'adolescents, la vie publique est nécessairement difficile parce qu'on doit protéger ses enfants. »

Pour celle qui a précédé Barbara Bush, l'éclat des projecteurs a été encore plus difficile à soutenir. «Il faut payer un prix très élevé et très cruel pour faire de la politique», affirme Nancy Reagan. Elle est d'avis que Mila « peut probablement assumer cela. C'est douloureux, cependant. Il n'est jamais facile de vivre sous le regard constant du public, mais elle le fait extrêmement bien ».

Le couple formé de George et de O'bie Shultz s'est, lui aussi, lié d'amitié avec Brian et Mila Mulroney. George et Brian avaient fait sommairement connaissance au cours des années 1970. À cette époque, Brian siégeait à la Commission Cliche, et la compagnie américaine que dirigeait George Shultz était engagée dans des travaux de construction relatifs au projet québécois de la baie James. «Son rôle était crucial et consistait à stabiliser les choses, se rappelle Shultz, et c'est sur cette base que nous avons fait quelque peu connaissance. »

Plus de dix ans plus tard, le président Ronald Reagan dépêcha le Secrétaire d'État George Shultz au Canada pour tenter d'améliorer les relations avec ses voisins du nord. «C'est à ce moment-là que j'ai rencontré Mila, raconte George. Elle est un atout incroyable pour lui. Elle est très belle, communicative, compétente, aimable avec les gens, et ça transparaît. » Au cours d'une visite à Palo Alto, en Californie, où George Shultz est maintenant professeur, Brian et Mila furent invités à une réception. À table, Mila était assise en face de deux lauréats de prix Nobel l'un en chimie, l'autre en physique. «Mila s'est lancée sans hésiter dans la conversation, se rappelle Shultz. On dirait qu'elle est comme ça, elle ne connaît pas la peur. Lorsqu'une chose la frappe, elle devient curieuse et intéressée, et elle fonce droit devant. Elle a suivi la conversation de très près et elle a conduit les deux scientifiques à discuter de sujets allant de l'évolution de la chimie aux problèmes auxquels la Yougoslavie doit faire face. C'est une personne qui fait des efforts pour comprendre ce qui se passe. Elle m'impressionne beaucoup. »

Mais ce qui a surtout gagné l'admiration de George Shultz pour Brian et Mila, c'est l'intérêt soutenu qu'ils continuent à manifester de loin aux gens qu'ils aiment et leur façon de relever les événements importants qui leur arrivent. «Lorsque j'ai témoigné aux audiences sur l'affaire Iran-Contra, en 1987, j'ai reçu d'eux un coup de téléphone, un soir. Ils disaient qu'ils avaient suivi le déroulement de l'affaire à la télévision et qu'ils se demandaient seulement comment je me sortais de ce pas. C'est vraiment caractéristique d'eux. Ils vous font confiance et ne vous oublient pas. Il leur arrive, de temps à autre, de prendre contact avec moi parce qu'il est survenu quelque chose en rapport avec des dossiers sur lesquels j'ai travaillé et qui me tiennent à cœur. »

Nancy Reagan considère son amitié avec Mila Mulroney comme très précieuse. Selon elle, Mila l'a tirée d'affaire plus d'une fois lors de rencontres internationales du fait qu'« elle parle français et plusieurs autres langues, et comprend ce que disent les autres ». Elle ajoute que l'amitié qui les lie est telle qu'elles peuvent rester plusieurs années sans contact et « alors, nous nous parlons au téléphone et c'est comme si le temps n'avait absolument pas passé, comme si on s'était laissées la veille. On dirait qu'on a toujours tellement de sujets à discuter : les enfants, la famille, vous savez, tout ce dont les femmes se parlent entre elles.

« Mila est une femme qui sait distinguer ce qui est authentique de ce qui ne l'est pas. Elle s'en tire très bien. Je ne pense pas que ce soit le genre d'habileté qui s'apprenne. On peut en apprendre une partie, peut-être, mais un sixième sens, c'est autre chose. On l'a ou on ne l'a pas. »

Lorsque Mila plonge dans une foule ou dans une conversation, c'est parce qu'elle le veut bien, parce qu'elle le fait bien, et parce qu'elle se laisse difficilement embarrasser par les accrocs et les impairs. Peut-être se dit-elle qu'en tant que benjamine des « épouses » de la scène politique internationale, on la traitera avec indulgence et on lui pardonnera ses maladresses éventuelles.

Sa première sortie solo sur la scène diplomatique eut lieu à l'occasion de la Conférence des premières dames sur la toxicomanie, tenue à la Maison-Blanche en avril 1985, alors qu'elle avait trente et un ans. C'était un véritable tour de force : dix-sept « premières dames » étaient présentes (Mila leur expliqua, cependant, que la première dame du Canada, c'est le gouverneur général, lorsqu'il s'agit d'une femme, ou sinon, c'est l'épouse du gouverneur général). Plusieurs d'entre elles représentaient des pays producteurs de drogue, comme la Bolivie, la Jamaïque et le Mexique. Nancy Reagan voulait profiter de l'occasion pour présenter sa campagne antidrogue, dont le slogan était *Just Say No* (« Dites simplement non »), et pour offrir son appui aux autres pays pour qu'ils adoptent son programme et commencent à répandre de l'information auprès de leurs citoyens.

Comment « Mulroney du Canada » allait-elle réagir ? C'est ce que la presse internationale voulait savoir. Après tout, le Canada lançait des campagnes d'éducation sur l'usage des drogues depuis 1971. Comment Mila Mulroney pourrait-elle accepter l'idée de Nancy Reagan comme étant nouvelle ? D'un autre côté, comment Mila pourrait-elle risquer de lui faire insulte en refusant son offre ?

Mila aborda la situation avec aplomb. Elle remercia Nancy Reagan de l'avoir invitée et lui rendit hommage pour ses efforts en vue de s'attaquer à une situation difficile. Elle fit la description du programme canadien antidrogue et reconnut que ce problème n'était pas facile à régler.

Soudain les représentants de la presse internationale voulurent tout savoir sur Mila et dans les moindres détails : sa taille, son poids, la taille de ses vêtements, l'origine de son nom. Ils l'avaient observée à la table de discussion, et ils avaient noté ce mélange de sensibilité et de pragmatisme qui lui permet d'exprimer ses émotions tout en faisant preuve d'une grande finesse politique.


Même si elle est presque toujours le point d'attraction lorsqu'elle visite un pays étranger, le voyage qu'elle fit à Londres en juillet 1991 à l'occasion de la rencontre des Sept Grands la consacra vedette. Les sept quotidiens locaux firent paraître sa photo en première page, et cela tous les jours de la semaine réservée à la conférence ou presque. Les manchettes proclamaient : « Mila – Étourdissante en jaune », « Oh ! Voici Mila dans un défilé de mode et de pouvoir », « Mila-la-Belle joue au diplomate », « Mila – Le Sommet de la mode ». Les reportages la qualifièrent de « pin up de la semaine », elle fit un éblouissant étalage de vêtements haute couture, et les journaux l'appelèrent « l'élégante épouse de Brian qui a volé la vedette ». On pouvait lire sous la plume de Helen Fielding dans le *Sunday Times* : « Imaginez la scène à Downing Street. C'était l'ouverture du Sommet des Sept Grands, et des reporters venus de partout étaient réunis pour une séance de photos avec les « épouses des Sept Grands », comme on les surnommait officiellement. Ils étaient dans tous leur états, se demandant comment ils allaient pouvoir distinguer les unes des autres toutes ces dames entre deux âges habillées bon chic bon genre. Finalement, les épouses firent ensemble leur entrée. Une voix s'éleva alors dans la cohue, comme parlant pour nous tous, et dit : « Qui est cette femme sensationnelle, juste à côté de Norma [Major] ? »

Les *paparazzi* se déchaînèrent, prenant photo sur photo et la suivant partout. Caroline, qui accompagnait sa mère, était harcelée à son hôtel, recevant des appels téléphoniques de reporters qui voulaient aussi faire des articles sur elle. Ils lui demandèrent si elle était jalouse de sa maman parce que c'est elle qui monopolisait l'attention. Elle refusa les entrevues et se demanda comment ils avaient bien pu obtenir son numéro de téléphone.

« Ce n'était pas agréable, explique Mila. Je me sentais comme une prisonnière dans mon hôtel. Ils étaient en bas à m'attendre, devant et derrière l'hôtel. Caroline et moi ne pouvions pas aller nous promener, nous ne pouvions pas être seulement des touristes, nous ne pouvions pas faire ce que tout le monde fait dans une ville. » Mais elle parvint une fois à sortir seule. Faisant fi des photographes qui rôdaient dans le hall de l'hôtel, elle ramena ses cheveux en une queue de cheval, elle mit un bandeau et des lunettes de soleil, passa un survêtement et alla faire de la marche athlétique. Elle fila sous le nez des photographes sans être reconnue. Parmi les gens du Bureau du premier ministre, quelqu'un fit remarquer : « C'est tout à fait Mila Mulroney. Jouer avec le feu. Et ne jamais se faire prendre. »

Au moment de son départ de Londres, les journaux résumèrent ainsi son passage : « Habillée dans le plus pur style du pouvoir international, Mila Mulroney est sortie hier soir grande gagnante du concours d'élégance des épouses, au Sommet des Sept Grands. À grandes enjambées, elle a défilé sous les projecteurs du palais de Buckingham portant une somptueuse robe de dentelle et de satin et un éblouissant sourire assorti. Mais la plus jeune et la plus belle des premières dames avait déjà attiré tous les regards dès son arrivée avec ses tailleurs Chanel et ses minijupes. »

Les journaux britanniques insistèrent lourdement sur l'aspect vestimentaire, et ils estimèrent qu'elle avait dépensé plus de 200 000 $ pour sa garde-robe du Sommet, prenant à témoin ses sacs Chanel, ses bijoux Bulgari, ses goûts pour Ralph Lauren, Gucci et les couturiers français. Le *Sunday Express* publia même un article pleine page qui présentait une description des épouses et qui évaluait le prix de leurs vêtements. Ils estimèrent l'une des tenues de Mila à 5 000 £, et mirent en parallèle le « style récession » de Norma Major (380 £), l'élégance allemande de Hannelore Kohl (1 500 £) et le chic « minimaliste » de Sahiyo Kaïfu (800 £).

Loin du compte, selon Mila. La robe et la veste qu'elle portait avaient coûté environ 800 $CAN. Les bracelets de faux ambre qu'elle exhibait ce jour-là étaient de chez Bulgari et valaient 100 $. Cependant, son sac Chanel était effectivement cher, à 1 000 $. Tout de même, le compte total pour l'ensemble n'avait rien à voir avec les 10 000 $ avancés par les fumistes de Fleet Street.

Leurs conclusions ne firent qu'amuser Mila, qui dit : « Je regrette de les décevoir, mais je n'arrive pas chez un couturier montréalais en disant : "Je voudrais une garde-robe d'une semaine pour le Sommet, s'il vous plaît." » En fait, la seule pièce neuve qu'elle avait apportée pour le Sommet des Sept Grands était une robe du soir de chez Holt Renfrew, qu'elle avait payée 1 500 $. Les autres éléments de sa garde-robe n'avaient pas seulement été portés, ils avaient tous déjà été photographiés, certains d'entre eux trois mois auparavant, d'autres deux ans, d'autres sept ans plus tôt.

L'éclat de la scène internationale ne semble pas lui monter
à la tête. Madeleine Roy, l'épouse de l'ancien chef de cabinet de Brian Mulroney, raconte une anecdote qui s'est
passée au cours d'une visite à Paris. « Un après-midi, je devais aller chez le coiffeur. Mila me dit : « C'est de la folie !
Ça prend tout l'après-midi et ça coûte une fortune. Va plutôt enfiler un peignoir de bain. Je vais te faire ça. » Elle m'a
lavé les cheveux, puis on s'est installées dans sa chambre
et elle m'a coiffé et séché les cheveux. Quand ça été fini,
elle m'a dit : « Va te voir dans le miroir, tu es splendide. Et
pense à tout cet argent que je t'ai fait économiser. »

Ne pas sortir de sa chambre d'hôtel est non seulement facile (et économique, dans le cas de Madeleine),
c'est souvent aussi le seul moyen d'éviter les ennuis avec
la sécurité. Quand le couple Mulroney est en voyage, il
doit respecter les normes de sécurité décrétées par le
pays hôte, qu'il s'agisse d'un voyage d'affaires ou d'agré-
ment. Aux États-Unis, des agents du service de sécurité du
président leur sont assignés (même si cela irrite les responsables de la GRC, les agents qu'ils envoient pour les
accompagner n'ont pas le droit de porter des armes en
territoire américain). Lorsqu'ils vont en vacances en Floride, les services secrets s'installent à l'extérieur de leur
maison ou de leur hôtel et montent la garde dans une
camionnette noire appelée le fourgon de guerre.

Ces tracasseries prennent une telle ampleur qu'il est
souvent difficile pour eux de trouver un endroit à louer en
Floride, car les voisins se plaignent de la tyrannie des
agents. Le simple fait de sortir de la maison ou de l'hôtel
devient une entreprise complexe. Un soir où ils étaient
allés au cinéma à Jupiter, en Floride, ils virent que huit
agents de la garde présidentielle occupaient la rangée de

sièges derrière eux. Par la suite, ils décidèrent de louer des vidéocassettes et de les regarder à la maison. Pour la même raison, ils ont tendance à commander un repas à domocile plutôt que d'aller au restaurant.

Il y a un petit côté colonie de vacances dans le fait d'occuper cette fonction. On doit être sympathique et aimer participer. On doit pouvoir s'entendre avec des tas de gens jusque-là inconnus. Et, si l'on est mariée à Brian Mulroney, on doit même parfois chanter devant le feu de camp.

À bord de l'avion, au retour du Zimbabwe, Mila réussit à divertir les passagers grâce à un talent nouvellement acquis. C'était l'anniversaire de l'un des membres du personnel, et l'on apporta un gâteau. Tous se mirent à applaudir, sauf Mila. Plus tôt dans la journée, elle avait participé à une activité d'alphabétisation organisée par des femmes à Harare. Chaque fois que l'une d'elles partageait ses réalisations avec le groupe de femmes, celles-ci lançaient des acclamations typiquement africaines. Les femmes ululaient, émettant un bruit semblable à celui d'un oiseau. Au cours de la journée, Mila les avait observées avec beaucoup d'attention et avait répété à plusieurs reprises qu'elle aimerait bien pouvoir en faire autant. De toute évidence, elle s'était entraînée, car à la fête d'anniversaire, dans l'avion, elle fit entendre à toutes les personnes présentes un cri qu'elles ne sont pas près d'oublier. (Elle est aussi habile à siffler entre deux doigts ; selon les enfants, ses sifflements sont tellement stridents qu'ils pourraient faire stopper un train.)

Les enfants l'accompagnent parfois lorsqu'elle participe à des activités où elle épingle son insigne d'« épouse Canada ». Mais la plupart du temps, ils restent à la maison.

Elle leur téléphone tous les jours et essaie de se tenir au fait des événements importants de leur vie. Mais elle n'ignore pas ce qu'il en coûte, à eux comme à elle, d'être si souvent séparés. Invariablement, lorsque le Boeing 707 roule jusqu'à l'arrêt, à l'aéroport d'Upland, à Ottawa, Caroline est là avec un de ses frères, ou deux ou les trois, pour accueillir ses parents. Les enfants grimpent l'escalier jusqu'à la cabine privée située à l'avant de l'avion. Quand ils en ressortent, ils parlent tous à la fois, échangeant les nouvelles, prêts à rentrer ensemble à la maison.

# Chapitre huit

*« Avant, j'aimais quand on parlait de moi dans le journal. Maintenant, quand je l'ouvre, tout ce que j'espère, c'est qu'il ne contiendra rien de mal. »*

Benedict Mulroney

Il était onze heures du soir et c'était un dimanche au lac Harrington. Caroline Mulroney venait de se rendre compte qu'elle avait oublié sa boîte de gouache à l'école. Elle devait remettre son devoir d'art le lendemain matin, et elle ne pourrait pas le terminer sans ses couleurs. Le professeur avait demandé que chaque étudiant crée une bande dessinée à partir d'un sujet libre. Caroline avait dessiné douze vignettes racontant l'histoire d'un jeune garçon et de son grand-père qui se voyaient punis parce qu'ils n'avaient pas fait ce qu'ils avaient promis de faire. Elle avait fait les dessins, mais au moment de prendre sa boîte de gouache dans son sac d'école, elle s'était aperçue qu'elle n'y était pas. Et elle était bloquée à la campagne par cette froide soirée de février 1988.

Quand sa mère entra dans sa chambre pour lui souhaiter bonne nuit, elle trouva Caroline affolée et inquiète au sujet de son devoir. L'adolescente était déjà peu satisfaite de son dessin, le trouvant rudimentaire et plutôt

amateur (elle se plaint qu'elle a hérité des gènes artisti-
ques de son père), mais si elle ne pouvait pas y ajouter de
la couleur et qu'elle remettait un travail incomplet, elle
était certaine d'obtenir une note médiocre.

Mila fouilla la maison dans tous ses recoins à la
recherche de gouache. Elle regarda dans tous les tiroirs de
la vieille maison de campagne. Elle réveilla les garçons
pour voir si elle ne trouverait pas, dans leurs chambres,
quelque chose qui pourrait dépanner Caroline, mais sans
résultat. Finalement, elle monta au grenier où elle garde
cinq ou six vieilles malles remplies de jouets appartenant
aux petits et de souvenirs du temps où ils habitaient la
maison du chemin Belvedere à Montréal.

Il y a des souris et aussi des chauves-souris dans le grenier de la maison du lac Harrington et, pendant les mois
d'hiver, le froid y est insoutenable. Mais Mila, en robe de
nuit, grimpa l'étroit escalier et rampa en évitant les che-
vrons, jusqu'aux malles dans lesquelles elle se mit à chercher, à travers des poupées Barbie et des jouets Tonka, les
boîtes de peinture qu'elle était certaine d'avoir rangées là.
Enfin, dans la quatrième malle, elle trouva plusieurs boîtes
de gouache et quelques petits pinceaux. Elle revint triom-
phante dans la chambre de Caroline.

À une heure du matin, Mila vint de nouveau voir
Caroline et vit qu'elle n'avait peint que deux des douze
vignettes. Mila fit comprendre à Caroline, en termes non
équivoques, qu'il était beaucoup trop tard pour une jeune
personne de treize ans. À bout de forces, Caroline se mit
à pleurer et protesta, disant qu'elle devait terminer son
devoir. Mila fut inflexible. Caroline se mit au lit. Et Mila se
mit au travail. À son réveil, Caroline trouva sa bande

dessinée bien en évidence sur sa table de travail et complétée.

Quand la voiture quitta la maison du lac Harrington
pour la conduire à l'école, Caroline était particulièrement
heureuse. Ce n'était pas seulement parce qu'elle était certaine maintenant qu'elle aurait une bonne note pour son
devoir d'art. C'était aussi parce qu'elle venait d'avoir la
preuve que, même si ses parents étaient souvent partis et
qu'ils étaient horriblement occupés quand ils étaient à la
maison, sa mère était là pour elle quand elle en avait
besoin.

Mila n'hésite pas à dire que Brian est sa priorité numéro
un, mais les enfants passent avant qui que ce soit d'autre.
« Les enfants ne passent jamais avant Brian. Il n'y a pas
d'équivoque. Il y a un ordre de priorité. C'est un engagement que nous avons pris. Je ne dis pas que je ne me
sens pas coupable. Nous avons raté des récitals de piano,
mais nous avons toujours vu à ce que quelqu'un nous
remplace. Nous nous rendons aux rencontres parents-
professeurs, mais le directeur réunit tous les professeurs
en même temps.

« Quand je rentre le soir, je monte toujours les voir
dans leurs chambres. Je ne crois pas qu'il existe une seule
mère au travail qui ne se sente pas continuellement coupable. Mais si mon engagement est exclusif, c'est que j'ai
épousé quelqu'un dont le travail est très important. »

Il arrive souvent que les immigrants aient de grandes
attentes envers leurs enfants, car ces derniers bénéficient
de possibilités qui ont fait défaut à leurs parents. Mila a
toujours eu de grandes attentes envers ses enfants, et elle
a toujours été déterminée à voir ces espoirs se réaliser.

Rien n'était trop exigeant, si c'était pour eux. Elle a voulu qu'ils reçoivent une éducation de premier ordre et qu'ils bénéficient d'expériences internationales. Elle a voulu qu'ils connaissent l'amour d'une grande famille. Elle a voulu leur enseigner très tôt à faire et à être le mieux possible.

Pendant que leurs voisins de Westmount inscrivaient leurs enfants dans des écoles privées telles que The Study, ECS et Selwyn House, Mila et Brian cherchaient, parmi les écoles de langue française, celle dont le programme leur conviendrait. Ils voulaient que leurs enfants soient bilingues, qu'ils reçoivent une bonne instruction et qu'ils soient en contact avec des jeunes du monde entier et non pas seulement d'autres enfants riches. Ils voulaient qu'ils rencontrent des enfants de cultures diverses, qui parlaient plusieurs langues et qui avaient des projets d'avenir. En somme, des enfants qui ressemblent à celle que Milica Pivnicki avait été. Elle sillonna la ville et se rendit à Saint-Laurent dans le but de visiter Notre-Dame-de-Sion, une école réputée pour ses cours de français. Elle observa des salles de classe en action et rencontra le directeur. Finalement, elle choisit Villa Sainte-Marceline pour Caroline et Notre-Dame-de-Sion pour Ben. À Ottawa, plus tard, les quatre enfants furent inscrits au lycée Claudel.

Mila est de ces mères qui profitent des détails concrets du quotidien pour éduquer les enfants : elle corrige, elle fait voir, elle enseigne, elle rappelle. « Marko, brosse tes cheveux. Caroline, si tu disposes les crudités de cette façon, c'est plus joli. Ben, ne place pas ton bureau sous la fenêtre : la pièce ne sera pas élégamment disposée. Nico, il ne faut pas dire « pas capable. » Quand elle veut vraiment retenir l'attention de ses enfants, elle passe au serbo-croate et exprime son point de vue avec un peu plus de piquant. Quand elle voyage avec Brian, elle téléphone aux enfants chaque jour, et elle attend d'eux un rapport complet sur leurs allées et venues. Même étant de l'autre côté de l'Atlantique, elle leur donne des leçons, voit à raffiner leurs manières, à guider leurs décisions.

Elle participe à tout ce que font ses enfants. Le jour de l'Halloween, Mark et Nico eurent droit, à tour de rôle, à une séance de maquillage dans sa salle de bain pêche. Crèmes, peintures et rouge à joues lui servirent à créer le personnage de la Faucheuse pour Mark et celui du capitaine Planète pour Nicolas. Elle est de ces mères qui ont toujours ce qu'il faut pour réaliser un projet : le matériel (qui d'autre garde dans ses tiroirs de salle de bains, à côté de ses petits pots de crème Chanel, de la peinture blanche pour les visages des lutins ?) et l'imagination pour improviser.

À une autre occasion, alors qu'au lendemain des élections de 1988 Brian et Mila étaient montés se coucher, épuisés, Caroline se faufila dans leur chambre et d'une voix penaude leur dit qu'elle avait une composition anglaise à remettre le lendemain et qu'elle avait besoin d'un peu d'aide. Sa mère commença à la lire. Au bout d'un moment, elle poussa Brian du coude et lui dit : « Maintenant, corrige cette phrase. » Il se redressa et répondit à la demande en suggérant à Caroline d'ajouter des informations ici et là. Deux heures plus tard, la composition était terminée. Et le premier ministre du Canada put se rendormir.

En même temps, Mila n'est pas de ces mères qui se laissent manipuler par les enfants. Lorsque la famille emménagea à Ottawa, Caroline fut inscrite au lycée. C'était difficile au début, pour une fillette de neuf ans, de s'habituer à une nouvelle école, à un accent parisien auquel elle n'était pas habituée et à des camarades de classe qu'elle ne connaissait pas. «Je me sentais complètement perdue, raconte Caroline. Plus tard au cours de l'année, j'ai commencé à faire semblant d'être malade très souvent pour pouvoir retourner à la maison. Maman a fini par me dire : « Écoute, on en a pour un bon bout de temps à Ottawa. Tu n'es pas malade. Tu n'as pas besoin de retourner à l'école aujourd'hui. Mais je veux que ce genre de chose-là cesse. » Et j'ai cessé. »

Mila corrige aussi immédiatement ce qu'elle trouve déplacé dans leur langage ou leurs commentaires. Un jour, au retour de l'école, les jeunes se réunirent dans le solarium du 24 Sussex pour bavarder de leur journée. Caroline avait à se plaindre d'un professeur qui, disait-elle, «débarquait à peine du bateau». Mila réagit immédiatement. «Attends un peu, dit-elle. Fais attention à la façon dont tu parles de cet homme.» Elle n'oublie jamais qu'elle a elle-même été une immigrante, et elle ne permet pas à ses enfants de l'oublier non plus.

Ce ne sont pas tous les enfants qui auraient pu s'adapter à ce type de parent. Les enfants de quelqu'un d'autre trouveraient peut-être que Mila se mêle toujours de tout. Ils se révolteraient peut-être, ou se fâcheraient, ou refuseraient de correspondre aux plans de leurs parents. Mais pas les enfants Mulroney. Ils adorent cette femme qui agit comme un entraîneur en chef et qui attend de son équipe une performance de niveau international. «Nous pouvons parler de tout avec elle», dit Caroline, qui ajoute en riant : «Le soir à table, nous parlons de la sexualité, des garçons et des filles... pourvu que papa ne soit pas là. » Caroline se demande si elle pourra jamais égaler l'énergie et le charme de sa mère. Ben déclare, pour sa part : « Elle est aussi près de la perfection qu'on peut l'être quand on est un parent. » Quant à Mark, en fougueux Mulroney, il qualifie sa mère de vedette.

Les enfants font toujours partie intégrante de toutes les activités de leurs parents. Au début de sa vie de père, Brian a peut-être pensé que l'arrivée d'invités à la maison sonnerait le signal de la disparition des petits, mais Mila a toujours insisté pour que les enfants rencontrent les amis de leurs parents, et même les clients de Brian, et pour qu'ils accompagnent leurs parents au restaurant et au théâtre. Aujourd'hui, au 24 Sussex Drive, la présence des quatre enfants Mulroney à des occasions telles que des déjeuners d'affaires ou des dîners officiels est un fait acquis.

Lorsque le prince et la princesse de Galles furent reçus à souper en octobre 1991, les quarante invités en étaient à peine au second service lorsque Nico entra vivement dans la pièce en pyjama et en robe de chambre pour souhaiter bonne nuit à ses parents. Ben et Mark s'étaient mêlés aux invités un peu plus tôt, puis étaient montés finir leurs devoirs, et Caroline participait à la réception et au dîner.

Les enfants savent aussi qu'on ne leur demande pas seulement d'assister aux événements mais aussi d'y participer. Lors du gala en l'honneur de la visite de Charles et de Diana, c'est Ben qui présentait en voix hors-champ les artistes qui prenaient part au spectacle du Centre national des arts. Mark se rendait utile dans les coulisses. Quand ils vinrent tous saluer à la fin du spectacle, Caroline (qui n'avait pas travaillé au spectacle) applaudit avec les spectateurs pendant que ses frères prenaient place sous les projecteurs aux côtés des vedettes. Lors des cocktails du 24 Sussex, les manteaux des invités sont souvent mis au vestiaire par Mark et Nicolas. Caroline, qui a sa propre auto – une Honda 1986 – doit conduire ses frères à l'école tous les matins. Et quand la famille prépare un repas, on s'attend à ce que tout le monde soit là et participe à la corvée. Les enfants dressent la table et débarrassent les assiettes. De la même manière, ils ont la responsabilité de faire leur lit, de ranger leur chambre et de faire et défaire leurs bagages lorsqu'ils vont passer la fin de semaine au lac Harrington ou lorsqu'ils accompagnent leurs parents en voyage.

Mila croit en ce qu'elle nomme le style, « parent japonais ». Tenir les enfants très occupés est, selon elle, la façon de bâtir des adultes intelligents et intéressants. «Quand j'étais petite, dit-elle, ma vie n'était pas organisée en fonction d'un horaire. Je pense que les enfants ont une grande endurance quand ils sont jeunes. L'ennui est une chose tragique pour un enfant. Le fait d'avoir des activités organisées suivant un horaire précis leur montre à se stimuler. » Il n'est pas permis aux enfants de regarder la télévision en semaine. Ils enregistrent leurs émissions préférées et les regardent en fin de semaine. (Ben enregistre toujours *Les Simpsons*, et Caroline enregistre *Murphy Brown*.)

Nico a six ans et il a une activité organisée tous les jours après l'école : le judo, les castors (scouts), les leçons de musique, les cours de lecture (Mila veut qu'il apprenne à lire en anglais, mais au lycée tous les cours sont en français ; elle fait donc venir un tuteur qui lui donne des cours de lecture anglaise deux fois par semaine après l'école). Caroline a dix-sept ans, elle suit des cours de piano, de danse et d'aérobique. Ben a quinze ans, c'est un excellent pianiste, même s'il affirme qu'il n'a pas l'oreille musicale mais qu'il travaille simplement très fort. Il aura terminé sa dixième année de musique avant d'avoir ses seize ans et, plusieurs fois par semaine pendant trois heures d'affilée, il fait des exercices à l'un des deux pianos à queue du 24 Sussex en vue de son examen au Conservatoire royal. Il s'entraîne aussi dans un gymnase et joue au tennis quatre fois par semaine.

Mark a treize ans et c'est le joueur de hockey de la famille. Il a commencé à jouer plus tard que ne le font la plupart des jeunes Canadiens, car il a fallu d'abord convaincre sa mère de le laisser jouer. Son père (qui n'est pas mauvais lui-même au hockey) avait déploré le fait que le hockey était le sport national du Canada, mais que ses propres garçons ne le pratiquaient pas. Au fond, ce que craignait Mila, c'était qu'ils se cassent les dents, aussi ne les avait-elle pas encouragés à jouer. Selon Mark, quand il lui a demandé la permission de jouer au hockey, elle a tenté de l'en dissuader. C'est alors que Ben l'a entreprise, jusqu'à ce qu'elle finisse par céder.

Mila a sans doute perdu cette manche, mais elle n'a pas la défaite amère. Mark s'est inscrit comme ailier droit dans la ligue peewee-B à l'automne 1991. À son premier tournoi de fin de semaine qui se tenait à Embrun, en Ontario, Mark croyait bien qu'il ne serait accompagné que par l'agent de la GRC qui l'y avait conduit. Il était environ onze heures, ce dimanche-là, quand Mila fut soudain assaillie de remords. Elle dit à Ben : « Mark est en train de jouer au hockey pendant qu'on est assis à la maison. On devrait être là-bas à l'encourager. » Elle fit lever le reste de la famille, les fit monter tous, y compris Brian, dans sa jeep, et se mit en route pour Embrun.

En arrivant sur place, elle se rendit compte que l'autre équipe avait non seulement l'appui de ses supporters, mais que ceux-ci avaient leur propre cri de ralliement. Elle persuada Caroline et Ben d'entrer dans l'esprit du jeu et d'encourager leur frère de leurs cris. Chaque fois qu'un joueur touchait la rondelle, elle criait des encouragements, et elle sifflait, les doigts entre les dents, chaque fois que Mark sautait sur la glace. « Elle n'est pas exactement ce qu'on pourrait appeler un expert en hockey, déclare Ben. Elle encourageait la défense quand il fallait encourager l'attaque. Une fois, le gardien de but de l'équipe de Mark a réussi un bel arrêt, et elle s'est mise à crier : « Fantastique arrêt de rondelle ! » Ça ne ressemble pas tout à fait aux expressions des mères habituées du hockey. »

Il est difficile pour Brian et Mila Mulroney d'assister à tous les événements auxquels leurs enfants participent, mais ils reconnaissent la valeur du soutien parental, ou du moins familial, et ils essaient de s'assurer qu'au moins un membre de la famille assiste aux événements importants lorsqu'ils ne peuvent pas être présents eux-mêmes. Comme beaucoup de mères au travail, Mila est d'avis qu'elle est souvent guidée par la culpabilité lorsqu'elle assiste aux récitals, aux matchs de hockey et aux spectacles de ballet.

Un soir, croyant que Caroline participait à un récital de danse, Mila persuada Brian qu'ils devraient y aller tous les deux. À leur arrivée au studio de jazz moderne, ils se trouvèrent en face d'une classe composée de femmes dont l'âge variait de seize à soixante ans. « Et toutes ces femmes qui dansaient en collants noirs... Nous étions, Brian et moi, assis à la première rangée. De fait, c'était la seule rangée... Ce n'était pas vraiment un récital, c'était plutôt une invitation à observer le travail du groupe. Je ne sais pas qui, de Brian ou des femmes de la classe, s'est senti le plus ridicule. Quoi qu'il en soit, nous nous sommes éclipsés, à la suggestion de Brian. »

Mila insiste pour que les membres de la famille assistent aux spectacles les uns des autres, mais cela nécessite parfois une planification complexe. Par exemple, juste avant Noël 1991 se tenaient, le même jour, une conférence des premiers ministres et la promesse scoute de Nicolas. Ce jour-là était également celui de la *slava*, la fameuse fête yougoslave que l'on observe fidèlement dans la famille Pivnicki et qui en attire toujours les membres à Montréal. Le premier ministre participa tout l'après-midi à la conférence. Quand ce fut terminé, il passa prendre Nicolas et, accompagné de Mark et de Ben, il assista à la cérémonie de promesse. Par la suite, Mark et Nicolas furent conduits à Montréal où Mila les attendait chez ses parents. (Caroline était en voyage à Londres, et Ben restait à la maison pour terminer un travail scolaire de fin de session.) Il faut parfois tenir un registre pour savoir où est chacun des membres de la famille, mais ceux-ci réussissent habituellement à combiner leurs fonctions officielles et leur vie privée. De plus, où qu'ils soient, les ordres de leur entraîneur en chef sont clairs à ce sujet, ils doivent donner des nouvelles tous les jours, à tout le moins par téléphone. Les enfants peuvent aussi compter sur l'appui mutuel de chacun. Suivant la formule de Mark : « Nico compte sur moi, moi je compte sur Ben, Ben compte sur

Caroline, Caroline compte sur maman, et tout le monde compte sur papa. »

Mila est particulièrement proche de sa fille. Elle l'appelle Lali (prononcer Lâli). Lorsque Caroline était bébé, Mila ne lui parlait qu'en serbo-croate. Il n'existe pas de diminutif serbo-croate pour Caroline, alors elle lui a donné le surnom de Lali. Caroline aime à raconter sa plus belle fête d'anniversaire. Elle avait sept ans seulement. Mila lui annonça qu'elles allaient passer la journée «entre filles» et que les garçons devraient rester à la maison. «Je me souviens, dit-elle, que nous sommes allées dîner à la Crêpe bretonne, mon restaurant préféré. Ensuite, nous sommes allées voir *Madame Butterfly* à la Place des Arts. Nous avons magasiné pour m'acheter un cadeau d'anniversaire, mais je ne me souviens même pas de ce que j'ai choisi. Ce qui est resté fortement gravé dans ma mémoire, c'est le sentiment d'avoir eu maman pour moi toute seule et de m'être sentie intégrée au « clan des filles. »

Les vacances d'été se passent presque entièrement au lac Harrington. On ferme le 24 Sussex entre le 1$^{er}$ juillet et le 1$^{er}$ septembre, et toute la famille déménage au lac. C'est là que les enfants laissent leurs bicyclettes. Ils invitent des camarades rencontrés à l'école ou à la colonie de vacances, ou encore des amis de Montréal avec lesquels ils sont restés en contact, à venir y passer la fin de semaine. Les parents Pivnicki y viennent en visite, de même que Irene Mulroney et Ivana. C'est une période de détente en famille que tout le monde savoure.

Ben et Mark passent une partie de l'été au Vermont, dans une colonie de vacances mixte. Caroline allait aussi en colonie de vacances jusqu'à l'été 1991. Elle a alors décidé de rester à la maison, et elle a travaillé trois jours par semaine comme bénévole dans un centre d'alphabétisation, où elle enseignait à lire à une personne âgée.

La famille Mulroney essaie d'aller en vacances en Floride une fois par an. Lorsque les enfants étaient plus jeunes, ils avaient l'habitude de séjourner au Club St. Andrews près de Boynton Beach, mais maintenant la famille loue (par l'entremise d'amis ou d'une agence) une maison sur la côte Est, habituellement près de Jupiter ou de Palm Beach.

Une année, ils étaient allés passer le temps de Noël en Floride, mais ils étaient arrivés trop tard pour acheter un sapin de Noël. Mila ne pouvait pas concevoir de passer Noël sans sapin. Les enfants et elle partirent donc à la recherche du matériel nécessaire, achetèrent du papier de bricolage vert et rouge et créèrent leur propre sapin. Après avoir découpé l'arbre et l'avoir épinglé au mur, ils taillèrent, puis collèrent sur les branches de carton vert des boules de carton rouge. « Nous avons mis tous nos cadeaux sous l'arbre, le long du mur, raconte Caroline. J'ai trouvé qu'elle était la personne la plus créative au monde. »

Si, au cours des mois d'été, il se présente une occasion pour les enfants de voyager avec leurs parents, on essaie d'en profiter. À l'été 1991, toute la famille s'est rendue en Irlande, dans la région d'origine des ancêtres Mulroney. En septembre, Ben avait quelques jours de congé scolaire, alors il en a profité pour accompagner ses parents à Palo Alto, où son père prononçait le discours de remise des diplômes à l'Université Stanford. Mais lorsqu'il y a classe, Mila est inflexible : ses enfants doivent aller à l'école. On lui a demandé à plusieurs occasion de les retirer de l'école pour qu'ils puissent participer au lancement d'une campagne, comme la campagne du Timbre de Pâques, par exemple. Elle répond toujours qu'elle aimerait bien accepter parce qu'elle tient à rendre service, mais que l'école, c'est sacré.

À cause peut-être des préceptes de Mila, tous les enfants Mulroney sont des étudiants doués. Caroline a décidé d'étudier le droit international et l'histoire après ses études secondaires qu'elle terminera au printemps 1992, et elle a envoyé des demandes d'inscription dans plusieurs universités canadiennes, américaines et britanniques.

Ils ramènent souvent des camarades de lycée à la maison, après l'école, mais les soirées sont strictement consacrées à faire les devoirs, chacun dans sa chambre. Chacun a sa chambre au troisième étage, et ils ont une salle de jeux commune. Ils n'ont ni téléphone ni téléviseur dans leur chambre, mais ils ont un ordinateur installé dans la salle de jeux.

La chambre de Caroline est décorée de tons pastel, vert, jaune et rose. Ses tablettes sont remplies de photos encadrées de ses parents et de ses frères, et des ours en peluche prennent place sur son lit.

La chambre de Ben est bleu et blanc. «La chambre de Ben sent la vieille chaussette», déclare Mila. Ben rétorque: «Mais voyons, j'ai seulement quinze ans.» Il est trop grand pour son lit maintenant, mais ça ne l'empêche pas de faire un peu de place pour Clover, le caniche de la famille, qui aime bien venir dormir au bout de son lit. Selon Ben, sa poussée de croissance (il mesure un mètre quatre-vingt-cinq), et le poids qu'il a enfin réussi à prendre, sont dus au fait qu'il mange des céréales par pleines boîtes. «Qu'il

« engloutit » des céréales par pleines boîtes », rectifie sa mère.

La chambre rouge et bleu de Mark renferme tous les souvenirs qu'il a accumulés durant les huit années passées à Sussex Drive. Sa mère dit de sa chambre que c'est « un défi ou une distorsion du temps, selon le point de vue où l'on se place ».

Nicolas possède une chambre bleu et blanc pleine d'animaux en peluche, où une photo, précieuse à ses yeux, attire l'attention : elle a été prise alors que Nicolas faisait visiter sa chambre à Barbara Bush. Madame Bush a dédicacé pour lui la photographie, à la suite de quoi il l'a fait encadrer.

Les enfants ont hérité de leur mère la classe et les goûts reliés à la beauté. Ils portent des jeans repassés. Leurs cheveux brillent. Leurs dents sont bien plantées (Caroline et Ben ont porté des appareils orthodontiques), et ils ont une solide ossature. Dans l'ensemble, ils font penser à une publicité de Ralph Lauren. De plus, ils savent exactement comment se comporter en présence de visiteurs de marque. Ils ressemblent de façon frappante à la petite fille de Sarajevo qui servait un « thé imaginaire » à des artistes et à des intellectuels. Mais les enfants Mulroney sont tout de même des enfants, et ils font comme tous les enfants. Leur mère a horreur des chambres en désordre, de même que des pleurnicheries. Et, comme tous les enfants, ils se retrouvent parfois dans des situations embarrassantes.

Lorsqu'il n'était âgé que de trois ans, on emmena Nicolas avec le reste de la famille à Trenton, en Nouvelle-Écosse, pour participer à une fête du centenaire. La cohorte au complet, composée de membres influents du Parti progressiste-conservateur provincial, d'attachés du premier ministre, d'agents de la GRC et de dignitaires locaux, déambulait à travers un parc et faisait le tour d'un étang à canards. Nico, fasciné par les canards, s'approcha de plus en plus du bord de l'eau. Tout à coup, il glissa sur la mousse des pierres et tomba tête première dans l'eau. Avant que personne d'autre, pas même les robustes détectives présents, n'ait eu le temps de réagir, Mila sauta dans l'étang et sortit son benjamin de l'eau boueuse. Même si l'étang n'avait que soixante centimètres de profondeur, Nico s'était retrouvé sous l'eau. Lorsque Mila sortit de l'étang, son tailleur blanc était trempé et souillé. Elle répéta vivement qu'il n'y avait pas de mal, puis elle se dépêcha de rejoindre son hôtel où elle changea de vêtements et eut une petite conversation avec Nicolas à propos d'escapades. Elle ne lâcha pas sa main de tout le reste de la journée.

Les enfants décrivent leur mère comme une « maniaque de la propreté », et ils se tordent de rire lorsqu'ils racontent ses histoires de ménage. « Une fois, elle nous a réveillés à trois heures du matin pour changer des meubles de place », raconte Ben. Caroline ajoute : « Nous sommes allées à New York récemment, elle et moi. Nous étions assises dans notre chambre d'hôtel et nous parlions. Il était près d'une heure du matin quand elle me dit : « Caroline, va remettre le rideau en place, là-bas, il n'est pas bien disposé. » J'ai essayé, mais je n'ai pas réussi à le réinstaller. La voilà donc à New York, debout sur une chaise à une heure du matin, en train de replacer les rideaux. Ça l'énerve réellement quand les choses ne sont pas à leur place. »

Sa belle-sœur, Olive Elliott, a relevé cette caractéristique de Mila en de nombreuses occasions. « J'avais
apporté un cadeau à maman au lac Harrington où elle
était allée passer quelque temps chez Brian et Mila.
Elle a déballé le cadeau, puis elle l'a déposé par terre près
de son fauteuil après m'avoir remerciée. Mila a alors
demandé à Marc d'aller porter le cadeau dans la chambre
de sa grand-mère. Elle tient vraiment tout en ordre.

« Elle est toujours en train de réaménager nos chambres et de faire du ménage dans la maison, dit Ben. Elle
tire une réelle fierté de sa maison. Chaque objet a un
sens pour elle. » Une nuit, Caroline se réveilla et se rendit
vaguement compte que sa mère circulait dans sa chambre. Le lendemain au réveil, sa chambre était impeccable.
« Tout ce qui traînait dans les coins avait été récupéré, trié
et mis de côté », raconte-t-elle. Une autre fois, Ben arriva à
la maison, jeta un coup d'œil à sa chambre et, constatant
qu'elle était réaménagée, s'écria : « Qu'est-ce qui s'est
passé ? » Les autres enfants crièrent en retour : « Maman a
pris une journée de congé. »

Les parents Mulroney protègent farouchement leurs
enfants et tiennent à préserver les relations familiales des
indiscrétions. Aucune entrevue, aucun article. Ils craignent pour la sécurité de leurs enfants, mais surtout, ils
craignent pour leur vie privée. Ce n'est pas facile quand
on est sur la scène publique, avec la Gendarmerie royale
toujours présente.

Lorsque la famille déménagea à Ottawa et que la Gendarmerie royale devint un élément régulier de leur vie, les
noms de code des petits étaient Petit-Ange Trois, Petit-
Ange Quatre et Petit-Ange Cinq. (C'était avant la naissance

de Nicolas.) Par bonheur, l'agent de la GRC qui était assigné aux enfants, le caporal Forest Dunsmore, avait un bon naturel et il comprenait les enfants et surtout la position dans laquelle se trouvaient ceux-ci. Il avait l'habitude de leur dire que leurs noms de code auraient plutôt dû être Petit-Diable Trois, Petit-Diable Quatre et Petit-Diable Cinq.

Des agents de la GRC accompagnent les enfants Mulroney partout où ils vont. Mila répète souvent à ses enfants qu'ils doivent accepter cela comme un simple fait de la vie courante, sans se plaindre des restrictions à leur liberté que cela entraîne. D'ailleurs, dit-elle, il n'y a pas une énorme différence entre leur style de vie au 24 Sussex et celui qu'ils avaient à Montréal dans la maison du chemin Belvedere. À ce moment-là aussi les enfants étaient passablement en évidence, à cause de la notoriété dont jouissait leur père à titre de membre de la Commission Cliche. Partout où ils allaient, à cette époque, c'est Mila qui les conduisait, ou bien Joe Kovecvic, alors employé chez les Mulroney comme homme à tout faire. (Il avait travaillé pour Boba Pivnicki avant de passer au service de Mila, et il est encore aujourd'hui employé au 24 Sussex Drive.)

En ce qui concerne le fait d'être suivis partout par des agents de la GRC, les jeunes déclarent qu'il s'agit simplement de faire des plans un peu à l'avance et de téléphoner à la GRC pour dire : « Je m'en vais au cinéma avec un copain. Après, on ira manger une pizza. Ensuite, je rentrerai à la maison. » Après dix minutes, une auto apparaît et la sortie commence. Les jeunes ne se plaignent pas de cela et, pour tout dire, ils ont un tas d'anecdotes à raconter à propos de la surveillance.

Un jour, Caroline revenait chez elle en voiture, roulant

légèrement plus vite que la limite permise. Elle aperçut soudain le gyrophare d'une voiture qui lui barrait la route. Elle pesta à la pensée de se faire arrêter pour excès de vitesse et de devoir annoncer la nouvelle à ses parents. L'officier fit demi-tour, traversa la route, longea l'auto de Caroline et lui dit : « Roulez moins vite, voulez-vous ? Le caporal qui vous suit aujourd'hui ne peut pas y arriver. » Caroline poursuit : « J'ai compris. C'était une façon gentille de me dire de faire attention. »

Une autre fois, Caroline était en visite chez une amie à Toronto. Cette dernière avait emprunté une artère importante et conduisait tout en parlant à Caroline et à d'autres amies qui prenaient place à l'arrière. Brusquement, la voiture qui les précédait s'arrêta. Mais pas son amie. Pendant que les policiers municipaux de Toronto faisaient leur rapport d'accident, les agents chargés de suivre Caroline étaient sur place en quelques secondes, s'assurant de l'état des jeunes passagères. Le lendemain, Caroline reçut un appel téléphonique de sa mère qui était en visite officielle en Allemagne. Mila voulait savoir comment elle allait. Caroline, qui ne voulait pas inquiéter sa mère, lui répondit qu'elle avait bien du plaisir et que tout allait très bien. « Eh bien, quand va-t-on se parler de l'accident ? », demanda Mila. Caroline avait oublié que la GRC avait conclu une entente avec sa mère, en vertu de laquelle tout devait lui être rapporté.

Caroline avait été dénoncée, mais elle affirme qu'elle comprend la situation dans laquelle se trouvent les agents de la GRC et elle-même. Tous les enfants sont d'accord pour dire que le fait d'avoir les agents de la GRC sur leurs talons leur a évité plus d'embarras que ça ne leur en a causé.

Brian Mulroney adore parler de ses enfants, qu'il soit en train de présider une réunion du cabinet ou de dîner avec des chefs d'État. Bernard Roy, son grand ami depuis plus de trente ans, déclare : « J'ai toujours été étonné de voir entrer ses enfants dans son cabinet de travail pour lui dire bonjour à leur retour de l'école, même quand il préside une réunion. Chaque fois, il arrête la discussion pour dire quelque chose à l'enfant qui vient d'entrer. Par exemple, si c'est Caroline, il dit : « Regardez-moi ça comme elle est belle, ma fille ! »

« Il est extrêmement fier de ses enfants. Je pense les connaître comme pas un, et ils forment une famille très unie. Mila exerce de toute évidence une forte influence sur ses enfants, et ceux-ci l'adorent, mais ils ont une empathie naturelle et beaucoup d'amour et d'affection pour leur père. Je me suis souvent senti coupable en tant que chef de son cabinet, parce que je n'avais pas assez de temps pour mon fils (j'arrivais tard à la maison, épuisé), mais malgré tous les problèmes auxquels il avait à faire face comme premier ministre, il prenait toujours le temps de s'arrêter pour ses enfants. »

Brian parle de Caroline comme de « la plus charmante personne que j'aie jamais rencontrée. C'est une jeune fille absolument merveilleuse. Elle est vaillante, organisée, intelligente et affectueuse. Elle est tout ce qu'on voudrait être. Mila m'a demandé un jour pourquoi j'aimais tant nos enfants. Je lui ai répondu : « Parce qu'ils sont tellement mieux que moi. »

Ben, au dire de Brian, est « un vrai gentleman. Il est presque naïf tellement il est sans malice. Il n'y a pas en lui un gramme de malveillance. Il est toujours serviable. C'est un jeune extraordinaire. Benedict, c'est le conteur de la famille. Il amuse tout le monde avec ses imitations de chanteurs rock et d'«habitants». Et il crée de l'ambiance comme d'autres parlent température. «J'm'en va vous conter l'histoire du p'tit vieux...», commence-t-il en courbant le dos et en empruntant un accent du fond de la campagne. Il a la manie de se frotter le menton, un menton dont il est d'ailleurs très fier parce que c'est celui des Mulroney. (En réalité, ce n'est pas exactement le menton de son père. À l'âge de cinq ans, Brian Mulroney est tombé tête première de son tricycle sur une borne d'incendie. Il a eu la mâchoire fracturée, et la blessure ouverte qu'il s'était faite sous le menton a nécessité plusieurs points de suture. Alors, si Ben a le grand menton large des Mulroney, celui de son père est plus grand encore.)

Il existe un scénario qui se répète chaque fois que Ben et sa mère ont des ennuis. «Quand tout va bien, on m'appelle Ben ou Benzoïd. Mais s'il y a un problème, c'est «Benedict». Alors, j'entends la voix de ma mère qui me dit à l'interphone : «Benedict, veux-tu s'il te plaît descendre à ma chambre?» En passant devant la chambre de Caroline, celle-ci dit : «Eh bien ! mon vieux, ça va vraiment mal.» Mark m'explique ensuite la même chose en termes beaucoup plus explicites. Et même Nicolas me fait la leçon. Ensuite, c'est ma mère qui me fait entendre ce qu'elle a à me dire, et puis ça s'arrête là.»

La réaction des enfants Mulroney devant le mode d'autorité de leur mère ressemble fort à l'attitude qu'avait Mila envers ses propres parents avant qu'elle ne soit une adulte. À l'adolescence, ses amis avaient de la difficulté à comprendre qu'elle ne discute pas les décisions de ses parents et qu'elle les accepte. Les enfants de Mila suivent le même modèle; ils n'ont pas l'habitude de protester et de répliquer. À moins d'erreur sur les faits, ils acceptent ce que dit leur mère quand elle corrige leurs comportements.

Ben est le plus grand admirateur de sa mère. «Ma mère fait des discours. Elle a fait passer la fibrose kystique de la vingt-septième position, parmi les campagnes de levées de fonds, à la deuxième position. Elle élève quatre enfants. Elle reçoit je ne sais combien de lettres par semaine. Elle reçoit des chefs d'État. Et pourtant, les gens ont l'air de penser que, parce qu'elle est la femme du premier ministre, elle n'a rien d'autre à faire que de courir les magasins et de refaire la décoration de la maison tant qu'elle en a envie. C'est infiniment frustrant de toujours voir ça dans les journaux. Les gens croient que, parce qu'elle est belle et élégante, elle n'a aucune profondeur. Ils n'essaient pas de la voir telle qu'elle est. Elle peut parler de tout. Elle a vécu des expériences difficiles en Yougoslavie, à Montréal, ici. On a des conversations extraordinaires avec elle. Nos amis peuvent lui raconter ce qu'ils vivent. Ils lui font tous des confidences.»

Mark est, selon Brian, «le plus militant des quatre enfants. Il est arrivé à la maison, un jour, en disant : «Tu as été bon à la période des questions aujourd'hui, papa. Mais M. Mazankowski a été vraiment excellent.» Son esprit partisan lui a valu quelques difficultés de temps à autre. On l'a déjà vu à l'école «coller des jeunes au mur» et leur expliquer pourquoi ils ne devaient pas dire des grossièretés à propos de son père.

Si Ben a un talent de conteur, Mark, pour sa part, a le sens du spectacle. Quand il a donné un coup de main, lors du gala du prince et de la princesse de Galles, et qu'il est monté sur la scène avec les vedettes du spectacle pour le salut final, le premier ministre s'est mis à rire de bon cœur en disant : « Ça, c'est bien Mark. Il s'en donne à cœur joie. Lui et Michael J. Fox ensemble sur la scène. C'est tout ce qu'il lui faut. »

C'est encore lui qui, spontanément, prend le temps de faire connaissance avec un patient atteint de la fibrose kystique en visite à la maison. Une heure plus tard, quand un autre visiteur fait irruption au sous-sol pour lui dire au revoir, il le trouve installé de façon moins exemplaire : assis sur une chaise en équilibre sur ses pieds arrière, les pieds posés sur une table en osier et parlant au téléphone. Il aperçoit enfin le visiteur, couvre alors de sa main le téléphone et articule silencieusement le mot « fille » en pointant un doigt vers le téléphone d'un air réjoui.

Il est aussi l'homme d'affaires de la famille. Au cours d'une de leurs nombreuses visites chez Boba, à Montréal (selon Mila, il faut des jours et des jours pour les déprogrammer après une visite chez Boba), il a trouvé des cartes de base-ball et de hockey des années 1960 qui appartenaient à son oncle John. Avec la permission de Boba, il les a emportées à la maison et en a fait le tri. Il déclare maintenant avec fierté : « Elles valent une fortune. »

Mark prend plaisir à se promener pendant des heures en compagnie de Irene Mulroney autour de la maison du lac Harrington. « J'adore entendre des anecdotes sur mon père, quand il était un petit garçon. J'aime entendre raconter comment était mon grand-père avec lui. »

Nicolas, c'est le bébé que Mila et Brian voulaient avoir peu de temps après la naissance de Mark. « Mais, au lieu de cela, nous avons eu une course à la direction du Parti et des élections », dit Mila. Il est le bébé de toute la famille et, parfois, le dérivatif dont ils ont tous besoin. À sa naissance, dit Brian, «c'était comme Septembre Noir à la Chambre des communes. Tout allait mal. La lutte était aussi sourde que féroce. John Fraser venait de démissionner à la suite de l'affaire du thon. Je rentrais à la maison et, avec Mila, je contemplais Nicolas installé sur notre lit. Je ne regardais pas les nouvelles à la télévision et je ne lisais pas le journal. Nicolas nous faisait rire. Les autres enfants arrivaient ensuite, et ils faisaient rire Nicolas. Je me souviens de cette période. Nicolas nous a aidés à traverser des moments pénibles.»

Nicolas participe à des cérémonies d'ampleur internationale depuis l'âge de quatre mois, et il assiste bien sage à des discours entiers depuis l'âge de trois ans. Voici l'une des anecdotes préférées de Brian à son sujet. L'histoire s'est déroulée en Colombie-Britannique, au cours de l'été 1988. Nicolas avait trois ans. «La presse attendait l'annonce des prochaines élections et en devenait presque hystérique. J'avais pris Nicolas dans mes bras pour le faire monter à bord de l'avion, quand les journalistes m'ont demandé: «Et au sujet des élections?»

«Je leur ai dit: «Eh bien! vous autres, qu'en pensez-vous?»

«Ils ont répondu: «Non, non, M. le premier ministre, nous voulons savoir ce que vous-même vous pensez.»

«Je leur ai dit: «Je vais y réfléchir ce soir. Je vais en parler à Nicolas et je vous en donnerai des nouvelles.»

«Je pensais que ça s'arrêterait là. Mais le lendemain matin, ils attendaient tous près de l'avion et m'ont demandé: «Et alors, au sujet des élections?»

«J'ai dit: «Je réfléchis encore.»

«Alors, ils ont dit: «En avez-vous parlé à Nicolas?»

«J'ai dit : « Bien sûr, j'en ai parlé à Nicolas. » Ils voulaient savoir ce qu'il avait dit. L'un d'eux a crié : « Nicolas, as-tu dit à ton papa de déclencher des élections ? »

« Nicolas a levé les yeux et il a répondu : « Pas de commentaires. »

Nicolas a une relation privilégiée avec son père. Un jour, alors que la discussion faisait rage à la Chambre des communes au sujet du libre-échange, le premier ministre s'éclipsa par la porte latérale et téléphona à Nicolas. « Quand veux-tu qu'on aille voir *Bambi* ? », demanda-t-il. « Aujourd'hui », cria Nicolas, extasié. Et ils allèrent tous les deux au cinéma, achetèrent des gros sacs de pop-corn et assistèrent à deux représentations consécutives du film. Pendant ce temps, la galerie de la presse à Ottawa rapportait que le premier ministre assistait à une réunion d'importance stratégique. Quand on lui demanda ce qu'il ferait s'il avait un jour de congé, Brian répondit : « J'irais chercher Nicolas, et on irait chez le gouverneur général [le domaine de Rideau Hall]. On emmènerait Clover et on poursuivrait les écureuils et on se raconterait des histoires et on s'amuserait comme des fous. »

Clover a succédé à Gucci, le chien qu'ils ont laissé derrière eux à Montréal. Même si elle a un meilleur comportement que Gucci, il lui arrive cependant de mettre « les pieds dans les plats ». Un jour, au lac Harrington, pendant que Mila était en réunion, Nicolas décida de fabriquer un collier de nouilles pour sa mère. Avec l'aide d'un employé de cuisine, il fit bouillir les nouilles avec des colorants alimentaires vert et bleu, puis il les enfila. Il offrit ensuite le montage encore tout dégoulinant à sa mère. Celle-ci lui fit les éloges de circonstance sur la grande beauté et la délicatesse du collier, et elle lui recommanda de l'étendre sur la table de la cuisine pour le faire sécher afin qu'elle puisse le porter plus tard au cours de l'après-midi. Une demi-heure après, il revint dans la pièce, visiblement au bord des larmes.

« Que s'est-il passé ? », demanda Mila.

Nicolas ne parlait pas. Il pointa seulement un doigt vers Clover.

« Qu'est-ce que tu as fait de mal, Clover ? », demanda Mila, d'un ton sévère.

Des fragments de nouilles vertes pendaient encore aux commissures de la gueule de Clover.

« Tu as mangé mon collier ! », rugit Mila.

Même Clover semblait comprendre que c'était drôle. Elle remua la queue. Nicolas éclata de rire. Et tous les deux furent renvoyés à la cuisine pour en fabriquer un nouveau.

Les enfants ont, tous les quatre, un rapport très étroit avec la mère de leur mère, qu'ils appellent Babi. « On aime beaucoup aller là, dit Ben, parce qu'il y a toujours des plats qui mijotent, toujours des gens, toujours des visiteurs qui restent à coucher. Et quand on était petits, il y avait plein d'enfants dans sa rue, avec qui on pouvait jouer, beaucoup plus que là où on habitait, chemin Belvedere. »

Boba laisse aux jeunes la direction de la maison. Elle les envoie au magasin du coin pour acheter quelque chose qu'elle dit avoir oublié. Même si les agents de la GRC les suivent de près, les enfants adorent faire des courses. Elle fait la cuisine avec eux, et Mark affirme que ses « biscuits lunes » sont « imbattables ».

Quand Mark était bébé, Boba avait l'habitude d'arriver tôt le matin à la maison du chemin Belvedere. Laissant dormir Mila, elle habillait Mark, l'emmenait au parc et le ramenait à la maison avant que Mila ne soit levée.

Maintenant, au 24 Sussex, elle fait encore la même chose avec Nicolas. Il vient frapper à la porte de Boba tôt le matin (quand il était tout petit, Boba allait plutôt dans sa chambre et le prenait hors du berceau). Ils sortent faire une promenade, ou bien ils vont nager dans la piscine intérieure, ou bien ils font des galettes ensemble à la cuisine. «Parfois, dit Boba, quand les employés arrivent, la cuisine est déjà pleine de farine et d'œufs cassés, et on voit s'écarquiller des yeux.»

Pour le sixième anniversaire de Nicolas, Boba organisa un barbecue chez elle, à Montréal. Il y avait neuf enfants dans la cour, tous plus vieux que Nico. Nico a trouvé que c'était une fête épatante.

Ils sont tous plus ou moins incommodés par les feux des projecteurs de temps à autre, mais cela dit, les enfants Mulroney sont tous d'avis qu'il y a aussi des avantages à être les enfants du premier ministre du pays. La veille de la cérémonie d'assermentation du premier ministre, en 1984, Mila conduisit Caroline, Ben et Mark à Montréal pour assister au spectacle de Michael Jackson au Stade olympique. C'était une promesse qu'elle leur avait faite. À la fin du concert, un messager surgit auprès d'eux, portant une note de la part de Michael Jackson. Il les invitait à venir poursuivre la soirée à son hôtel. Il leur restait une longue route à faire pour retourner à Ottawa, et le lendemain était un jour important. Mais c'était une occasion à ne pas manquer. Mila se rendit aux arguments des enfants et observa leur air ébloui pendant que Michael Jackson bavardait avec eux et distribuait des autographes. Il était trois heures du matin lorsqu'ils rentrèrent à Ottawa.

En 1991, lorsque David Foster arriva à Ottawa pour préparer un gala qu'il devait y présenter, il passa prendre les quatre enfants et les emmena voir *Little Man Tate*. Mais le souvenir préféré des enfants concerne Barbara Bush. En 1989, Mila était l'hôtesse du gala-bénéfice appelé « gala des Soixante-cinq roses », donné à Ottawa au profit de la Fondation de la fibrose kystique. De nombreuses personnalités de renommée nationale assistaient au spectacle ou en faisaient partie. Barbara Bush devait venir pour manifester son appui au travail accompli par Mila pour la Fondation.

Tous les Mulroney étaient en grande tenue et prêts à quitter le 24 Sussex pour se rendre au Centre national des arts. Tous, sauf Nicolas qui n'avait que quatre ans à l'époque. Il était en larmes, non pas parce qu'il n'était pas invité, mais parce que tous les invités présents à la maison portaient un insigne avec leur nom, mais pas lui. Ils étaient une centaine, réunis pour un cocktail avant le spectacle et attendant l'arrivée de Barbara Bush. Nico était persuadé que personne ne saurait son nom.

On sonna à la porte. Nicolas alla répondre et se trouva devant Barbara Bush elle-même. Elle lui sourit et lui dit : « Mais c'est Nicolas ! Comment vas-tu ? » Il était tellement content qu'elle sache qui il était qu'il l'invita à venir visiter sa chambre et à voir sa collection de cartes de hockey. M^{me} Bush s'exécuta et, pendant que cent personnes attendaient dans le vestibule, Nicolas et Barbara Bush montèrent au troisième pour « trier des cartes de hockey ».

Des souvenirs comme ceux-là compensent largement l'inconvénient d'être les enfants du premier ministre du Canada. Il n'est pas facile de s'entendre accabler d'injures à cause du travail que fait son père. Il n'est pas facile non plus de lire certaines choses dans les journaux à propos de ses parents – que son père boit avec excès, que ses parents sont sur le point de se séparer, que sa mère est une obsédée des emplettes. On n'apprend pas sans heurt que l'on est impuissant à protéger ses parents et à faire taire les ragots et les insinuations.

Les enfants Mulroney ont connu tout cela, mais ils en sont sortis relativement indemnes. Ils sont critiques envers les médias et ils ont une plus grande maturité que la plupart des jeunes de leur âge. La publicité qui s'est déchaînée autour de Caroline au moment de son passage à Londres, en 1991, pour le Sommet économique, les a simplement fait rire. «Je ne comprenais pas très bien pourquoi toute l'Angleterre s'intéressait tout à coup à ma sœur, dit Ben. Elle a eu les *paparazzi* à ses trousses. Ensuite, ils ont fait un article double page intitulé «Princesse Caroline». Eh bien! ma sœur est parfaite, on n'en fait pas de meilleure, mais elle n'est pas exactement, selon moi, un sujet d'article double page. Je veux dire: qu'est-ce qu'ils vont lui demander? «Comment ça va à l'école, Caroline?»

Il sont d'accord, pourtant, pour dire que tout ce brouhaha avait au moins l'avantage de ne pas être négatif. De la mauvaise publicité, ils n'en ont que trop vu. «Avant, j'aimais quand on parlait de moi dans le journal. Maintenant, quand je l'ouvre, tout ce que j'espère, c'est qu'il ne contiendra rien de mal. Je ne me demandais jamais si c'était conforme ou non. Maintenant, je considère les journaux sous un angle différent. Nos parents disent quelque chose et le lendemain c'est dans les journaux, mais tourné de manière fausse ou défavorable. »

Au sujet du magazine *Frank*, qui avait publié une annonce pleine page invitant « les jeunes tories à déflorer Caroline Mulroney », Caroline a eu ce commentaire : « Ils sont allés trop loin, mais ils m'ont insultée comme femme bien plus qu'autrement. Si le magazine avait la moindre crédibilité, j'aurais pu être blessée. Mais ce n'est pas le cas, alors je ne l'ai pas été. »

Une partie de leur enfance a été sacrifiée au nom du travail de leurs parents et de l'époque où ils vivent. Mais ils se considèrent privilégiés. Brian et Mila croient que leurs enfants ont la chance incomparable d'apprendre des choses nouvelles, de vivre des expériences, de visiter des endroits qu'ils n'auraient peut-être jamais vus autrement. Et pour ce qui est de la culpabilité qu'ils éprouvent face à la somme de temps qu'ils doivent passer loin des enfants, Brian déclare : « On peut aussi voir ça d'un autre point de vue. La plupart des parents n'ont pas la possibilité, dans le cadre de leur travail, de décider d'emmener l'un de leurs enfants, ou leur famille entière, avec eux en voyage d'affaires. Cela, nous pouvons le faire et nous l'apprécions énormément. »

Toutefois, le prix est élevé. Leur père a vieilli visiblement pendant les huit années où il a été en poste. Il revient chez lui épuisé, avec encore plusieurs heures de travail à faire et peu de temps pour sa famille. Mila est souvent partie et, même si elle est toujours en contact avec eux par téléphone, celui-ci ne remplace pas les bras d'une mère. Ils sont très proches des membres du personnel du 24 Sussex, et ils peuvent compter sur l'amour de parents nombreux. Mais Nicolas exprime le sentiment de tous quand il dit : «Papa, quand on ne sera plus premier ministre...» Ils ont tous des projets pour le jour où ils pourront avoir leurs parents pour eux seuls.

# Chapitre neuf

*« Il y a peu de gens qui pourraient regarder*
*souffrir un enfant d'une manière aussi terrible*
*et aussi absurde sans avoir le désir de faire*
*quelque chose. »*

Mila Mulroney

« JE PENSE que c'est la chose la plus cruelle que j'aie jamais lue, dit Barbara Herbert. C'était dans un ouvrage sur les épouses de premiers ministres. On y donnait à croire que Mila Mulroney s'était organisée pour s'associer à une maladie d'enfants photogéniques. Si l'on veut choisir une maladie commode, ce n'est certes pas la fibrose kystique qui conviendra le mieux. C'est nécessairement très difficile de rencontrer des enfants qui souffrent autant, qui souffrent d'une façon inimaginable. Elle ne nous a pas choisis parce que nous étions une cause facile. »

Julia, la fille de Barbara, a perdu sa bataille contre la FK en avril 1988. Elle avait treize ans et pesait vingt-deux kilos au moment de sa mort. Julia était l'une des nombreuses personnes atteintes de la FK qui ont eu un rapport privilégié avec la femme qui, en 1985, a fait la promesse qu'elle ferait connaître la fibrose kystique à tous, de façon à pouvoir collecter des fonds pour la recherche et contribuer à vaincre cette maladie qui fait mourir des enfants. En même temps, elle a clairement fait savoir qu'elle s'y engageait à long terme ; le slogan de sa première campagne de financement n'était-il pas : « Ensemble nous vaincrons la FK » ?

Mila et Julia ont eu leur première conversation après que Julia ait été choisie comme enfant symbole de la Fondation de la fibrose kystique en 1988. Julia et ses parents avaient décidé d'aller de l'avant avec la publicité ; par ailleurs, on les avait informés en janvier que la maladie de Julia avait atteint le stade terminal.

Quand Mila lui téléphona, le 5 février, une infirmière entra dans la chambre de Julia et lui dit : « Il y a une femme au téléphone qui veut te parler. Elle dit qu'elle se nomme Mila Mulroney. » On emmena Julia jusqu'au téléphone en fauteuil roulant, flanquée de la bonbonne d'oxygène qu'il fallait trimbaler derrière elle. La conversation porta sur l'hôpital, sur la famille de Julia et sur son état. Julia parla à Mila de son chien et de la visite qu'elle allait lui faire quand on lui permettrait d'aller passer une nuit dans sa famille. Elles se promirent de rester en contact.

Cinq semaines plus tard, Julia apprit que Mila et Brian seraient de passage dans la région de London, en Ontario, et qu'ils viendraient lui rendre visite à l'hôpital Victoria. Barbara Herbert s'inquiétait. Julia avait perdu énormément d'énergie. On lui avait demandé de présenter des fleurs à Mila, mais Barbara se demandait si elle serait même assez forte pour tendre le bouquet à Mila.

Au jour prévu, le groupe des visiteurs était en retard. Il semblait que, tout au long de la journée, pas une seule personne travaillant à l'hôpital n'avait manqué de faire un saut à la chambre de Julia et de lui demander : « Es-tu émue ? » Julia était si fragile qu'elle n'était pas certaine d'avoir envie d'aller jusqu'au bout. Alors, il y eut un peu d'agitation dans le hall, et Mila entra.

Elle s'assit très près de Julia et lui fit un sourire encourageant. Julia s'anima, s'assit au bord de son lit et parla à Mila de la collection d'animaux qui décorait sa chambre d'hôpital. Quand Julia présenta les fleurs à Mila, celle-ci lui dit : « Ah ! mais je devrais avoir quelque chose pour toi. »

Lorsque arriva l'heure de la réception organisée par l'hôpital, tout le monde fut surpris d'entendre Julia demander si elle pouvait y aller aussi. « À ce moment-là, explique Barbara, elle ne quittait presque plus son lit et ne voulait plus qu'être étendue sans bouger. Une enfant si malade et qui désirait pourtant elle aussi se rendre à la cafétéria, je ne pouvais pas le croire. Mais elle était subjuguée par Mila. »

Quelques jours après la visite, une boîte cadeau arriva à l'hôpital au nom de Julia, en provenance du 24 Sussex Drive. À l'intérieur, il y avait un jouet : un lapin avec des oreilles qui ballottaient. Au fond de la boîte, il y avait une lettre qui se lisait ainsi :

Chère Julia,

J'ai été très contente de te voir l'autre jour, lors de ma visite à London, à l'Hôpital pour enfants. J'attendais vraiment ce moment avec impatience, et notre petite conversation a été le clou de ma journée ! Merci pour les jolies fleurs !

Je veux profiter de cette occasion pour remettre mes amitiés à tes parents. Donne-moi de tes

nouvelles et prends bien soin de toi. Embrasse
bien fort ton frère pour moi, ainsi que ton papa
et ta maman !

Je t'envoie mes meilleurs vœux.

Je t'embrasse,

Mila Mulroney

Julia était très malade quand le paquet arriva, mais elle
sortit le lapin de la boîte et le cala à côté d'elle dans son lit
d'hôpital. Elle mourut le lendemain. Le personnel infir-
mier de l'hôpital, les camarades de classe de Julia et tous
ses amis de London se joignirent aux parents de Julia pour
pleurer la perte de la fillette. Mila et Brian firent de même.
Ils téléphonèrent quelques heures à peine après la mort
de Julia, et ils eurent avec Barbara une conversation qui
dura dix minutes. Barbara avoue qu'elle a été surprise
d'entendre pleurer Brian au téléphone.

Selon Barbara, Mila a certainement réussi à toucher le
cœur de Julia. Et quand tout a été fini, Mila a repris la
tâche que la fillette avait entreprise. Une collecte de fonds
aux profits de la fibrose kystique était prévue à l'école de
Julia. Les étudiants étaient secoués par l'annonce de sa
mort ; cet hiver-là, aucun d'eux n'avait soupçonné la réelle
gravité de sa maladie. Mila a écrit aux étudiants et les a
félicités de poursuivre la collecte de fonds. Sa lettre disait
entre autres : «En plus d'offrir un réconfort à la famille de
Julia, vous avez contribué à garder son souvenir vivant en
apportant votre soutien à la cause pour laquelle elle s'est
battue avec tant de courage pendant toute sa vie. Au nom
de tous ceux qui connaissaient et qui aimaient Julia, je
vous remercie beaucoup.»

Mila Mulroney a annoncé qu'elle acceptait la présidence d'honneur de la Fondation canadienne de la fibrose kystique le 20 mars 1985. Elle savait qu'en tant qu'épouse du premier ministre du pays, elle occuperait elle aussi le devant de la scène, et elle cherchait à identifier une cause qui pourrait bénéficier de cette visibilité. La façon dont son choix s'est fixé sur la FK est une histoire qui remontait à neuf ans.

Pendant la course à la direction du parti de 1976, Ian Thompson, journaliste au *Halifax Herald,* fit la connaissance de Brian et de Mila Mulroney et resta ensuite en contact avec eux. En 1983, quand l'équipe qui appuyait la candidature de Mulroney comme chef du parti publia le livre intitulé *Telle est ma position*, Ian voulut savoir si les droits d'auteur pourraient en être versés à la Fondation de la fibrose kystique, qui subsistait tant bien que mal. Ses enfants, Robbie et Jane, sont tous les deux atteints de cette maladie. Plus tard, alors que Brian faisait campagne dans le comté de Central Nova, en Nouvelle-Écosse, il déclara à Ian qu'il n'avait pas oublié la suggestion. (En fin de compte, le livre ne généra pas de redevances.)

Peu après, Brian devint premier ministre et Ian Thompson nommé président de la Fondation canadienne de la fibrose kystique. Ian écrivit au docteur Claude Roy, un chercheur qui conduisait des travaux à Montréal sur la fibrose kystique et qui était le frère de Bernard Roy, le nouveau chef de cabinet du premier ministre. Il écrivit aussi à Mila. « Nous avons longuement réfléchi, raconte Ian, à l'importance d'avoir une personne en vue pour nous servir de porte-parole. Une personne sans aucun lien avec la cause ne constituait pas le meilleur choix. Nous avions déjà eu des gouverneurs généraux et des vedettes du sport et nous n'avions pas atteint le but que nous recherchions. J'avais lu que Mila désirait jouer un rôle actif auprès des enfants ; j'ai donc pensé que ses intérêts, son énergie et son enthousiasme correspondaient en tous points aux besoins de notre fondation. » Le docteur Claude Roy lui exposa le cas, et elle releva le défi. Les enfant de Ian Thompson devinrent les premiers enfants symboles avec qui elle ait été appelée à travailler.

« Chaque fois que des gens me demandent pourquoi je me suis engagée dans la lutte contre la fibrose kystique, déclare Mila, je voudrais qu'ils puissent rencontrer les enfants symboles de nos campagnes de financement, comme Robbie et Jane Thompson, de Halifax, ou les Québécois Valérie et Benjamin Mouton, ou n'importe lequel des enfants atteints de la fibrose kystique dont j'ai fait la connaissance à travers tout le pays. Là, ils comprendraient.

« Quand j'ai vu un enfant qui souffrait dans un hôpital, je me suis dit : « Cet enfant n'a jamais fait de mal à personne. Il est assis dans un lit d'hôpital et peut à peine respirer. Ça paraît injuste. Il y a peu de gens qui pourraient regarder souffrir un enfant d'une manière aussi terrible et aussi absurde sans avoir le désir de faire quelque chose.

« Après que Brian est devenu premier ministre, j'ai été sollicitée par un certain nombre d'organisations et d'œuvres charitables très valables. Je voulais m'engager dans quelque chose, mais je cherchais une organisation que je pourrais aider personnellement.

« J'ai lu sur les effets dévastateurs de la fibrose kystique et j'ai appris que ces petits apparemment vifs et en santé devenaient soudain atrocement malades et mouraient. Alors j'ai pensé à mes propres enfants qui sont en parfaite santé, et j'ai eu le sentiment que je pouvais peut-être être utile. Par la force des choses, l'épouse du premier ministre est très en vue, et c'est pourquoi j'ai pensé que je pourrais contribuer à sensibiliser et à intéresser les gens à une maladie mortelle dont beaucoup ignorent jusqu'à l'existence.

« Je travaille à peu près une journée par semaine pour la Fondation. J'écris des lettres, je participe à des réunions et, lors de galas bénéfices, je prononce habituellement un petit discours. (Cela amuse beaucoup mes amis, car ils savent que j'ai déjà fait le serment de ne jamais faire de discours. La première fois que je l'ai fait, Dinah Shore m'avait invitée à donner une conférence à sa classique annuelle de golf, à Palm Springs, et elle m'avait offert, si j'acceptais, de verser 15 000 $ à une œuvre charitable de mon choix. J'ai pensé que ce serait une expérience passionnante d'être payée pour que des gens m'écoutent.) Et quand je voyage, que ce soit au Canada ou à l'extérieur du pays, j'essaie toujours de visiter les cliniques de fibrose kystique de la région ou les associations bénévoles locales. »

Au cours de l'une de ces visites à l'Université Stanford à Palo Alto, en Californie, où Brian était invité à prononcer un discours pour la remise des diplômes à l'occasion du centenaire de l'université, Mila fit la connaissance du professeur Jeffrey Wine, un chercheur attaché au laboratoire de fibrose kystique.

« Je me vantais partout de l'avoir rencontrée, se rappelle Wine, mais quelqu'un a glissé une remarque à l'effet qu'elle s'était engagée là-dedans parce que c'était un secteur qui connaissait des progrès extraordinaires. Je me suis d'abord demandé si c'était vrai, mais ensuite j'ai découvert qu'elle avait pris cet engagement en 1985, au moment où nos recherches stagnaient encore dans la grande noirceur. Je sais bien qu'il existe une énorme animosité envers les personnages publics, mais ça, c'était un coup bas. Le début de sa contribution remonte à l'époque où les chercheurs canadiens contestaient le style de recherche qui prévalait. Il est très difficile de refuser de suivre la tendance en recherche généralement acceptée dans la communauté scientifique, car en général on perd le soutien financier. Mais c'est ce que les Canadiens ont fait. Elle leur a procuré du financement. Finalement, on s'est aperçu que les recherches menées par les autres pendant tant d'années étaient complètement erronées. Quand le gène responsable de la fibrose kystique a été identifié par des chercheurs de l'Hôpital pour enfants malades de Toronto, les Canadiens ont simplement obtenu le crédit qu'ils méritaient. Et cela rejaillit sur Mila Mulroney aussi. »

Les quatre enfants Mulroney s'occupent aussi, jusqu'à un certain point, de la campagne. Caroline entretient une correspondance avec une jeune patiente atteinte de la fibrose kystique. Et Mila se fait accompagner de ses enfants lors d'activités enfantines. De plus, la règle familiale est claire : s'il se passe une activité à la maison au moment où l'un des enfants rentre de l'école, on s'attend à ce qu'il vienne saluer (il n'est pas obligé de rester, mais il peut le faire s'il le désire). Récemment, au cours d'un thé en l'honneur des responsables de la campagne de levée de fonds de l'Association québécoise de la fibrose kystique, Caroline, rentrant de l'école, rejoignit sa mère au salon et fut présentée à la centaine d'invités réunis. Mila était manifestement enchantée de la voir près d'elle et garda son bras autour de celui de Caroline durant toutes les présentations.

Peu après, Mark, qui a treize ans, arriva à son tour à la maison. Il embrassa sa mère, puis il alla droit vers Benjamin Mouton, un jeune de douze ans qui souffre de fibrose kystique et qui était le seul autre enfant présent dans la pièce, et il lui proposa de monter avec lui à sa chambre ou, encore mieux, d'aller à la piscine. Au moment de son départ, Benjamin tenait une affiche en main. Sa mère s'en informa et, intimidé, Benjamin lui dit : « C'est Mark qui me l'a donné. » C'était l'affiche de Wayne Gretzky appartenant à Mark et signée par Gretzky lui-même. Quand ils furent partis, Mark dit à sa mère : « Benjamin aime vraiment beaucoup le hockey. La prochaine fois qu'on ira à Montréal, est-ce que je pourrais avoir des billets des Canadiens pour pouvoir l'inviter au match ? »

Mila est la présidente d'honneur de la Fondation de la fibrose kystique depuis sept ans. Au printemps 1992, son titre changera en celui de « présidente », en reconnaissance du travail réel et concret qu'elle effectue pour la Fondation. Selon elle, cette participation a été tout à la fois exaltante, déchirante et formatrice. « Exaltante parce que le 24 août 1989, la nouvelle que tout le monde attendait, dans la famille de la FK, arriva : l'identification, par l'équipe de recherche torontoise dirigée par Lap-Chee Tsui, du gène responsable de la fibrose kystique. » Ce résultat laisse entrevoir la possibilité de mener une offensive contre la fibrose kystique, puisque les chercheurs comprennent désormais que la cause de la maladie est liée, à la base, à une défectuosité génétique. La découverte du gène entraîne maintenant la nécessité de procéder à un nouvel examen rigoureux du rôle joué par ce gène chez une personne atteinte de la fibrose kystique. Lorsqu'ils auront identifié ce qui fait défaut, il est possible que les scientifiques soient en mesure de remplacer ou de corriger la dysfonction de base en question.

Le docteur Jack Riordan, un collègue du docteur Tsui, déclare : « Mila Mulroney a réussi à attirer l'attention du public et à amasser les fonds qui ont permis à cette recherche de se faire. Elle aurait certainement pu choisir une cause plus facile. » Il est aussi d'avis que l'intérêt qu'elle porte aux chercheurs a été pour eux un soutien précieux, si peu habitués qu'ils sont à être mis en évidence. « La recherche scientifique est souvent une affaire solitaire et peu gratifiante. Lorsqu'une personne en vue fait ressortir ce que vous êtes en train de faire, ç'est une aide considérable. »

La première découverte importante avait eu lieu en 1985, au moment où le docteur Tsui et le docteur Manuel Buchwald avaient découvert le linkage de l'ADN du gène. Mais, comme le dit Riordan, « de notre point de vue, c'est Mme Mulroney qui a su intéresser les gens à la cause, ce qui a rendu possible la poursuite des travaux ».

Quand Mila apprit la nouvelle, elle téléphona à Ian Thompson au milieu de la nuit à l'hôtel où il se trouvait en voyage d'affaires, à Saint-Jean de Terre-Neuve. La découverte était encourageante, bien sûr, mais pour elle, cela n'est pas suffisant. L'identification du gène n'a pas suffi à sauver les enfants morts l'année précédente, et c'est là l'aspect déchirant de cette tâche.

Elle considère son travail comme une occasion d'apprentissage aussi car, comme bien des Canadiens, elle en avait beaucoup à apprendre sur la fibrose kystique. « Les

gens confondent en général la FK avec la sclérose en plaques, la dystrophie musculaire ou la paralysie cérébrale. Je
suis encore surprise d'entendre certaines questions que
posent les gens. « Est-ce que c'est contagieux ? Puis-je
l'attraper à l'âge adulte ? S'agit-il d'une affection musculaire ? » À ces trois questions, la réponse est non. »

Elle explique, dans ses allocutions, que la FK est une
maladie héréditaire qui constitue une menace pour la vie
de ceux qui en sont atteints. On naît avec ou sans cette
maladie. On ne peut pas l'attraper plus tard au cours de la
vie. C'est une maladie qui s'attaque aux glandes exocrines
du système, celles qui sécrètent la sueur, la salive et le
mucus. Dans les poumons, le mucus, qui est cinquante
fois plus épais que la normale (à peu près comme de la
colle), rend la respiration difficile et constitue un milieu
idéal pour les bactéries. L'insuffisance respiratoire causée
par les infections pulmonaires répétées fait peser sur le
cœur un lourd fardeau. Dans le système digestif, un épais
mucus bloque l'écoulement des enzymes pancréatiques
nécessaires à une digestion normale. Sans traitement, la
croissance est ralentie et l'enfant souffre de malnutrition.

Le double malheur, avec la FK, c'est que les parents
souffrent d'abord et avant tout parce que leur enfant est
atteint d'une maladie mortelle, et qu'ils souffrent encore
parce qu'ils savent que, tous les deux, ils ont transmis
cette maladie à leur enfant. La compréhension de cette
souffrance, dont Mila fait preuve, touche beaucoup
Donna Thompson, la mère de Robbie et Jane. « Quand on
est à l'hôpital avec son enfant et qu'elle arrive, on se sent
considéré. Qu'elle prenne le temps de nous voir et qu'elle
soit si joyeuse, cela représente beaucoup pour nous, les
parents des jeunes atteints de la FK. Elle organise aussi des

café-rencontres pour que les mères puissent se réunir dans le simple but de se parler et de se soutenir mutuellement. Ma gratitude envers elle est immense. Elle a fait pour nous des choses dont personne ne se doute. »

Chaque enfant qui fait la connaissance de Mila a son souvenir préféré. Pour Robbie Thompson, c'est la fois où il vendait des caleçons. Mila accepta d'en acheter deux : un pour elle et un pour Brian. Lorsqu'il reçut le chèque que Mila lui avait envoyé pour payer les caleçons, il mit du temps à décider s'il allait l'encadrer ou l'encaisser. Il le garda un bout de temps dans un cadre, mais ensuite, hélas ! il l'échangea pour de l'argent.

Pour sa sœur Jane, c'est la timidité et la gêne qu'elle pensait ressentir lorsqu'elle rencontrerait Mila, la peur aussi de ne rien trouver à dire, et, par la suite, la surprise de découvrir que Mila aime beaucoup bavarder et qu'il est facile d'avoir une conversation avec elle.

Pour Benjamin Mouton, c'est le jour où il a fait sa connaissance, alors qu'ils préparaient une séquence publicitaire pour la FK à Toronto. Il a cru qu'elle était une princesse. Pour sa sœur Valérie, c'est la fois où Mila lui a demandé d'offrir des fleurs à la reine Elizabeth, lors de sa visite à Montréal.

Mais Mila ne s'occupe pas que des jeunes enfants. En 1985, à l'occasion de la première campagne de levée de fonds à laquelle elle participait, Mila prenait place à la table d'honneur aux côtés de Karen Lackey, alors âgée de vingt-six ans et qui était venue de Régina pour participer à l'événement. Les deux femmes avaient tout de suite sympathisé. Elles étaient restées en contact, avaient échangé des cadeaux et parlé franchement de l'avenir. En

1985, la plupart des personnes atteintes de FK ne parvenaient pas à l'âge qu'avait Karen. Son espérance de vie diminuait. Elle désirait subir une transplantation de poumons, et elle en discuta en long et en large avec Mila.

Enfin, Karen finit par recevoir la nouvelle qu'elle pouvait se rendre en Angleterre pour la transplantation. Elle avait connu une année très difficile. Sa santé avait été défaillante. Et, pendant qu'elle était hospitalisée à Winnipeg, son père avait succombé à une crise cardiaque dans la cafétéria de l'hôpital peu après lui avoir rendu visite. Selon sa mère, il fallut à Karen beaucoup de courage pour poursuivre son projet de transplantation, mais elle était déterminée à faire l'essai.

« Mila lui a parlé à propos du voyage en Angleterre et l'a beaucoup encouragée, raconte Gladys Lackey. Elle lui a dit qu'elle allait recevoir le plus beau cadeau qu'on puisse recevoir. L'assurance-maladie de la Saskatchewan nous a aidés à couvrir les coûts du transport de Karen en avion privé jusqu'en Angleterre. Elle devait être accompagnée d'une infirmière et d'un médecin, et elle recevait de l'oxygène continuellement. Nous avons fait escale à Ottawa pour faire le plein de carburant, et nous avons passé deux heures à l'aéroport au cours desquelles nous avons dîné avec Mila et son assistante, Bonnie Brownlee.

Karen quitta le Canada le 17 janvier, mais elle était si faible à ce moment-là que les chirurgiens anglais furent d'avis que les risques liés à la transplantation étaient trop grands. Elle mourut en Angleterre le 25 février 1988. Mila parle encore de la femme courageuse et pleine d'entrain avec qui elle s'était liée d'amitié au cours de sa première campagne de levée de fonds, et elle fait le serment d'encourager les recherches futures sur les transplantations qui auraient pour but de soulager les malades adultes comme Karen.

Le docteur Jack Riordan enseigne à l'École de médecine de l'Université de Toronto, et il est aussi le chercheur officiellement commandité par le Fonds Mila Mulroney pour la fibrose kystique à l'Hôpital pour enfants malades de Toronto. Ce fonds, destiné à permettre à cet hôpital d'entreprendre des recherches sur la fibrose kystique, a été constitué au cours d'un gala-bénéfice. Ce n'est pas une façon classique de financer la recherche, mais ce fut un événement exceptionnel.

Le gala eut lieu à Ottawa, en 1989. Il portait le titre de « Gala des Soixante-cinq roses – Un don d'amour ». Choisi par Mila, ce nom donna le ton à la soirée. Il s'agissait d'un jeu de mots inventé par le petit Ricky Weiss, âgé de quatre ans, près de vingt ans plus tôt. Mary, la mère de Ricky, avait quitté Montréal pour s'établir à Palm Beach avec ses trois petit garçons, en 1965. Tous les trois étaient atteints de la fibrose kystique, mais le plus jeune, Ricky, qui avait quatre ans à l'époque, ne savait pas encore qu'il souffrait de la même maladie que ses frères. Mary fut frappée par l'abondance des activités de charité à Palm Beach, et elle pensa qu'il était temps que quelqu'un fasse quelque chose pour réunir les dollars nécessaires pour mener des recherches, afin que soit trouvée la solution à l'énigme de la maladie qui était en train d'emporter ses enfants.

C'est alors, selon Mary, que se produisit un incident qui allait avoir des conséquences positives pour la Fondation de la fibrose kystique : elle tomba et se fractura un pied. En attendant la guérison, elle s'attela au téléphone et appela tous les organismes et tous les services à caractère communautaire ou social dont elle connaissait l'existence. Elle passa la journée entière au téléphone, commençant chaque appel en disant : « J'appelle au sujet de la fibrose kystique » (en anglais : « I'm calling about *cystic fibrosis* »).

À la fin de la journée, Ricky s'approcha d'elle et lui dit : « Maman, je sais ce que tu fais. » Elle était affolée. Avait-il réussi à comprendre à partir de ses appels ? Prudente, elle lui demanda : « Eh bien, qu'est-ce que je fais ? » Ricky lui sourit et dit : « Tu travailles pour soixante-cinq roses » (en anglais : « You're working for *sixty-five roses* »).

L'anecdote parut touchante à tous ceux qui l'entendirent, et la rose est devenue le symbole de la fondation. Mary ajoute : « Aujourd'hui, mes trois garçons vivent et travaillent chacun de leur côté, poursuivant leur carrière et leurs intérêts. Les progrès scientifiques importants qui sont survenus laissent croire que les prières d'aujourd'hui pourraient être exaucées et que demain la fibrose kystique pourrait bien n'être plus qu'un lointain souvenir. »

Le gala des Soixante-cinq roses fut une soirée extraordinaire où, répondant à la demande de Mila, les étoiles apparurent et brillèrent pour les familles touchées par la fibrose kystique. Barbara Bush accepta son invitation. Le musicien David Foster, dont la renommée est associée au projet « Tears Are Not Enough », se rendit à sa requête et écrivit une chanson pour le gala parce que, dit-il, « le fait d'être en vue vous permet de faire ce qu'elle fait. Vous avez le pouvoir de faire pencher la balance ». Il sait de quoi il parle. La Fondation David Foster pour les enfants ayant besoin de transplantations d'organes a vu le jour deux ans avant que Mila fasse appel à lui pour contribuer à la cause de la fibrose kystique. La chanson qu'il avait écrite s'intitulait «Don't Let Me Walk This Road Alone», et elle fut chantée au gala par Céline Dion.

David avoue qu'il est surpris lorsque Mila lui demande de prier une chanteuse comme Céline Dion ou un artiste comme Dan Aykroyd de collaborer à un gala. Il croit qu'elle sous-estime sa capacité de gagner les gens à sa cause.

Parallèlement à la formidable contribution apportée par la chanson de David Foster au gala des Soixante-cinq roses, Douglas Bassett, le propriétaire de la station CTV de Toronto, y alla lui aussi d'une remarquable contribution. Mila avait demandé à Bassett si le gala pourrait constituer un événement télévisuel national. Il avait jugé que cela ferait de l'excellente télévision. La cause de la FK n'était pas nouvelle pour lui : il s'occupait depuis plusieurs années du Téléthon de la fibrose kystique réalisé et diffusé par le réseau CTV. Cette cause est chère à son cœur parce que le fils d'un de ses amis est atteint de cette maladie.

Pendant que se déroulait le spectacle, Doug Bassett, George Cohon et Albert Reichmann décidèrent de recueillir un demi-million de dollars afin de créer le fonds Mila P. Mulroney pour la recherche sur la fibrose kystique à l'Hôpital pour enfants malades. Chacun d'eux s'engagea à donner 50 000 $, ils avaient donc besoin de sept autres personnes. Tous les trois, ils se mirent à circuler dans la salle de bal bondée, à la recherche de sept autres donneurs. Tout le monde se demandait ce qu'ils fomentaient. Bientôt, ils s'identifièrent eux-mêmes comme les trois mousquetaires. «Pas une seule personne n'a refusé, dit Bassett, mais, à la fin, une personne a changé d'avis, alors il a fallu en trouver une onzième.»

*GARTH PRITCHARD*

*« Je pensais que si des gens venaient, le bébé devait être à l'étage, disait Brian. Mais Mila rétorquait : « Non, nos enfants doivent s'habituer aux gens. »*

*ANDY CLARK*

F. SCOTT GRANT

« *Les conversateurs qui travaillaient dans les coulisses la surveillaient comme les fermiers surveillent les semailles du printemps, se demandant ce que la moisson donnera. Dès le début, on s'entendait pour dire que Mila Mulroney serait un actif précieux pour le parti.* »

F. SCOTT GRANT

*« Mila voulait mettre un terme au stéréotype de l'épouse d'homme politique. Elle trouvait que les épouses des chefs d'État étaient presque prisonnières des attentes des gens. »*

« *Qu'elle soit à la table d'honneur, à une table de conférence ou à un cocktail, son visage expressif dévoile sa personnalité.* »

BILL MCCARTHY

*Avec Mark, au match de base-ball du Tournoi David Foster en 1989. «Ses choix quant au genre d'activités et d'événements auxquels elle et Brian décident de participer n'ont pas toujours fait l'affaire de l'entourage de Brian.» En médaillon: un petit repos en compagnie de Nicolas.*

*« Il n'est jamais facile de vivre sous le regard constant du public, mais Mila le fait extrêmement bien. » Nancy Reagan*

*« Je pourrais être sa mère, et pourtant je me sens plutôt comme une grande amie. » Barbara Bush*

*Un des attributs de sa tâche consiste à côtoyer les grands de ce monde. Ci-dessus, en compagnie du prince et de la princesse de Galles. Ci-dessous, avec la duchesse de York.*

*Partout où elle va, elle attire les enfants. Au cours d'une visite dans une école à Nassau où se tenait la Conférence du Commonwealth en 1985, et au cours d'une rencontre avec des réfugiés au camp de Sungaï Besi à Kuala Lumpur en 1989.*

*Les voyages sont fréquents. Mila et Brian partagent leur joie devant une carte d'anniversaire de leurs enfants au cours d'un vol entre Hong Kong et Tokyo (en haut). Mila, Brian, Caroline et Benedict à l'occasion d'un vol en hélicoptère au-dessus de l'Irlande (en bas).*

*Mila profite des détails concrets du quotidien pour éduquer ses enfants : elle corrige, elle fait voir, elle enseigne, elle rappelle. Avec Mark (ci-dessus) et Nicolas (ci-dessous).*

*Mila est particulière-
ment proche de sa
fille Caroline qu'elle
surnomme Lali.*

*Les enfants peuvent
compter sur l'appui
mutuel de chacun.
Suivant la formule de
Mark : « Nico compte sur
moi, moi je compte sur
Ben, Ben compte sur
Caroline, Caroline
compte sur maman, et
tout le monde compte sur
papa ».*

*Mila en compagnie de John et de Julia Herbert. Julia a été l'enfant symbole de la campagne de la fibrose kystique en 1988, mais elle devait mourir en avril de cette même année à l'âge de treize ans.*

*Mila et le clan Pivnicki. À côté de Mila se trouve Manuela, l'épouse de John. Ben est derrière elle et Nico est devant. Caroline entoure Mita de ses bras. Brian est debout derrière Mark et Boba. Et John est à droite.*

*En compagnie de sa secrétaire Bonnie Brownlee et de Irene Mulroney, Mila attend Brian mobilisé par une meute de journalistes à la suite d'un discours à la Chambre.*

*Au bureau de Brian situé dans l'édifice central du Parlement. « Ils partagent des informations, échangent des compliments, renforcent le lien qui les unit. »*

*Mila bavarde avec Nico avant d'aller faire une session matinale de marche athlétique. « Elle a entraîné tellement de personnes dans la pratique de la marche rapide qu'elle a l'intention, dit-elle, de faire imprimer des tee-shirts portant l'inscription « Silhouette signée Mila ».*

*« Elle l'appelle son bon vieux copain. Il l'appelle « jeune fille ». Elle lui lance : « C'est pour ça que je t'ai épousé. Tu es tellement plus vieux que moi que je vais toujours rester jeune. »*

*À Baie-Comeau, le soir des élections, en 1988. Brian déclare : « Je n'aurais jamais remporté la course à la direction sans elle. Je veux dire : en termes plus terre à terre de nombre de votes. »*

Comme Barbara Bush devait partir, Mila se présenta au micro. Elle commençait à peine à distribuer les mercis quand David Foster arriva en trombe sur la scène en criant : « Excusez-moi, excusez-moi. Est-ce qu'il y a des gens parmi vous qui se sont demandé ce que les trois mousquetaires – Bassett, Cohon et Reichmann – ont fait ? Ils ont amassé un demi-million de dollars pour la recherche sur la fibrose kystique ! » Personne ne pouvait le croire. Ils avaient fait cela en douze minutes.

Récemment, Doug Bassett assistait, aux côtés du président Bush, de Barbara Bush et de bien d'autres invités de marque, à un match des Blue Jays au SkyDome de Toronto. « À la fin de la partie, Mila me tend une balle de base-ball signée par le président et par le premier ministre. Sous leur nom, elle avait écrit : « À Chris, avec toute mon affection, Mila P. Mulroney. » Elle m'a dit : « Voulez-vous donner ceci à Chris de ma part ? C'est son anniversaire. » Chris, c'est le petit gars que je connais qui est atteint de fibrose kystique. »

Bassett ajoute qu'il ne comprend toujours pas que, malgré tout ce qu'elle avait à faire ce jour-là, Mila se soit souvenue de l'anniversaire de Chris, et d'une façon si originale. C'est bien là, selon lui, l'essence même de cette femme. Il a fait sa connaissance à Londres, où elle était en voyage de noces et où ils assistaient tous au mariage d'un ami commun. « Elle m'a immédiatement impressionné », dit-il. Aujourd'hui, il considère Mila comme une femme venue d'un autre pays, qui sait combien ce fut difficile et qui donne beaucoup plus qu'elle ne prend.

Le gala des Soixante-cinq roses eut un énorme succès, ce fut même l'événement charitable qui rapporta le plus de tous ceux que Mila organisa pour la FK. À l'automne 1987, elle réunit à Ottawa, pour un match de hockey hors concours, l'équipe championne de la coupe Stanley et les champions précédents. Il y avait 9 000 billets d'entrée à prix courant qui se vendirent entre 15 $ et 30 $ chacun. Il y avait également 232 paires de billets de marque qui se vendirent 5 000 $ la paire. Ces billets donnaient droit à une invitation au 24 Sussex pour un cocktail, à des places pour assister au match et, après cela, à un spectacle au Centre national des arts mettant en vedette Dinah Shore et Céline Dion (qui offraient gracieusement leur temps pour la cause). L'événement rapporta un million et demi de dollars pour la recherche.

Manifestement, le fait de recueillir de l'argent par l'entremise de galas et de matchs de hockey constitue une approche controversée. Dans un récent éditorial du magazine anglophone *Chatelaine*, Mildred Istona faisait ce commentaire : « Au dire de tous, Mila offre son temps généreusement à des causes charitables, parmi lesquelles la fibrose kystique, mais son style manque de perspective et donne l'impression qu'elle circule surtout parmi l'élite. » Madame Istona reprochait à Mila d'être « inaccessible au public canadien » et comparait désavantageusement son engagement auprès d'organismes de charité avec le travail que fait la princesse de Galles auprès des enfants sourds, des personnes âgées et des sidéens.

Les personnes qui travaillent avec elle ont un point de vue différent. Linda Kinnear, la directrice des communications et de la planification à la Fondation canadienne de la fibrose kystique, déclare : « C'est une chance prodigieuse pour nous que M$^{me}$ Mulroney se soit engagée auprès de nous. Nous n'aurions jamais imaginé qu'elle puisse nous mener si loin. Bien que publiquement elle prête son nom à l'organisation et s'occupe de financement, en privé, elle travaille en coulisse sans arrêt, visitant des malades à l'hôpital, leur téléphonant chez eux, aidant tout le monde à garder un bon moral. Les gens apprécient la chaleur de sa contribution à l'organisation, mais ils en prisent tout autant l'éclat. »

Toutefois, les chercheurs et les responsables du financement se rendent bien compte, en même temps, des risques liés à la notoriété que Mila apporte à leur cause. On se fait remarquer lorsqu'on passe de la vingt-septième à la deuxième place sur la liste des œuvres de charité (quant aux sommes recueillies). L'espérance de vie des personnes atteintes de fibrose kystique est passée de vingt et un ans à trente ans au cours des sept dernières années, et, à cause de cela aussi, on ne passe pas inaperçu.

« Ç'a été difficile pour nous, d'une certaine manière, d'être ainsi placés sous les projecteurs, explique Cathleen Morrison, directrice générale de la FCFK. Si nous trébuchons, ça se verra. Nous devons tenir compte de l'éclairage dans une plus large mesure que si nous avions eu à le faire autrement, et personne d'entre nous n'était préparé pour la scène publique. Mais cet éclairage, nous devons simplement l'assumer. Nous sommes une organisation de bienfaisance, et nous pouvons avoir des ennuis si quelqu'un essaie de salir la réputation d'un personnage politique. Mais Mila semble être capable de faire la part des deux aisément. »

Les gens avec qui elle travaille considèrent que son apport a été décisif à tous les niveaux. Comme responsable des campagnes de levées de fonds, elle propose des idées créatrices, audacieuses, et elle se charge de les concrétiser. En voyage, elle s'écarte de son itinéraire pour visiter des cliniques de fibrose kystique, des services, des familles. Mais c'est son engagement personnel à la cause qui émeut le plus les malades. Pour eux, elle est un appui, une épaule sur laquelle pleurer, quelqu'un à qui parler.

« Je me sens très près de ces familles, dit Mila. J'ai été témoin de l'insécurité dans laquelle elles vivent. J'espère que ma participation peut les aider. Si une lettre ou une visite peut apporter un sourire à un visage d'enfant ou permettre à une famille de faire abstraction de son problème ne serait-ce qu'une minute, c'est la moindre des choses que je le fasse.

« Ils sont tous dans l'attente des mots magiques qui leur diront qu'un remède a été trouvé. Je le suis aussi. »

# Chapitre dix

*« La première impression que l'on a en entrant au 24 Sussex, c'est de pénétrer dans une maison familiale. C'est chaleureux. Des jeunes en pyjama descendent l'escalier et viennent vous dire bonsoir. »*

Hugh Segal

MILA crut qu'elle avait empoisonné l'une de ses invitées. La dame semblait bien portante l'instant d'avant. Mais soudainement, elle s'écroula tête première. Sous les yeux de vingt invités sidérés devant ce qui se passait à la table de la salle à manger, la tête de la dame s'inclina par-devant, jusque dans l'assiette à soupe. Elle s'était purement et simplement évanouie.

C'était la première fois qu'à titre d'hôtesse Mila recevait des invités à souper au 24 Sussex. Brian ainsi qu'un autre homme accoururent auprès de l'invitée souffrante. Ils la prirent chacun par un bras et tentèrent de la transporter hors de la salle à manger. Mais l'invitée semblait muée en une poupée de chiffon, bras et jambes pendant de-ci de-là. Au bout d'une minute, elle revint à elle et murmura qu'elle avait mal au cœur. Le canapé était tout neuf et personne n'avait même eu l'occasion de s'y asseoir. « Et voilà, pensa Mila, que quelqu'un va vomir dessus. Eh bien ! se dit-elle, philosophe, au moins la dame n'est pas morte. » Elle se précipita dans le vestibule et appela un médecin.

En revenant vers ses invités qui se rassemblaient autour de la malade, elle se mit à réfléchir à la possibilité d'une autre calamité. Et si une ambulance arrivait à la porte au son de la sirène ? La presse s'emparerait peut-être de l'incident et pourrait présumer que c'était le premier ministre qui avait tourné de l'œil. Des bruits se mettraient à courir, le dollar chuterait... Vite, elle lança un deuxième appel. Pas d'ambulance, s'il vous plaît.

Quand le médecin arriva, il demanda discrètement si la dame avait bu. Mila jeta un coup d'œil à la mèche imbibée de potage de la dame et pensa à part soi : « Sur quel indice vous êtes-vous basé, docteur ? » En l'occurrence, la dame avait senti venir un début de grippe et avait avalé un ou deux comprimés d'un antihistaminique avant de prendre l'avion pour Ottawa afin d'assister à cette soirée. À son arrivée, se sentant un peu nerveuse à cause de cette invitation à souper, elle avait pris un verre ou deux... , le résultat devenant prévisible.

Le médecin déclara que la dame se porterait tout à fait bien. De même que le nouveau canapé de Mila. Le souper se déroula normalement. L'invitée revint même à table et passa une soirée agréable.

Bienvenue au 24 Sussex ! la cage de verre nationale. On fonctionne ici comme à la Bourse : tout est calme et ordonné dans les services externes mais, en coulisses, c'est la ruche. Ce soir, un souper pour vingt personnes. Demain, un dîner pour quarante personnes et un cinq à sept pour cent personnes. Le lendemain, un déjeuner de travail avec le cabinet et un dîner en compagnie d'un chef d'État en visite et de sa suite.

Au cours d'une semaine normale, Mila serre trois cents mains, donne deux ou trois soupers de gala et deux ou trois dîners, une grande réception (elle préfère que le nombre d'invités à ces réceptions ne dépasse pas 110, soit le nombre de personnes que la maison peut accueillir confortablement), et cinq ou six réunions l'après-midi autour d'un café ou d'un thé. À l'extérieur, elle assiste généralement à cinq activités publiques de jour par semaine et à deux événements du soir.

Certains mois, comme en décembre, sont particulièrement agités. Plus de sept cents invités assistent à une grande quantité de brunches de Noël, de thés et de cocktails au 24 Sussex. Lorsqu'elle accompagne le premier ministre en tournée, les journées abondent en réunions, en réceptions et en soupers. Et c'est là simplement son rôle en tant qu'épouse du premier ministre. Si l'on ajoute à cela les devoirs habituels d'une mère de quatre enfants, comme une réunion des Castors avec Nicolas, une rencontre parents-professeurs au lycée Claudel, un cours de gymnastique avec Caroline et un récital de piano pour Ben, la vie de Mila qui n'a rien de reposant.

Dès que la famille s'est installée au 24 Sussex, Mila entreprit le projet de décoration à propos duquel les médias lui firent la vie dure en lui reprochant de dépenser des sommes trop considérables. Respectueuse de l'histoire des lieux, elle procéda avec discernement aux changements. La maison avait été construite en 1866, mains ne devint toutefois la résidence officielle du premier ministre du Canada qu'en 1950. Les rénovations incessantes qui y furent apportées ainsi que leur coût ont été, pour tous les premiers ministres qui y ont habité, une épine au pied.

Louis Saint-Laurent fut le premier à être qualifié de dépensier, à cause des 557 319,86 $ qu'il en coûta pour acheter la propriété et la remettre en état pour lui. Depuis ce temps, elle a été décorée et redécorée, aménagée et réaménagée par de nombreux premiers ministres qui y ont vécu avec épouse et famille. Tout comme Stornoway, la maison est trop chargée d'histoire pour être démolie, mais quiconque possède la moindre notion de construction conviendra qu'il serait beaucoup plus efficace, en termes de coût, de la raser et de construire une nouvelle résidence. (On pourrait en dire autant de celle du lac Harrington.)

Malgré les rénovations, les problèmes de ventilation, de chauffage et d'électricité sont constants. Dans des conditions extrêmes, la température peut varier de six degrés entre les parties avant et arrière de la maison ; cela est dû aux murs de granit et à la difficulté de parfaire leur isolation. Au cours d'une visite de Margaret Thatcher, il y eut une panne d'électricité dans toute la maison. La veille du jour de l'an 1991, alors que Mila présidait à la préparation d'un souper pour soixante-dix personnes au lac Harrington, il y eut encore une panne d'électricité et, pour une raison inconnue, le plancher du sous-sol se couvrit de cinq centimètres d'eau.

À l'étage du 24 Sussex, il y a sept chambres, quatre salles de bains, un cabinet de travail et une salle de séjour familiale. En bas, ce sont les pièces d'apparat : la salle à manger, le salon et un autre cabinet de travail ; à cela s'ajoutent toilettes pour hommes, contiguës au vestibule, et la salle des dames, située du côté du cabinet de travail. La cuisine est plus petite que ce à quoi on serait en droit de s'attendre d'un endroit où l'on reçoit plusieurs centaines de personnes chaque semaine. Il existe quantité de corridors et de passages qui intriguent les petits enfants et qui incitent aux parties de cache-cache. L'un de ces passages donne accès à la piscine que Pierre Elliott Trudeau avait fait installer au sous-sol. Les appartements du personnel, situés dans la partie ouest de la maison, logent cinq employés permanents.

Sur une haute étagère de l'armoire, dans la chambre des hôtes du 24 Sussex, repose un téléphone rouge. On en trouve un autre exemplaire sur une étagère de la chambre, au lac Harrington. Ces téléphones sont ceux qui doivent être utilisés en cas de guerre, sinistre pensée pour la famille qui grandit dans ces murs.

La famille Mulroney prend ses repas dans un petit enfoncement attenant à la salle à manger. Brian utilise fréquemment le cabinet de travail du premier étage. Et, bien sûr ! la cuisine est un peu comme un poste de commande pour la famille. Mais ils vivent la plupart du temps en haut, « au-dessus du magasin ».

« Quelquefois, dit Mila, j'ai l'impression que la maison est une annexe du bureau. On devient un gérant. J'ai l'impression qu'on s'attend de ma part à beaucoup de créativité et à ce que les repas, les réceptions ou autres soient obligatoirement exceptionnels et intéressants parce qu'on est au 24 Sussex. Je feuillette constamment les magazines, à la recherche de nouvelles idées de chandeliers ou de nouvelles façons amusantes d'aligner les paniers à pain. J'ai le sentiment de devoir toujours me surpasser.

« L'aspect le plus désagréable, c'est d'être des locataires. On ne peut pas appeler quelqu'un et dire : « Je voudrais faire installer les nattes de jute aujourd'hui, ou les contre-fenêtres cette semaine. » Tout doit passer par le propriétaire. Il faut attendre pour tout. Mais l'aspect le plus agréable est la vue merveilleuse et les dimensions de la maison, qui est assez spacieuse pour contenir la plus grande partie de notre mobilier. De plus, on n'a jamais à se préoccuper de faire enlever la neige ou d'entretenir la pelouse. Tout cela est fait pour nous, ici. »

Il existe certaines restrictions un peu curieuses quand on habite une résidence gouvernementale. Un jour que la famille se préparait à aller passer la fin de semaine au lac Harrington, Mila alla cueillir au jardin une douzaine de roses pour décorer la table de la maison de campagne. Le lundi suivant, au retour, elle recevait une note lui rappelant que les roses sont la propriété de la Commission de la capitale nationale et qu'elle ne doit pas y toucher.

Les rénovations dont on a tant parlé et qui comprenaient, entre autres, le recouvrement en bois dur du plancher de certaines chambres, là où il y avait eu du contre-plaqué recouvert de moquette, coûtèrent au gouvernement la somme de 97 500 $. Des frais de décoration pour une somme additionnelle de 308 000 $ furent payés par le Parti progressiste-conservateur. Les Canadiens peuvent trouver à redire à cette dépense, mais le résultat est, sans contredit, stupéfiant. Avant les travaux, la résidence avait une apparence froide et vide, et elle était souvent décrite comme une annexe de l'édifice Langevin. Même si la décoration avait été refaite à plusieurs reprises, il y a une grande différence entre donner à une maison l'aspect d'un musée et concevoir une maison familiale pour le chef du pays. Le 24 Sussex est devenu une demeure chaleureuse et attrayante qui traduit bien le style de vie d'une famille et l'histoire d'une nation.

La maison est bâtie sur du schiste. De ce fait, elle travaille et des lézardes ne cessent d'apparaître sur les murs. C'est pourquoi Mila utilisa pour décorer le vestibule du papier peint d'une chaude couleur orangée. Elle choisit pour le plancher de la moquette couleur saumon.

Les murs de la salle à manger sont tendus d'un tissu marine dont l'effet est des plus frappants (le tissu est légèrement matelassé de façon à amortir les sons). Ceux du salon sont peints à l'éponge en jaune-beige. Les planchers sont couverts de magnifiques tapis de laine dans les tons de pêche, jaune et vert pastel au salon, et dans les tons de bleu vif et blanc cassé dans la salle à manger. Il y a d'énormes bouquets de fleurs dans toutes les pièces et des photos de famille sur presque toutes les tables de la maison.

Ses amies du Groupe du ballet soulignent que ce décor est tout à fait caractéristique de Mila. Giovanni Mowinckel, le célèbre décorateur d'Ottawa, s'est sans doute chargé de repérer et de commander les divers éléments de décoration et d'aménagement, mais les marques d'audace et les couleurs chaudes sont le propre choix de Mila. Selon Shirley Corn, « elle a vraiment du cran. Quand le peintre vient chez moi et me demande : « Quelle couleur, M^{me} Corn ? », je réponds : « la même chose, un peu plus clair peut-être ». Mais pas Mila. Orange. Marine. Elle ose ».

Même si Mila a choisi avec soin les meubles et les accessoires, elle doit souvent trouver de la place dans la maison pour des cadeaux officiels qui leur sont offerts par des chefs d'État en visite au Canada ou qu'ils ont reçus lors de tournées effectuées dans des pays étrangers. Certains sont si bizarres que Mila a déjà songé à créer le « Musée Croyez-le-ou-non Brian Mulroney ». La plupart de ces objets sont entreposés au sous-sol du 24 Sussex. On y trouve une table à café en bois antilope et deux tables d'appoint assorties. « Où peut-on déposer son café ? dit Mila. L'objet est couvert de bois d'antilope. » Un autre don consiste en une veste destinée à Brian, imbibée d'essence de goudron et censée éloigner les insectes. L'odeur est si forte que son entreposage même pose des problèmes. Il y a des plateaux affreux et des plaques inutiles à la douzaine. Les cadeaux qu'ils reçoivent ne sont pas tous bizarres, loin de là. « Je pourrais remplir une bibliothèque, dit Mila, avec les merveilleux livres que nous avons reçus sur tous les sujets possibles, de la vie des colons à l'histoire des petites villes, en passant par la vie des Inuit. Je parie que j'ai un livre sur toutes les petites villes du Canada. »

Le couple Mulroney doit déclarer tous les cadeaux qu'il reçoit au Bureau du receveur général. C'est pourquoi certains présents anonymes (une paire de skis pour Caroline, par exemple) sont refusés d'office. D'autres pièces sont étiquetées à l'intention des Archives nationales.

C'est une tâche complexe que de tenir à jour un inventaire de tout ce que renferme le 24 Sussex Drive. Des tables et des chaises entrent et sortent. Pour les plus grandes réceptions, on loue des vestiaires de bureau. Certains dons d'objets d'art canadien se doivent de trouver écho dans le fait d'être exposés à la résidence. Enfin, dans une maison qui abrite sept employés, quatre enfants et leurs parents, sans compter tous les proches en visite, il faut enregistrer des livraisons nombreuses.

La cage de verre est aussi la maison de Mila, du moins pour le moment. Un instant seulement avant que des chefs d'État ou des invités n'arrivent pour souper, elle appelle un des enfants du haut de l'escalier circulaire en disant : « Es-tu prêt ? Viens ici que je t'examine. » Elle court à toute allure jusqu'en bas, deux ceintures à la main, et demande à Brian qui est habituellement prêt avant elle : « Laquelle vais-je porter ? L'unie ou celle de fantaisie ? »

Même si elle a du personnel affecté à la cuisine, au ménage et à l'entretien du 24 Sussex, occasionnellement et à l'improviste Mila se charge de nettoyer la cage de verre. Qu'il s'agisse d'un carreau dont l'éclat est douteux ou d'un dégât laissé sur le plancher par leur chien Clover, elle n'hésite pas à se mettre à genoux et à nettoyer. Tous ceux qui la connaissent ont des anecdotes à raconter à propos de son obsession de la propreté. Helen Vari, une amie de Toronto, se souvient du jour où elle vint lui rendre visite et fut accueillie par Mila en survêtement, tablier et gants de caoutchouc. « Mais qu'est-ce que tu fais là ? », lui demanda son amie. Mila répondit : « Entre, mais ne me suis pas. Je dois descendre. Je nettoie la chaudière. » Abasourdie, Helen Vari lui dit : « Tu perds la tête ! Appelle le service d'entretien. » Mila lui expliqua que le service était occupé. Le système de chauffage avait reflué et la chaudière avait besoin d'être nettoyée sur-le-champ. Elle avait le sentiment qu'elle ne pouvait pas demander aux employés de la maison de faire cela. « Alors, je vais le faire moi-même, dit-elle. Et sitôt fini, on va prendre le thé. » Sur ce, raconte madame Vari, elle disparut dans l'escalier qui mène au sous-sol. Elle revint, un quart d'heure plus tard, en retirant ses gants et en disant : « Voilà. C'est réparé. »

Elle est la première occupante à considérer le 24 Sussex comme son chez-soi. Margaret Trudeau s'y sentait si mal à l'aise qu'elle imagina ce qu'elle a appelé «la salle de liberté», où elle pouvait se retirer dans l'intimité. Maureen McTeer raconte que le chef cuisinier lui avait dit de ne pas s'occuper de la cuisine, ce qu'elle a fait, même si elle adore cuisiner. Maureen McTeer se sentait intimidée dans la maison. Pas Mila. La maison elle-même semble avoir changé de personnalité, comme le remarque Hugh Segal : «Tous ceux qui sont allés au 24 Sussex, même en-dehors de circonstances officielles, à l'époque où Trudeau y habitait, connaissaient l'endroit comme étant froid et austère. La première impression que l'on a maintenant en entrant là, c'est de pénétrer dans une maison familiale. C'est chaleureux. Des jeunes en pyjama descendent l'escalier et viennent vous dire bonsoir.»

Tous, dans cette maison, savent pour qui ils travaillent. La plupart trouvent agréable d'y travailler, mais il y a eu des moments de chagrin pour Mila, comme au départ du chef François Martin. «Ce n'est pas comme aux temps anciens, quand le personnel vivait séparé de la famille. Je ne pourrais pas vivre dans une maison comme ça. Je connais tous ceux qui travaillent ici. Je connais leurs problèmes et leur famille. C'est important pour moi. Si je m'approche trop près et que je me brûle les doigts, eh bien! tant pis, je prends quand même le risque.»

François Martin a quitté le 24 Sussex après avoir dirigé la cuisine pendant quatre ans et conçu des menus incomparables pour les Mulroney. Il a ensuite écrit un livre d'indiscrétions après la rupture, où il raconte ses expériences vécues entre la cuisine et la salle à manger. Même s'il n'a pas pu trouver d'éditeur pour son livre, le *Globe and Mail* s'est quand même servi de quelques potins tirés de son manuscrit pour en faire sa première page.

François Martin disait que le personnel appelait Brian et Mila Mulroney « *Mr.* » et « *Mrs.* » (c'est exact). Il disait aussi que des colis de nourriture, comprenant aussi des produits de base et des produits de nettoyage, étaient expédiés tous les mois à la famille Pivnicki à Montréal (c'est faux, quoique, lorsque les parents de Mila repartent après un séjour chez elle, il lui arrive souvent de leur faire préparer un en-cas pour le retour – les restes d'un repas, des fleurs, une bouteille de vin – ce qu'une fille fait couramment pour sa mère). Il disait qu'il avait préparé lui-même le repas de noces de John Pivnicki (exact, et il avait été payé pour cela par le couple Mulroney).

Mila se demande encore pourquoi François Martin a écrit ce livre. « C'était un chef extraordinaire. J'avais l'impression que nous nous étions beaucoup apporté mutuellement. » Helen Vari déclare qu'elle pourrait, elle aussi, écrire un livre d'indiscrétions après rupture à propos de François Martin. « Mila m'a demandé un jour s'il pouvait venir chez nous dans le sud de la France et passer une semaine avec moi. Elle me demandait de faire les démarches nécessaires pour le placer en apprentissage auprès de Roger Verget, le chef du célèbre restaurant quatre étoiles Le Moulin de Mougine. J'ai dû faire des pieds et des mains pour convaincre le chef Verget de le prendre. Mais il a finalement accepté. Alors François Martin est arrivé, accompagné d'une femme, et s'est installé chez moi. Et qui plus est, il s'est rendu au restaurant une fois, y a passé une demi-heure et n'est retourné qu'une autre fois pour y manger. J'étais confuse d'avoir demandé au chef de me faire une faveur. J'ai trouvé que François s'était conduit de manière irréfléchie et déplacée. »

C'est le chef John LeBlanc qui préside maintenant aux éblouissants banquets et aux superbes repas. Il a l'habitude de préparer, à quelques minutes d'avis, un dîner pour huit dignitaires de passage ou pour cinq enfants supplémentaires. Il n'a pas de temps à perdre et a toujours l'air pressé. Mais les plateaux qui sortent de la cuisine, portés par le personnel d'appoint engagé pour faire le service dans les occasions spéciales, sont une merveille à voir.


Depuis le premier jour de son installation à la résidence, le but de Mila a été de recevoir le plus grand nombre de Canadiens possible. En conséquence, les listes d'invités sont habituellement un mélange d'artistes et de gens d'affaires, d'entrepreneurs et de professionnels, parfois d'étudiants et souvent de gens âgés, en provenance de tout le Canada. Elle essaie d'inviter les gens de l'extérieur au cours de la fin de semaine ou le vendredi pour qu'ils aient le loisir d'être présents.

Les personnes qui en sont à leur première visite se font souvent d'étranges idées sur les usages à respecter. Certaines personnes pensent qu'on est censé avoir envers le premier ministre et son épouse le même genre de déférence que l'on accorderait à la reine et au prince Philip (ce n'est pas le cas). Un grand nombre de personnes ne savent pas comment appeler Brian Mulroney : Premier Ministre, Monsieur, M. Mulroney, Brian (tout cela est bien, mais la plupart des gens l'appellent M. le premier ministre). Parfois des invités appellent Mila « M^{me} la

première ministre » (erreur ; c'est M^{me} Mulroney ou Mila –
la plupart des gens l'appellent M^{me} Mulroney). Plusieurs la
qualifient de première dame (autre erreur ; actuellement,
ce titre appartient à Gerda Hnatyshyn). Mila indique habituellement les corrections, mais il lui semble qu'il est
parfois plus délicat pour ses invités de se faire reprendre
que, pour elle, de passer l'impair sous silence. .

Tout le monde n'est pas enchanté de se rendre au
24 Sussex Drive. Il peut se faire qu'un invité malappris,
persuadé qu'une réunion mondaine est l'occasion idéale
pour cela, décide de rabâcher à Brian et Mila Mulroney
tout ce qu'ils savent déjà sur tel sujet qui les intéresse ou
les préoccupe. Par ailleurs, certaines personnes refusent
systématiquement toutes les invitations : la danseuse
Karen Kain, par exemple, a été invitée à maintes occasions, mais ne daigne jamais accepter, toutefois elle a
participé financièrement aux levées de fonds de Mila.
Mais la plupart des Canadiens sont, au dire de Mila, ravis
d'accepter l'invitation et se comportent avec courtoisie.

Invariablement, ce qui surprend les invités, c'est de
voir combien Brian et Mila sont chaleureux, comme Mila
est grande, comme elle est à l'aise, comme la maison est
belle et comme les enfants sont parfaitement intégrés à ce
qui se passe. Certaines personnes trouvent l'expérience
si agréable qu'elles sentent le besoin de rapporter avec
elles un souvenir non officiel. Les produits de beauté de
Mila disparaissent régulièrement des toilettes du rez-de-
chaussée. De temps en temps, il manque une cuillère à
café. Et, à quelques reprises, de minuscules boîtes laquées
que Mila collectionne avec beaucoup de plaisir et qui lui
ont, dans certains cas, été offertes par des chefs d'État, ont
quitté les lieux par la porte d'entrée.

La plupart des réceptions donnent lieu à la remise d'un souvenir officiel que l'on rapporte chez soi : un petit plateau de porcelaine portant l'inscription "24 Sussex Drive", ou un pot de confiture préparé à la cuisine. Mila a déjà commandé à un artisan québécois des répliques en porcelaine de la résidence, à l'intention de certains visiteurs canadiens de marque. Cent copies avaient ainsi été produites, au coût de 250 $ l'unité.

Certains événements, comme l'Halloween, prennent un caractère très particulier. Huit cents jeunes visiteurs costumés défilent devant la grande porte. Le porche a été transformé en cimetière peuplé de vampires et de fantômes. Une musique inquiétante s'échappe des fenêtres. Une marmite de neige carbonique exhale un brouillard qui se répand sur les pierres tombales fichées dans le sol (découpées et peintes à la bombe par Mark). Une sorcière de deux mètres monte la garde. Autour de la porte d'entrée, des touffes de coton laineux s'accrochent au lierre qui grimpe le long du mur de pierre. Trente citrouilles décorent l'escalier, dont seize ont été vidées et affichent des sourires édentés. La lueur des chandelles qu'elles cachent donne à la scène un air lugubre. Aux gens qui lui demandent qui a creusé les citrouilles, Mila répond : « Quatre enfants et leur mère. »

Mila tend un sac de friandises (emballées par Nicolas et Mark) à chacun des visiteurs. Des pommes de tire préparées par les employés de la cuisine, avec l'aide des enfants. Du pop-corn et du chocolat. Et une brosse à dents. Après tout, c'est la cage de verre. Si on fait un faux pas, on a droit aux manchettes. Et des bonbons sans brosse à dents, cela se traduit par des lettres de protestation dans les journaux. Pendant que Brian part avec

Nicolas et Mark (et une dizaine de représentants des médias qui trimballent leurs caméras) pour courir l'Halloween dans le quartier, Caroline et Ben aident leur mère. Serge Vaillancourt, le majordome, se hâte vers la résidence du gouverneur général parce qu'une Madonna de dix ans vient de lui refiler un tuyau d'après lequel la sorcière de Rideau Hall serait mieux que celle du 24 Sussex. Il revient, rassuré, un peu plus tard : la sorcière des Mulroney remporte la palme. Mila accueille les enfants et leurs parents. Elle pose pour des photos, bavarde avec les plus timides, déclare à ceux qui sont déguisés en hippies : « Oh ! mais c'est mon époque, ça. »

Une demi-heure après le début des festivités, elle décide que la maison n'a pas l'air assez sinistre et rentre vite pour demander à Caroline : « Où sont les chandelles blanches ? » Quelques minutes plus tard, un énorme candélabre luit dans le vestibule. Ensuite elle reste dehors pendant deux heures et demie. C'est humide et venteux. Elle soigne un rhume. Mais on aura compris qu'elle s'amuse tellement à faire semblant avec les petits qu'elle ne se préoccupe nullement de la température.

D'autres épouses de parlementaires affirment qu'il faut avoir fait l'expérience de la vie publique pour en comprendre vraiment les restrictions. La première chose que l'on sacrifie, c'est sa vie privée. Si l'on gronde ses enfants, on est accusée d'avoir mauvais caractère ou pire encore. Si l'on entre dans un magasin pour acheter du vin ou de l'alcool, les gens font des commentaires et tirent des conclusions. Même le contenu des sacs d'épicerie est examiné avec attention. Si l'on porte la même robe trop souvent, on passe pour mal accoutrée. Si l'on change de toilette trop souvent, c'est de l'extravagance. Si l'on marche dans la rue avec son mari, les gens se croient autorisés à s'insinuer entre les deux pour parler au premier ministre. Même Noël, les anniversaires et les vacances font partie de la haute saison pour les téléphones et les interruptions.

L'une des raisons pour lesquelles Mila réussit si bien dans sa fonction est qu'elle ne s'inquiète pas de ce que les gens pensent d'elle. Elle sait qu'il n'est pas possible de plaire à tous. Quand elle est en voyage, elle s'habille pour faire de l'effet et porte quelque chose de différent tous les jours. Elle fait des remontrances à ses enfants, habituellement en serbo-croate, quand ils le méritent – pas devant d'autres personnes, cependant. Elle s'empare tout à coup d'une petite main et dit : « On va avoir une petite conversation, toi et moi. Allons dans l'autre pièce. » Elle ne change pas sa personnalité pour plaire aux critiques.

Cela dit, il est épuisant d'être constamment examinée sous les réflecteurs. On l'a accusée d'être une obsédée du magasinage, d'avoir donné instruction aux agents de la GRC de lui rendre le salut militaire et d'avoir eu une aventure avec l'acteur Christopher Plummer. L'un des agents de la GRC affectés à sa personne (qui ne peut être identifié parce qu'il est interdit aux agents de la GRC de parler de leur travail) déclare que l'histoire du salut militaire est une absurdité. Il ajoute que Mila entretient avec les officiers de la GRC des rapports chaleureux et amicaux.

Lorsqu'un groupe d'agents organisa une fête surprise pour le quarantième anniversaire de naissance de l'un des officiers, ils invitèrent Mila. C'était à quarante-cinq minutes de la résidence, et ils s'attendaient à ce qu'elle soit probablement occupée. Mais elle se rendit à l'invitation. Ils la camouflèrent parmi les invités et, quand l'invité d'honneur fit son entrée et commença à recevoir les félicitations des personnes présentes, elle se présenta à son tour et il en resta bouche bée. Elle lui offrit un chapeau de pluie style anglais. On plaisanta par la suite en disant que le chapeau était trop grand pour lui ce soir-là mais que, le lendemain, il avait la tête si enflée que le chapeau était devenu trop petit.

Le même agent de la GRC est d'avis que les autres ragots à son sujet sont soit exagérés, soit fabriqués de toutes pièces. Selon lui, elle court beaucoup les magasins, en effet, lorsqu'ils sont à l'étranger. Mais c'est du lèche-vitrines en grande partie, à son sens. À propos de Christopher Plummer, il dit : « Je ne peux pas m'imaginer comment elle pourrait avoir une aventure. Chaque fois qu'elle sort du 24 Sussex, nous sortons avec elle. »

Christopher Plummer se fait une joie de remettre les pendules à l'heure. Ils ont fait connaissance à la Maison-Blanche en avril 1988, explique-t-il, alors qu'ils étaient tous les deux les invités du président Reagan et de son épouse. Le lendemain soir, à un souper donné par M. et Mme Gotlieb à la résidence de l'ambassadeur canadien, il se retrouvèrent voisins de table. « Elle produit un effet immédiat, dit-il. C'est une femme séduisante et communicative. Pendant notre conversation, elle s'est montrée très drôle, et j'ai admiré son sens de l'humour. »

Peu après, Mila lui demanda d'être le maître de cérémonie au gala des Soixante-cinq roses qu'elle organisait au profit de la Fondation de la fibrose kystique. Il accepta. « Par la suite, je me suis senti très coupable parce que j'étais payé, contrairement à beaucoup d'autres personnes qui avaient offert leurs services gratuitement. J'ai pensé à offrir ma contribution à une œuvre de bienfaisance que Mila appuierait. J'avais écrit et monté un spectacle solo. Je lui ai dit que je pourrais aller à Ottawa et présenter mon spectacle au profit de l'œuvre de son choix et à titre gracieux. Je lui rendais simplement quelque chose que j'avais le sentiment de lui devoir.»

Mila accepta son offre et fit verser les recettes à World Literacy of Canada, un organisme qui s'occupe du problème mondial de l'alphabétisation. C'est à l'occasion de cet événement qu'ils se lièrent d'amitié. Il affirme qu'il l'aime beaucoup parce qu'«elle a une présence forte et naturelle, mais qu'elle est vulnérable. Il y a en elle, derrière son assurance, un soupçon de vulnérabilité qui est plein de charme. Elle est extrêmement féminine, bien plus qu'on pourrait le penser. Ce que je préfère, c'est la douceur qui émane d'elle comme si cela venait de l'intérieur. De plus, son merveilleux sens de l'humour, mordant et chaleureux, et cette timidité sous-jacente sont très attachants.»

On prit des photos d'eux par dizaines au cours de cette soirée bénéfice pour l'alphabétisation. L'une de ces photos fut prise au moment où ils se trouvaient ensemble sur la scène pour remercier les spectateurs. Cependant, la photo fut recadrée de telle manière qu'elle avait l'air d'avoir été prise au cours d'un tête-à-tête amoureux. Les tabloïds en firent leur manchette de couverture, la coiffant du titre «La dame et la star».

Christopher Plummer prit la chose en riant. «J'espère, dit-il, que cela ne lui a porté ni préjudice ni outrage. Je pense qu'elle a suffisamment de classe pour prendre tout cela avec un grain de sel. Nous n'en avons jamais parlé, mais je suis convaincu que nous en aurions ri ensemble. Les potins de ce genre sont monnaie courante dans notre chère profession. »

Le père de Mila a son idée sur la question des potins. Tant qu'ils ne sont pas malveillants, les potins ont une importante valeur sociale. « Cela s'applique de la même façon à tout le monde. Les gens ont besoin de parler des autres. Si vous passez devant chez moi et que je ne sais pas qui vous êtes, je suis curieux de le savoir. Si quelqu'un dit : « Je la connais », alors tout ce que je sais de vous, c'est ce que cette personne m'en dit, et c'est peut-être faux. Brian et Mila sont exposés à cela quotidiennement. » Il croit que c'est naturel pour les gens de vouloir connaître la vie des Mulroney. Et c'est naturel aussi pour les gens de broder sur leur situation présente.

Selon lui, c'est l'ampleur des potins qui compte. « Si je dis que je vous ai vue danser à l'hôtel avec un homme séduisant, ce n'est rien. Si je dis que je vous ai vue entrer dans sa chambre, c'est différent. Les potins exigent généralement des détails de plus en plus nombreux, mais comme ils en ont rarement, ils grossissent l'histoire jusqu'à ce qu'elle crève comme un ballon. Entre-temps, cependant, ils ont fait beaucoup de tort. »

Mila est d'avis, elle aussi, que les potins ont une fonction. « Il y a des gens dont la vie personnelle ne va pas très bien. Ils lisent les potins et y trouvent une consolation. Qui voudrait lire un article du genre : « les Mulroney sont heureux, leurs enfants sont charmants » ? Les petits cancans malveillants ont plus de succès. Les gens ont l'air d'avoir besoin de lire ce genre de nouvelles-là. C'est un fait universel. Je n'ai connu personne sur la scène publique à propos de qui on n'a jamais écrit de faussetés. »

Souvent, les amateurs de potins ne se rendent pas compte de la difficulté qu'il y a à vivre en étant reconnu, montré du doigt, regardé partout où l'on va, sans parler des commentaires dont on fait l'objet. Mais Mila donne parfois l'impression d'être indifférente à ce problème. Shirley Corn cite l'exemple d'un soir où Mila était venue à Montréal pour souligner avec elle le fait qu'elle était devenue grand-mère pour la première fois. Après la visite au bébé, Shirley lui dit : « Dis-moi, maintenant. Qu'est-ce que tu aimerais vraiment faire de ta soirée ? » Mila répondit qu'elle voulait aller voir le film *Trois hommes et un couffin*. La file d'attente s'étendait jusqu'à la rue suivante. Shirley dit : « Je vais aller en avant et je vais leur dire qui tu es. » Mila dit : « Je te le défends bien. » Elle firent donc la queue. « Il fallait entendre, explique Shirley, les gens chuchoter entre eux : « C'est Mila Mulroney, c'est vrai, regarde-la, c'est Maïla. »

« Nous avons fini par avancer jusqu'à la porte et, croyez-le ou non, le portier est sorti et nous a dit : « Désolé. C'est complet. » On a donc changé de cinéma. Finalement, on a eu une place. On était assises au balcon, là-haut tout au fond. Et, encore là, tout le monde la regardait et disait à voix basse : « Non non, c'est impossible. Ouais, c'est Mila. » Mais elle n'en faisait pas de cas. Je continuais de lui dire : « Est-ce que tu ne t'aperçois de rien ? Tout le monde ici regarde de notre côté. » Finalement, Mila m'a dit : « Écoute, Shirley, si tu veux vraiment que je me sente importante, va me chercher du pop-corn et un Coke, veux-tu ? » »

Une autre anecdote que Shirley aime bien raconter concerne une visite que lui fit Mila au magasin qu'elle venait d'ouvrir, une boutique spécialisée dans les accessoires. «Mila a acheté des choses pour me témoigner son encouragement. Pendant que j'établissais sa facture, elle m'a demandé si elle pouvait passer derrière le comptoir. Pendant qu'elle était là, une femme entre dans la boutique et demande : «Ces boucles d'oreilles sur le comptoir sont-elles les mêmes que celles que vous avez en vitrine ? » Mila répond : «Oui, tout à fait. » Alors, elle demande le prix. Mila lui répond : «Quarante dollars. » La femme dit : «C'est très cher. » Mila réplique : «C'est de la qualité. » La femme lève les yeux, elle s'aperçoit que la vendeuse à qui elle était en train de parler est Mila Mulroney et elle sort immédiatement de ma boutique. » Shirley se tourna vers Mila et lui dit : «C'est incroyable. Je pensais que, parce que tu étais devenue la femme du premier ministre, j'allais faire fortune. Au lieu de ça, tu fais fuir la clientèle de mon magasin. »

Quand le premier ministre et sa suite (personnel de bureau et de soutien, agents de sécurité, rédacteurs de discours et conseillers) quittent Ottawa pour participer à des rencontres ou à des cérémonies d'un bout à l'autre du pays, c'est comme si un spectacle partait en tournée. Mila suit presque toujours Brian dans ses déplacements. «C'est une de mes priorités, dit-elle. Si je suis du voyage, c'est vu comme un événement. Si je n'y suis pas, c'est vu comme un voyage d'affaires. » Mais elle agit quand même à sa manière, ignorant bien souvent le protocole. Elle remplit son itinéraire de visites dans les écoles, dans les hôpitaux et auprès des associations locales de fibrose kystique. Les voyages sont d'une durée variable, allant d'un jour ou deux à des virées d'une semaine au cours desquelles ils peuvent traverser une région canadienne en entier. Dans

ses voyages à l'étranger, elle emmène parfois sa gouvernante pour l'aider, à l'hôtel (servir, par exemple, le thé
aux visiteurs, repasser les vêtements pour une cérémonie). De plus, partout où elle va, sa secrétaire Bonnie
Brownlee l'accompagne.

Lors d'un voyage qui les menait, en décembre 1991, à
travers les provinces de l'Ouest et qui était vu comme
une tournée pré-électorale, son horaire était plein à capacité de visites dans les hôpitaux et de rencontres avec les
groupes locaux. Un matin, donc, elle était de passage au
centre communautaire juif de Calgary. On devait, entre
autres, lui faire visiter une classe de judo pour enfants. Or,
quand Mila et son groupe arrivèrent à la porte du gymnase, c'était le tohu-bohu à l'intérieur. Les enfants
couraient partout, bruyants et surexcités. L'instructeur
était dépassé et n'arrivait pas à capter leur attention.
Après quelques faibles tentatives de sa part pour ramener
l'ordre dans la classe, Mila intervint. Elle frappa dans ses
mains et, faisant usage de ce qu'elle identifia par la suite
comme étant sa «voix de mère», elle ordonna : «OK les
gars, prenez vos rangs.» Elle n'eut pas à le demander deux
fois. Au grand soulagement de l'instructeur, le cours commença. Mila y assista pendant quelques minutes, puis la
visite se poursuivit.

Plus tard, au Cross Cancer Institute, à Edmonton, elle
prit place à la table de jeu avec un groupe d'enfants qui
suivaient un traitement contre le cancer. Elle fit grimper
une petite fille sur ses genoux et l'aida à fignoler la carte
de Noël qu'elle était en train de fabriquer. En peu de
temps, tout un groupe d'enfants s'intéressèrent au projet,
et elle finit par animer une passionnante discussion sur les
tor-tues Ninja.

Charmaine, la fillette qu'elle tenait sur ses genoux, était manifestement très heureuse, et elle se blottit dans les bras de Mila. Quand vint le moment de quitter la salle de jeux, Mila caressa sa joue, lui dit d'être gentille et échangea deux mots avec sa mère en sortant. Elle se dirigea vers la salle où devait avoir lieu une réception officielle en son honneur. Une autre petite fille en robe de cérémonie et qui avait perdu tous ses cheveux blonds à la suite d'un traitement de chimiothérapie s'avança timidement vers Mila et lui offrit une gerbe de fleurs.

Mila s'entretenait avec des médecins et des membres de la direction de l'hôpital lorsque soudain Charmaine se fraya un chemin à travers l'assistance. Elle était sortie de la salle de jeux, avait réussi à trouver l'endroit où se tenait la réception, s'était faufilée à travers les jambes de plusieurs centaines de spectateurs et d'imposants agents de sécurité, avait traversé seule la section réservée par une corde aux invités de marque et s'était arrêtée en face de Mila. Elle tendait maintenant les bras à sa nouvelle amie. Mila la prit dans ses bras. Le silence se fit quand Mila lui chuchota quelque chose à l'oreille. On entendit alors la mère de Charmaine qui demandait où était sa petite fille et comment elle avait bien pu se rendre si loin de la salle de jeux. Un rire général lui répondit. Mila et Charmaine se dirent au revoir de nouveau. Le groupe se remit en marche.

À la Faculté Saint-Jean de l'Université de l'Alberta, elle se trouva au centre d'une discussion improvisée avec des étudiants originaires du Québec, de l'Alberta, des Territoires du Nord-Ouest et des Caraïbes. Ils lui exprimèrent leur désarroi devant l'attitude des Canadiens face aux francophones. Elle leur dit : « Je partage votre désarroi. Mon père a choisi ce pays. Nous devons le sauvegarder. Nous devons garder les yeux ouverts. »

L'un de ses atouts est sans contredit le fait qu'elle parle plusieurs langues. Pas seulement le français, l'anglais et le serbo-croate, mais suffisamment de russe, de hongrois, d'italien et d'allemand pour se débrouiller. Au centre communautaire juif de Calgary, une vieille dame russe réussit à se frayer un chemin à travers les gens attroupés autour de Mila, s'approcha d'elle et lui lança un salut en russe. Mila se retourna aussitôt, cherchant à identifier la voix qui venait de l'appeler Milica, son nom du pays ancien. Quand elle vit la vieille dame, qui était à peu près deux fois plus petite qu'elle, elle se pencha, et elles eurent une conversation. Plus tard, la dame déclara à une amie : « Voyez-vous ça ! Elle sait parler ma langue ! »

Elle revient de ses voyages avec des dizaines de requêtes allant des problèmes d'immigration aux demandes de commandite. Si ces requêtes ont un lien avec des politiques gouvernementales, sa secrétaire Bonnie Brownlee y répond sur papier à en-tête du gouvernement. Habituellement, Bonnie trouve l'information désirée, ou bien elle est en mesure de faire suivre la demande au service approprié. Si la demande a trait à des commandites ou à des levées de fonds, Mila répond elle-même sur son papier à lettres personnel, fourni par le Parti progressiste-conservateur. Même si elle n'occupe pas un poste officiel au gouvernement ou à la fonction publique, elle se doit de départager le travail qu'elle accomplit au nom de Brian, chef du Parti progressiste-conservateur, et celui qu'elle fait en tant qu'épouse du premier ministre.

C'est une situation bizarre. Elle travaille pendant de longues heures, assume des fonctions honorifiques, représente le Canada à l'étranger, reçoit un grand nombre de dignitaires du monde entier. Et pourtant, elle n'a pas de statut officiel.

Mila est naturellement douée pour les événements publics. Elle peut se rappeler chaque nom d'une file d'invités. Plus tard, quand l'un de ces noms est mentionné, elle se tourne vers la personne nommée et lui sourit. Son langage corporel est efficace. Elle hoche la tête pendant que les gens lui parlent. Elle a des gestes expressifs, en parlant, avec ses mains et ses longs doigts. Qu'il s'agisse d'une réunion amicale et privée ou d'une cérémonie officielle, elle accorde à la personne à qui elle parle son attention totale et entière. Dans une réception pour cent invités, elle sait qu'elle doit circuler et rencontrer tout le monde, mais elle ne regarde pas par-dessus l'épaule de la personne à qui elle est en train de parler en cherchant à déterminer vers qui elle se déplacera ensuite. Elle écoute, pose des questions et charme tous ceux qui font sa connaissance. Quelques-uns de ses détracteurs l'accusent de ne pas être sincère. Elle hausse les épaules. «Les gens savent faire la différence entre quelqu'un qui s'ennuie en leur présence, qui ne leur porte pas intérêt, et quelqu'un qui est sincèrement intéressé par eux.»

Son langage est direct, et elle n'a pas peur de poser des questions. En visite dans un centre de santé pour femmes à Vancouver, elle déclare au groupe réuni que «les problèmes de femmes qui se situent en bas de la ceinture sont ceux pour lesquels il est le plus difficile de recueillir de l'argent parce que personne n'en parle. On peut recueillir de l'argent pour des enfants mourants, pour le cancer, même pour le cancer du sein. Mais pas pour des choses comme le syndrome prémenstruel, l'hormonothérapie, le cancer des ovaires, les saignements utérins dysfonctionnels, la ménopause. Les gens n'aiment pas parler de ça. »

Elle a quelque chose d'irrésistiblement positif, énergique, enthousiaste. Quand elle pose des questions, elle ne craint pas de paraître ridicule. Pas plus qu'elle ne refuse d'offrir ses conseils personnels. En tant que spécialiste des collectes de fonds, elle émet des commentaires sur les projets locaux, faisant ressortir les risques potentiels, défiant les responsables de tenter telle expérience inimaginable mais qui serait susceptible de rapporter dix pour cent de plus pour la cause. Son amie montréalaise Molly Fripp témoigne de ses talents et de son imagination comme organisatrice de collectes.

Mila avait fait la connaissance de Molly en 1972, à l'époque où elle travaillait au local du candidat Michael Meighen. Plusieurs années plus tard, alors que Mila vivait au 24 Sussex Drive et que Molly Fripp était devenue directrice de l'école Miss Edgar's and Miss Cramp's, Molly fit appel à son aide pour la campagne de levée de fonds de l'école. Elle se rendit à Ottawa pour demander à son ex-collègue de prêter son nom à la campagne. Elle n'était pas certaine de recevoir une réponse affirmative, car Mila avait passé bien peu de temps à l'école et, de toute évidence, on ne l'avait pas aidée à s'y intégrer. Mais elle connaissait aussi la loyauté dont Mila avait fait preuve par le passé envers ses amis et ses collègues.

« Mila connaît à fond la question des collectes d'argent. Elle a posé des questions nombreuses et pertinentes concernant le projet et, à la fin, elle a décidé d'accéder à notre demande. Comme dernière activité de notre campagne, nous avons organisé une vente aux enchères, et j'ai demandé à Mila d'offrir pour sa part une invitation à dîner. Elle estimait qu'elle ne pouvait pas offrir une invitation à dîner au 24 Sussex, mais elle a accepté de recevoir deux mères et leurs filles au restaurant du Parlement. Celles à qui le prix a été adjugé étaient folles de joie. Mais imaginez leur surprise quand elles sont arrivées à Ottawa et qu'elles ont vu que Mila avait emmené avec elle sa fille Caroline. Puis après le dîner, elles sont venues rencontrer le premier ministre à son bureau et Mila les a ensuite ramenées au 24 Sussex et leur a servi le thé.»

Pour Molly Fripp, ceci n'est qu'un pâle exemple de la chaleur et de l'intérêt que Mila porte aux autres et qui attire tant les gens vers elle. «Ce n'est pas politique, ça fait partie d'elle. Personne ne devrait sous-estimer Mila Mulroney.»

L'éclat des réflecteurs rejaillit parfois au-delà de la famille immédiate du premier ministre. À l'occasion du mariage de John, le frère de Mila, qui eut lieu à Montréal en 1989, les journaux racontèrent que c'étaient les contribuables canadiens qui payaient la noce, parce que trois membres du personnel domestique de Mila l'avaient accompagnée à Montréal. Selon les journaux, ils recevaient un salaire pour cela. L'attaché personnel du premier ministre, Robby McRobb, donne l'explication suivante: «La réception devait avoir lieu dans une vieille salle paroissiale qui était vraiment très sale. Mila voulait y faire un ménage, et quelques-uns d'entre nous avons décidé de nous rendre à Montréal pour l'aider. Je reçois un salaire. Je n'ai pas droit au temps supplémentaire. Ce que je fais de mon temps libre, c'est mon affaire. J'ai choisi d'aller à Montréal pour l'aider. Je l'ai fait à titre bénévole. »

D'autres membres de la famille ont été personnellement harcelés par des journalistes. Au moment du remous créé par la question de la désindexation des pensions de vieillesse, plusieurs journalistes se rendirent ensemble à l'appartement de Irene Mulroney, à Montréal, pour savoir comment la mère du premier ministre vivait avec ses revenus de pension. Elle a cru que ces gens à la porte essayaient de pénétrer chez elle, et elle a eu peur. Selon sa fille Olive, c'était là une conséquence malheureuse pour sa mère d'avoir un fils premier ministre.

De la même façon, lorsque le père de Mila fut appelé à témoigner au cours d'un procès qui eut lieu à Montréal, l'affaire passa aux nouvelles nationales parce qu'il était le beau-père du premier ministre. Le procès se rapportait à la mort d'un homme âgé qui venait de souper avec un groupe de personnes, parmi lesquelles le docteur Pivnicki et son épouse, dans un club privé de Montréal. L'homme avait quitté la table et s'était dirigé vers le vestiaire, où il semble qu'il ait uriné dans le sac de sport de l'un des membres. Ce dernier l'avait poussé et il était tombé. Il devait mourir plus tard à l'hôpital.

Le docteur Pivnicki devait témoigner sur l'état où se trouvait l'homme au moment où il avait lui-même été appelé au vestiaire pour lui prodiguer les premiers soins. L'un des journalistes critiqua son témoignage. Lorsque le docteur Pivnicki sortit du tribunal, le puissant éclairage de la télévision était braqué sur lui. À cause de la tumeur inopérable au cerveau qui avait affecté sa vue, la lumière des projecteurs était réellement trop éblouissante pour lui ; il trébucha et faillit tomber. L'expérience dans son ensemble fut très stressante pour lui à cause de tout le tapage qui l'entourait. Selon Mila, «il se peut que ce ne soit que mon sentiment qui parle, mais je crois que cet incident a eu pour effet d'aggraver l'état de santé de mon père».

Elle affirme que Brian et elle-même jouent franc jeu. «Ce genre de chose fait partie de la nature de cette fonction. On sait que dans cette vie on est une cible. Mais mon père? ma fille? la mère de Brian? Tout de même!»

«Depuis qu'ils sont rendus au 24 Sussex, on me qualifie de «pion» de Brian plutôt que d'ami, dit Bernard Roy. Il faut être fou pour se lancer en politique. Qui voudrait passer son temps à recevoir des coups de pied au cul et à se faire traiter de tricheur, de voleur et de profiteur? J'ai bien peur que la politique ne finisse par attirer que des gens qui n'ont pas grand-chose à offrir. C'est un triste constat sur notre situation dans ce pays. Bien des gens qui auraient beaucoup à donner refusent de se lancer parce qu'ils ne veulent pas s'exposer eux-mêmes, ni exposer leur famille, à des examens insistants et injustes.»

Par ailleurs, certains avantages aident à faire passer les tracasseries. Brian raconte une anecdote au sujet de son beau-père qui illustre bien cela. En mai 1987, Mita Pivnicki voulut retourner en Yougoslavie afin de participer à la réunion des anciens de sa classe de médecine. À ce moment-là, son meilleur ami dantan était hospitalisé et il était gravement malade. Le docteur Pivnicki tenta de savoir où il se trouvait avant de se rendre en Yougoslavie, mais ses efforts n'eurent pas de succès. Il se plaignit à Mila qu'il n'arrivait pas à retracer son vieil ami. Mila en parla à Brian. Brian appela l'ambassadeur canadien en

Yougoslavie et lui demanda s'il pouvait les aider à dépister cette personne.

L'ambassadeur rappela quelques jours plus tard ; il connaissait le nom de l'hôpital et les heures de visites. Il invitait le docteur Pivnicki à lui téléphoner à son arrivée en Yougoslavie, et il lui offrait de lui envoyer une voiture pour le prendre à son hôtel et l'emmener à l'hôpital. Le docteur Pivnicki était enchanté, mais en même temps il était inquiet pour son ami. Il connaissait les conditions difficiles de confort et de matériel qui prévalaient dans les hôpitaux yougoslaves.

À son arrivée à Belgrade, il appela l'ambassade et on lui dépêcha une voiture. Quand il entra dans la chambre de son ami à l'hôpital, il resta stupéfait. Une grande fenêtre laissait entrer le soleil à profusion, et une autre s'ouvrait sur une vue magnifique de la ville. On avait mis des draps fins sur le lit, des fleurs fraîches sur la table et des chocolats belges sur la table de nuit. « Eh bien, dit Mita, les choses ne vont pas si mal après tout, mon ami. »

Le vieil homme fit un effort pour s'asseoir et lui dit d'une voix cassée : « Mita, il s'est passé quelque chose de bien étrange. Il y a deux jours à peine, j'étais dans une salle avec vingt-neuf autres hommes. Les fenêtres étaient si hautes qu'on ne pouvait pas voir le soleil. Il y avait des odeurs fétides dans la salle et pas assez de nourriture pour les malades. Et alors, Mita, ils sont venus me voir et m'ont dit que j'allais changer de place. Puis ils m'ont emmené ici. Je ne pouvais pas en croire mes yeux quand j'ai vu cette chambre. J'ai demandé : « Pourquoi voulez-vous mettre un vieil homme malade comme moi dans une chambre comme celle-ci ? » Il se pencha pour se rapprocher un peu de son ami et se mit à sourire d'une manière incrédule. «Mita, sais-tu ce qu'ils m'ont raconté? Ils m'ont raconté que ta petite Milica avait grandi et avait épousé le premier ministre du Canada.»

Un autre avantage de la cage de verre, c'est qu'elle comporte aussi un coin tranquille à la campagne. C'est la maison du lac Harrington, et toute la famille apprécie de s'y retrouver ensemble dans la paix. En plus d'y passer tout l'été, ils s'y rendent une fin de semaine par mois et y passent les fêtes de l'Action de grâce, de Noël et de Pâques, lorsqu'ils ne sont pas à l'extérieur. Le terrain est vaste. Il y a un lac privé où ils peuvent se baigner et aller à la pêche en été, et patiner ou improviser des parties de hockey en hiver. Même si Brian a presque toujours avec lui une serviette pleine de travail en attente, ils aiment tous à faire de longues promenades, et pour lui c'est un endroit où il peut lire et se détendre.

La maison est magnifique. Résidence d'été officielle du premier ministre depuis 1957, elle possède dix chambres et six salles de bain. Mila en a refait la décoration en y ajoutant les couleurs claires qu'elle aime : des tapis jaunes dans le salon, des murs pêche dans le solarium. De nombreux meubles en pin appartenant à Brian et Mila témoignent de temps plus anciens et moins compliqués. Un énorme foyer en pierre des champs couvre le tiers du mur à l'extrémité sud-ouest de la maison. Deux immenses fenêtres offrent une vue sur le lac, les pelouses impeccables et les terrains boisés environnants. Un autre foyer orne la salle à manger située à l'extrémité de la maison opposée au salon.

Il est très rare qu'ils reçoivent ici des invités autres que des amis et des proches. C'est un endroit où Mila aime cuisiner, ou à tout le moins surveiller la préparation des repas. C'est un endroit où elle peut passer beaucoup de temps avec les enfants. Elle leur enseigne à préparer les plats favoris de la famille. Elle partage avec eux les traditions yougoslaves.

Au lac Harrington, les déjeuners sont souvent servis par Brian. D'après Mila, «c'est un cuisinier – comment dirais-je – éloquent, du genre de ceux qui lancent des «passe-moi ci, donne-moi ça» à la ronde et qui finissent par faire participer toute la famille à leurs créations d'œufs au bacon».

Quand ils sont au Canada, les Mulroney vont passer Noël au lac Harrington. Leur arbre de Noël est toujours orné des mêmes décorations hétéroclites. Il y a une petite guirlande qu'ils ont achetée l'année de leur mariage, un tas de bonbons en plastique très colorés qu'ils ont dénichés en Floride une année, et un vieil ange pour décorer la cime. «Ce n'est pas un ange de luxe, mais il a un joli visage, dit Mila. C'est madame Mulroney qui nous l'a donné quand elle a cessé de faire un grand arbre de Noël.»

Sur la table du souper de Noël où se rassemblent la trentaine de membres du clan Pivnicki-Mulroney, on retrouve invariablement le cochon de lait, la dinde, un plat yougoslave appelé *rœsti*, quatre ou cinq salades et le mets favori de Mila: les œufs à la neige. «Je ne sais jamais comment on appelle ça. C'est peut-être connu sous le nom d'îles flottantes. De toute manière, c'est de la meringue et c'est un délice.»

Mais ce qui fait le principal intérêt de la vie dans la cage de verre, et là même les enfants sont d'accord, c'est qu'ils y vivent l'histoire. Prendre part aux événements de la décennie ou même du siècle. Écouter. Apprendre. Ils savent qu'ils vivent là des jours dont il faudra qu'ils se souviennent.

# Chapitre onze

*« Il m'arrive de me quereller avec mon mari, de crier après mes enfants. Il y a des jours où je me sens déprimée. Mais en public, personne ne veut voir cela. »*

Mila Mulroney

DE L'AUTRE côté de la grande porte à deux battants, mille cinq cents personnes sont attablées pour le souper. Un vidéo à saveur électorale et au rythme dynamique, enlevant, se déroule sur plusieurs écrans géants entourant les fidèles tories qui ont déboursé 500 $ par couvert.

De l'autre côté de la double porte, Brian et Mila attendent en compagnie d'un auxiliaire. À la fin du vidéo, ils remonteront la vaste allée de la salle de bal sous les éclairages télé, les applaudissements et la fanfare. Le premier ministre prononcera un discours de quarante minutes. Ensuite, il répondra aux questions. Et le souper pourra commen-cer.

« Trois minutes, M. le premier ministre. » Brian a la grippe depuis deux semaines et n'arrive pas à s'en débarrasser. Il fait trop chaud dans l'hôtel. Il ne se sent pas à l'aise. Alors qu'il jette un rapide coup d'œil à son discours, les feuillets lui glissent des mains. L'auxiliaire se précipite pour les ramasser. Il reste moins de deux minutes pour assembler cinquante pages.

Mila ne bouge pas. Elle réprime une grimace et dit à l'auxiliaire : « Veillez à ce qu'elles soient dans le bon ordre. » Alors, elle se rapproche de Brian. Elle passe ses doigts dans ses cheveux, lui pince les joues, chasse une poussière de sa veste marine. Du revers de la main, elle caresse son visage.

« Penses-tu que tu pourrais me réciter ce discours-là une autre fois ? À trois heures cette nuit, c'était bien. C'était bien dans l'avion aussi. Je suis convaincue que tu pourrais me le défiler une autre fois », dit-elle en simulant un bâillement.

Elle fait cela constamment. Elle le surveille, le prépare, le bichonne, le cajole. Quand il est en colère, elle fait des blagues pour le calmer. Quand il est nerveux, elle le taquine. Si elle n'aime pas un discours, elle discute avec lui pour qu'il change des choses. Elle sait quand il faut insister et quand il faut cesser d'insister.

En traversant le hall de l'hôtel pour se rendre à la salle de bal, ce soir-là, ils croisent un groupe de chanteurs. Les yeux de Brian s'allument. Elle le pousse du coude et lui chuchote : « Pas un seul son ! »

Elle l'appelle son bon vieux copain. Il l'appelle « jeune fille ». Elle lui lance : « C'est pour ça que je t'ai épousé, chéri. Tu es tellement plus vieux que moi que je vais toujours rester jeune. »

Après son discours, suivi de la période de questions, de la session de poignées de mains et du souper, ils retournent ensemble vers leur suite, enlacés, jouant à se serrer l'un contre l'autre dans le couloir, pendant que cinq ou six auxiliaires et agents de la GRC les suivent à distance respectueuse. Elle lui dit combien son discours était formidable. Il lui demande quelles ont été les réactions de la foule. Ils partagent des informations, échangent des compliments, renforcent le lien qui les unit. Ils travaillent à parfaire leur association.

La relation qui existe entre Brian et Mila est très solide. Il a besoin d'elle. Il tend la main vers elle avant un discours comme si elle était sa source d'énergie et de confiance. Il veut qu'elle soit près de lui partout où il se trouve. Ceux qui l'ont suivi au cours de la campagne à la direction du parti de 1983 et durant les élections générales de 1984 affirment en blaguant que la phrase la plus souvent répétée durant ces deux campagnes a été : « Où est Mila ? »

Quand Brian avait vingt et un ans, la femme qu'il aimait l'a laissé tomber. Il en a été blessé. Après cela, il a mené une vie de célibataire longue et plutôt joyeuse. Puis il a rencontré Mila et il en est tombé follement amoureux. La seule compétition qu'elle ait jamais eu à subir a été sa passion pour la politique et sa détermination à devenir premier ministre et à laisser sa marque dans l'histoire. Mais même son aventure avec l'histoire, il l'a partagée avec Mila.

À la suite de sa victoire dans la course à la direction du Parti progressiste-conservateur, Brian déclarait : « Il y a une personne que je veux remercier de tout cœur : Mila, qui a apporté tellement à la campagne et à ma vie. » Un an plus tard, il revint sur cette victoire en disant : « Je n'aurais jamais remporté la course à la direction sans elle. C'est absolument certain. Je veux dire : en termes terre à terre de nombre de votes. Il y a des votes qui m'ont été accordés à cause d'elle. Il n'y a absolument aucun doute dans mon esprit là-dessus. »

Gilbert Lavoie, l'actuel rédacteur en chef du *Droit* d'Ottawa, est celui qui a travaillé le plus longtemps comme secrétaire de presse de Mulroney. Il a observé le couple dans de multiples situations, partout au Canada et à travers le monde. Il déclare : « Ce sont des partenaires égaux. Elle peut insister pour qu'il modifie un discours, même lorsqu'il se montre impatient – et Dieu sait qu'il peut être intimidant quand il perd patience. Mais elle ne tenterait jamais de lui faire modifier une politique. Elle a son franc-parler, elle est décidée et elle n'hésite pas à exprimer ses opinions. Mais ses opinions concernent bien plus le bureau, la façon de travailler de ses collaborateurs immédiats, la façon dont ils s'y prennent avec lui, que la politique du gouvernement. »

Il se souvient d'une fois où Brian enregistrait des entrevues de fin d'année pour les divers réseaux de télévision. Il ne paraissait pas à l'aise devant la table à café qui le séparait de l'interviewer. Son personnel proposa de le faire asseoir derrière un bureau, et il semblait beaucoup détendu de cette façon. Mais après la première entrevue, Mila la visionna et déclara qu'il paraissait beaucoup trop guindé. Quand l'entrevue suivante commença, les fauteuils et la table à café avaient repris leur place première.

« Elle essaie continuellement de le protéger contre lui-même et contre les autres, dit Gilbert Lavoie. Elle s'occupe des situations où il pourrait être vulnérable. Elle garde l'œil sur lui et sur son entourage. »

Ils sont tendrement affectueux l'un envers l'autre. Ils se tiennent par la main de part et d'autre de l'allée centrale du Challenger (l'avion gouvernemental dans lequel ils voyagent). Elle pose sa tête sur son épaule lorsqu'elle est assise près de lui. Ils se taquinent comme le font de bons amis. Quand elle est près de lui, il écoute mieux et il est moins porté à s'imposer. Mila lui apporte un profond sentiment de confiance.

Il fait d'ailleurs la même chose pour elle. Il la complimente constamment, l'encourage et lui dit qu'elle est sensationnelle. Il joue son rôle de conjoint lors des événements qui la concernent, de la même façon qu'elle joue son rôle d'épouse dans ses cérémonies à lui. Même si Mila était déjà une jeune femme pleine d'assurance quand ils se sont connus, leurs amis sont d'avis qu'il a contribué à augmenter encore sa confiance en elle. Tous estiment qu'ils constituent le mélange parfait.

Un certain dimanche où Mila devait s'absenter de la maison tout l'après-midi afin de co-animer un téléthon pour une station de télévision d'Ottawa et où Brian travaillait à la préparation d'un discours qu'il devait livrer le soir même, elle décida vers la fin de l'avant-midi de préparer un gros brunch familial. Elle rassembla les enfants dans la cuisine. Plusieurs employés de cuisine se joignirent à eux.

«Elle passe à l'action : elle sort les aliments du frigo et compose un menu au fur et à mesure. «Salade de pommes de terre allemande», annonce-t-elle. Mark lave les pommes de terre et les laisse tomber dans un chaudron qu'il remplit d'eau. (Ils ont de l'eau bouillante en permanence.) Elle coupe des oignons et y jette une généreuse pincée de sel en mélangeant le tout avec ses mains. «Le sel neutralise le goût acide des oignons et leur donne si bon goût qu'on est plusieurs jours sans pouvoir s'asseoir à côté de qui que ce soit », explique-t-elle. Elle commande d'autres plats pour son menu. « Ben, presse des oranges et prépare des jus. » Il propose de préparer aussi des laits frappés. Mila maugrée contre la quantité de gras que contient un lait frappé. Caroline prend le parti de son frère et, quelques secondes plus tard, le mélangeur ronronne. Pendant ce temps, Nicolas coupe des oranges pour les jus à l'aide d'un couteau de boucherie. Lorsqu'un des adultes lui dit : « Viens, Nico, laisse-moi faire, tu pourrais te couper », il montre ses mains et dit, d'un air étonné : « Mais non. Tu vois ? »

Quelqu'un tranche du chou pour la salade de chou. Caroline épluche des carottes et prépare un plat de crudités. Mila lui montre à les disposer joliment sur des feuilles de laitue. Mark prépare une salade de thon. Esther, une employée, roule des viandes froides et en dresse un plat de service. Son collègue Barry fait cuire des tranches de bacon, des saucisses et des œufs. Quelqu'un fait griller des muffins anglais. Mila prépare des tomates, dispensant toujours conseils et recommandations à sa nichée. « Vois-tu, si tu fais comme ça, le pain gardera sa chaleur. Nicolas, ne te sers pas de ce couteau-là. Ben, ajoute du lait à la crème glacée ; ces laits frappés vont être trop sucrés. Caroline, va chercher le joli pot sur la tablette du haut. Celui qui est assorti au plateau. On s'en servira pour le jus d'orange. »

Tout à coup, la table se retrouve chargée d'un festin pour huit personnes. La couleur des plats et de leur contenu s'harmonise avec celle des accessoires. Le tout a demandé trente-cinq minutes. Mila crie à Nico : « Va chercher papa. Dis-lui que le brunch est prêt. »

Pourquoi a-t-elle fait ça ? Elle avait d'autres engagements. Les employés auraient pu préparer le dîner. Les enfants auraient pu manger quand bon leur semblait. «Je l'ai fait parce que j'étais convaincue que Brian avait besoin de ça, dit-elle. Je le savais. Je vais être absente tout l'après-midi. Quand je prépare un repas, c'est comme si je le prenais en charge. Il aime ça. Je sais quand il a besoin de moi. C'est ma façon de prendre soin de lui. Nico est endormi là-haut sur mon canapé. Les autres enfants viennent avec moi. Brian doit travailler. Tout le monde est bien. Je peux maintenant partir. »

Elle a changé au cours des huit années qu'ils ont passées à Ottawa. Elle était intimidée à l'idée de faire la lecture de *Pierre et le loup*; elle a fini par agir comme producteur du gala des Soixante-cinq roses, télédiffusé dans tout le pays. Au cours du premier mandat de Brian, elle a connu la chaleur de la « Milamanie ». Vers la fin de ce mandat, en mai 1988, elle a fait connaissance avec la violence d'une foule en colère. Alors qu'elle se rendait à une cérémonie à Moncton, au Nouveau-Brunswick, elle fut atteinte accidentellement par la pancarte que tenait un gréviste. Le bâton heurta la boucle énorme de la ceinture qu'elle portait à ce moment-là, et elle écopa d'une ecchymose à l'abdomen de la grosseur d'un poing. Mila savait que le coup n'était pas dirigé vers elle, mais elle savait aussi que la sécurité qui était inévitablement devenue une partie de sa vie allait devenir encore plus présente.

De 1984 à 1988, elle était l'image même de la jeune femme sans expérience. Après cette période, tout en étant encore de plusieurs années la cadette des épouses de la plupart des autres dirigeants du monde, elle était l'une des anciennes des sommets internationaux. Durant le premier mandat, elle s'occupait encore d'un bébé. À la fin du second, elle poussait son aînée, Caroline, hors du nid vers l'université.

Mila est une perfectionniste. Elle est exigeante. Elle ne demanderait à personne de faire ce qu'elle ne ferait pas elle-même, mais elle veut que tous ceux qui travaillent avec elle donnent autant qu'elle. Si c'est 110 pour cent, eh bien, c'est cela qu'elle veut. Si elle ne l'obtient pas, elle demande pourquoi. Y a-t-il de la maladie dans la famille ? Y a-t-il trop de stress ? Comment peut-elle être utile ? C'est une conciliatrice. Mais au bout du compte, les gens qui ne donnent pas de rendement ne travaillent pas avec Mila.

Elle croit qu'une demande émanant du Bureau du premier ministre devrait recevoir une attention immédiate, ce qui amène parfois les gens à penser qu'elle est déraisonnablement exigeante. S'il y a des fautes dans des notes internes, elle les relève rapidement. Elle rédige elle-même ses discours. Elle n'a pas besoin de se faire dire les choses deux fois.

Elle a son caractère. Elle ne le montre pas souvent mais, lorsqu'elle soupçonne les gens de vouloir profiter d'elle, elle se fâche assez promptement. L'incompétence, le laisser-aller et le mensonge la rendent furieuse aussi. De plus, elle est comme une lionne quand il s'agit de protéger ses enfants.

Elle croit en ses intuitions et elle aborde souvent les problèmes de manière plus directe qu'on pourrait s'y attendre. Par exemple, lorsque le frère de son amie Nancy Southam s'est suicidé en juin 1991, Mila lui a tout de suite téléphoné mais, comme le rappelle Nancy, « elle ne m'a pas servi les habituelles condoléances. Elle a reconnu que je devais être dans un état affreux, et elle m'a donné des tas de conseils pour m'aider à faire face et à m'en sortir.

Mon frère a deux jeunes enfants, et voilà que Mila me disait au téléphone qu'il fallait que je montre sa photo aux enfants tous les jours. Ce qu'elle m'a dit m'a aidée énormément. Je crois que ça ne viendrait pas à l'esprit de bien des gens d'offrir ce genre d'aide».

Les amies de Mila ont toutes leur petite anecdote à raconter au sujet de sa disponibilité dans les situations de crise. Elle peut partir en voiture en pleine nuit pour aller aider une amie à traverser une période difficile. Plusieurs de ses amies ont vécu un divorce, mais elle déclare : «Je ne crois pas à ça. Le divorce entraîne beaucoup de souffrances et, de toute façon, ça ne marche pas.» Aujourd'hui, le lien privilégié qu'elle entretient avec les membres du Groupe du Ballet est plus fort que jamais, et elles pensent qu'elles doivent la protéger contre la presse qui se fait de plus en plus indiscrète. Leurs rencontres à Montréal sont rares maintenant à cause de l'horaire surchargé de Mila, mais elles continuent tout de même de se voir au moins trois fois par année : une fois au lac Harrington pour l'anniversaire de Mila, le 13 juillet, une autre fois chez Cathy Campeau pour leur «souper de filles» annuel, et elles passent toujours la nuit au lac Harrington à l'occasion de la remise des Oscars, une tradition instaurée dans le but de leur permettre de rester en contact, à l'époque où Mila est partie s'installer à Ottawa.

Quoique Mila offre facilement son appui, elle interprète le mot «appui» plus largement que la plupart des gens. Elle a la certitude de savoir mieux que les autres ce dont ceux-ci ont réellement besoin, et cela peut devenir étouffant pour les bénéficiaires de sa bienveillance. En 1985, pendant que ses parents étaient en voyage en Grèce, elle se rend chez eux à Montréal et, avec l'aide d'amis, réorganisa la maison, la fit repeindre, commanda de la moquette et fit changer le numéro de téléphone pour un numéro confidentiel, de façon à protéger leur vie privée. Elle le fit avec tant d'amour et de soin, comment ne pas l'apprécier? Quelle fut la réaction de Boba? «J'ai fini par m'habituer», dit-elle uniment. Puis elle tempère et ajoute : «Vous voyez, Mila est très bonne pour nous. Elle aime ses parents. Je suis Européenne. J'aime que mes petites choses soient éparpillées autour de moi. Maintenant, tout est rangé. Mais comment ne pas être reconnaissante?»

Les apparences ont une grande importance pour Mila. Elle n'est jamais négligée. S'il le faut, elle se lèvera à cinq heures du matin pour se laver les cheveux. Elle n'a jamais les ongles ébréchés. Elle se rongeait les ongles avant son mariage, mais plus maintenant. Ils peuvent être appliqués à la colle ou retouchés à l'aide de ruban adhésif, mais ils sont toujours impeccables. Sa frange espiègle et ses vêtements de goût ont fait sa marque. Elle n'est pas du genre à faire sauter un bouton à sa jupe ou à déchirer l'un de ses bas en s'en allant à une réception.

Ses cheveux sont maintenant poivre et sel (comme ceux de son père, à son âge), elle les teint donc toutes les trois semaines. Elle les fait couper tous les trois mois et fait égaliser sa frange à peu près une fois par mois. Elle n'a pas l'intention de se laisser vieillir. Elle fait donc de l'exercice et surveille son alimentation et son apparence. Mais elle admet : «Je pense que ce n'est pas très juste pour les enfants quand la mère refuse de vieillir. Ils ont droit à une certaine évolution.»

Son horaire habituel prévoit qu'elle rentre de ses soirées à une heure du matin et qu'elle se lève à sept heures.
Si elle réussit à conserver son énergie, sa ligne (un mètre
soixante-quinze et soixante kilos) et sa forme physique,
elle en attribue le mérite à l'alimentation, aux cours
d'aérobique et à la pratique de la marche athlétique. À son
arrivée à Ottawa, elle avait déclaré qu'elle trouverait bien
trop ennuyeux de faire des exercices et qu'elle comptait
sur le tennis pour la maintenir en forme. Mais aujourd'hui,
les petites parties de tennis tranquilles sont virtuellement
hors de question ; elle s'est plutôt rabattue sur une forme
d'exercice que l'on peut planifier plus rapidement et plus
facilement.

Elle parcourt le chemin entre le 24 Sussex et le lac
Dows, à peu près dix kilomètres plus loin, en moins de
cinquante-cinq minutes. Un officier de la GRC doit la suivre, et elle en a convaincu plusieurs de se joindre à elle.
Elle a fini par entraîner tellement de personnes avec elle
dans la pratique de la marche rapide qu'elle a l'intention,
dit-elle, de faire imprimer des tee-shirts portant l'inscription « Silhouette signée Mila ».

Elle est si rapide à la marche que certains de ses
accompagnateurs doivent courir pour la suivre. Un jour,
alors qu'ils séjournaient à Montréal, elle décida d'aller
faire de la marche sur le mont Royal. Sur le chemin du
retour, alors qu'ils arrivaient près de la rue Sherbrooke au
centre-ville, un marteau-pilon se fit entendre et elle s'informa auprès de l'agent qui l'accompagnait : « Qu'est-ce
que c'est ? » Il répondit : « Vous avez marché tellement vite
et tellement loin qu'on doit être rendus à Beyrouth. »

Son amie Helen Vari a goûté à la méthode « Silhouette
signée Mila ». « Nous étions au lac Harrington. Elle m'a dit :

« Viens donc faire de la marche rapide avec moi. Tu as pris du poids. Tu verras, c'est un excellent moyen de brûler quelques calories. » Elle a le pas d'une fille de seize ans. Je n'arrivais pas à la suivre. Il pleuvait dehors. C'était une journée maussade. Mais elle ne lâchait pas. Elle s'occupe très sérieusement de son alimentation et de sa ligne. »

Elle veille à ne pas trop manger de bonnes choses, mais elle admet en même temps qu'elle a un énorme appétit et un faible pour la salade de pommes de terre allemande, les grillades et les piña colada. En voyage, alors que tout le monde autour d'elle a tendance à prendre du poids à cause de l'irrégularité des repas et de l'accès plus facile aux mets tout préparés, elle se met rigoureusement aux salades, aux fruits et à la camomille, dont elle ingurgite tasse sur tasse. Lorsqu'elle voyage en compagnie de Brian, elle consulte la GRC qui lui trace un itinéraire où elle peut pratiquer sa marche rapide. À Ottawa, elle prend des cours d'aérobique tous les matins, sauf les fins de semaine.

Mila arrive à refaire le plein d'énergie en s'isolant pendant trente minutes. Elle suit encore les conseils de son père psychiatre à propos du stress. « Quand on mène la vie que je mène, on se rend souvent au bout de son rouleau. Le soir où Brian a remporté la course à la direction du parti, mon père m'a mise en garde en disant : « Ne réprime pas tes émotions. Pleure un bon coup, crie. Ça va aller. » Quand j'éclate, la pièce se vide. Je pleure, je crie, je me défoule. Ensuite, je me sens bien. J'ai quelquefois besoin d'un peu plus de temps pour décompresser, pour prendre du recul par rapport à tout ça et dire : « Un instant. » Quand je n'en peux plus, je m'enferme toute seule dans une pièce pendant une demi-heure et j'ouvre la télévision. Un bon bain chaud, ça marche aussi pour moi, et ça me fait du bien d'écrire dans mon journal. J'aime bien décrocher pendant vingt-quatre heures quand c'est possible. Mais la plupart du temps, mon ras-le-bol est un ras-le-bol de cinq minutes. J'aime être occupée et être mise à l'épreuve. Ça rend plus vif. »

Sa famille et ses amies la décrivent en des termes qui donnent souvent l'impression qu'elle est une sainte, mais elle a indiscutablement figure humaine et les deux pieds sur terre. « Il m'arrive de me quereller avec mon mari, de crier après mes enfants. Il y a des jours où je me sens déprimée. Mais en public, personne ne veut voir cela. Personne ne veut m'entendre me plaindre que je suis fatiguée ou malade ou pressée ou inquiète. »

Son amie Shirley Corn admire le fait qu'elle ne prenne pas de grands airs. « Un jour, j'étais invitée à un dîner de gala au 24 Sussex. Nous nous étions rendus en auto jusque devant la porte. Alors je suis sortie, j'ai levé les yeux au ciel et j'ai pensé : « Eh bien, maman, j'espère que tu vois ta fille. » Sur ce, je fais un pas en arrière et je marche sur l'ourlet de ma robe, qui se défait. J'étais honteuse quand je suis entrée dans la maison. Mais quand j'ai dit à Mila ce qui m'était arrivé, elle a demandé à la bonne d'apporter une aiguille et du fil. Elle m'a dit : « Viens dans la salle de bains. » Elle m'a donné une claque sur les fesses en me disant : « Tiens-toi droite », et elle a recousu l'ourlet. »

Mila adore la musique et en apprécie tous les genres, du rock au gospel, en passant par la musique classique. Elle est aussi passionnée d'opéra. Elle s'était rendue à Montréal un jour pour voir *La Tosca*, et elle fut invitée à rencontrer la vedette du spectacle durant l'entracte. En excellente imitatrice qu'elle est, Mila prend l'accent de la

Nouvelle-Angleterre pour parler de la prima donna, Diana Soviero, une femme qui l'a ravie en lui racontant des anecdotes de l'époque où elle grandissait dans les quartiers pauvres de Boston, achetant des places au théâtre à la dernière rangée du balcon alors que la famille pouvait à peine se payer le nécessaire. C'est le genre de conversation qui touche beaucoup Mila. Les anecdotes que les gens partagent avec elle lui sont précieuses.

Son idéal, s'il lui arrive d'avoir une journée à elle? «Dormir jusqu'au bout de mon sommeil, lire les journaux en buvant des petits cafés, sans me presser. Ne pas m'habiller ni me coiffer ni me maquiller, et passer le reste de la journée à lire une biographie ou un roman de Jeffrey Archer ou de John Le Carré.»

À cause de son style de vie, Mila a souvent été désavouée par les féministes. Elle parle des valeurs de la maternité. Elle a pris le nom de son mari (mais elle se présente sous le nom de Mila Pivnicki Mulroney). Elle n'a jamais dit ce qu'elle pensait du mouvement des femmes, aussi présume-t-on qu'elle n'est pas féministe. «C'est certainement une féministe, déclare la ministre de la Justice, Kim Campbell, qui est devenue une grande amie de Mila depuis qu'elle s'est installée à Ottawa après les élections de 1988. C'est une femme très autonome. C'est une femme très saine. On a dit d'elle qu'elle «se contentait d'être épouse et mère», et c'est peut-être vrai, mais elle le fait dans des conditions exceptionnelles. Elle est aussi un personnage public. C'est une personne très raffinée, très distinguée. Elle tient à mériter le respect.»

Tous ceux qui connaissent Mila sont convaincus qu'elle est de celles qui veulent l'égalité. Mais il peut se révéler périlleux de s'engager dans une cause qui soulève la controverse quand on évolue sur la scène publique. Elle pense que son approche est la bonne, du moins pour elle.

Les détracteurs de Mila lui reprochent aussi de dépenser trop d'argent. Quand les gens l'accusent d'être une acheteuse compulsive, elle répond : « C'est peut-être vrai. » Même Brian s'amuse à plaisanter à ce sujet en disant que, lorsqu'il voyage dans les grandes villes, les boutiques restent ouvertes plus longtemps si Mila l'accompagne. Il raconte aussi en riant que, si on lui volait sa carte de crédit, il ne rapporterait pas le vol parce que la personne qui détiendrait sa carte dépenserait moins que Mila.

Elle ne nie pas ce que l'on raconte sur ses habitudes de consommation. Mais elle pense que les sommes d'argent qu'elle dépense ne regardent personne. « Les revenus de placement de Brian [de l'époque de l'Iron Ore] s'ajoutent à son salaire actuel et nous permettent de faire quelques-unes des choses que nous apprécions », dit-elle.

Mila achète habituellement quatorze nouvelles toilettes par an : quatre ensembles de jour pour le printemps, quatre ensembles de jour pour l'hiver, deux robes cocktail pour chaque saison et deux robes du soir pour toute l'année. Elle ne dépasse pas un certain prix fixé à l'avance et qui se situe dans la gamme de prix Escada. Elle achète aussi trois ou quatre tricots par saison. Plusieurs d'entre eux sont faits à la main et sont des créations Linda Lang. Elle fait appel à une couturière pour modifier certains vêtements qu'elle aime et qui ont besoin d'être rajeunis. Elle possède environ soixante paires de souliers et de bottes, dont plusieurs paires de souliers de soie qui ont été teints pour s'harmoniser à des robes du soir et dont plusieurs datent de ses premières années de mariage.

Elle porte les mêmes vêtements toute la journée, même si elle doit participer à une cérémonie à la patinoire du centre sportif, puis à une autre à l'hôpital. Elle se change pour le soir. Lorsqu'elle a le temps de revenir à la maison entre deux sorties officielles, elle enfile des jeans et un chandail, ou une confortable combinaison-pantalon de jersey noir. À cause de sa longue silhouette élancée, tout lui va ou presque.

Elle porte des fourrures et ne s'en excuse pas. «Je ne porte pas de fourrures provenant d'espèces menacées. Je suis contre l'utilisation de pièges à mâchoires métalliques, et je suis contre l'expérimentation sur des animaux dans l'industrie des cosmétiques. Mais il y a un trop grand nombre de castors dans nos lacs et un trop grand nombre de phoques dans la mer. Et l'industrie de la fourrure au Canada compte 100 000 travailleurs. Je pense que dans bien des cas nous allons trop loin [en ce qui a trait aux droits des animaux]. Il faut pouvoir faire l'essai des cœurs artificiels sur des animaux. C'est dramatique qu'un cœur doive être mis à l'essai en France parce qu'il est dangereux de le faire ici. Je suis contre le fait de couper un arbre vieux de 500 ans. Mais je suis contre le fait d'y enfoncer des tiges de métal en guise de protestation, au risque de tuer des gens. On devrait pouvoir trouver un certain équilibre.»

La plupart des bijoux qu'elle possède lui ont été offerts par Brian. Les pièces de valeur, tel le collier de topaze, d'acier et d'or de chez Bulgari, d'une valeur de 2 400 $ et qui provoqua tant de remous dans la presse parce qu'il avait été acheté par l'entremise de son décorateur Giovanni Mowinckel, sont rares mais splendides. «Chaque pièce a une signification particulière. Un de mes colliers préférés m'a été offert par Brian quand il est devenu chef du parti. Il m'a offert des perles quand il est devenu premier ministre. Quand nous habitions chemin Belvedere, il a souffert de la grippe à l'époque de Noël et j'ai monté et descendu l'escalier pour lui pendant quinze jours. Il m'a offert une montre en or le matin de Noël, cette année-là. J'ai reçu des boucles d'oreilles en rubis pour un anniversaire que nous avons célébré à New York. Je n'en ai pas beaucoup. Mais j'ai des jolies choses et je les porte souvent. J'ai aussi beaucoup de bijoux de fantaisie.»

Le détestable M. Blackwell, le critique de mode américain bien connu pour sa liste annuelle des «personnes les plus mal habillées», lui donne un A-plus pour son sens de la mode. Quand le journal *Windsor Star* lui demanda de coter les Canadiennes par rapport à la mode, Blackwell déclara qu'il adorait le sens de l'élégance de Mila Mulroney. «Elle est tout simplement merveilleuse, dit-il. Elle est magnifique depuis le bout de sa frange jusqu'au bout des orteils. Ses vêtements de jour sont simples et donnent une impression de netteté. Assez clairs pour être élégants, positifs et amusants, ses vêtements sont en même temps assez sobres pour ne pas risquer d'éclipser le premier ministre Mulroney. Elle opte pour des robes du soir élégantes, aux décolletés modestes et suffisamment ajustées pour souligner sa silhouette. Son allure et sa physionomie sont quelque chose à voir. »

Malgré les hauts et les bas de la vie qu'elle mène et malgré les sondages et les critiques, Mila est un être exceptionnellement positif. Elle veut partager avec les autres son bonheur et sa chance. Il lui arrive, en magasinant, de voir quelque chose qui serait susceptible de faire plaisir à l'une de ses amies et de l'acheter. Elle offre plus de deux cents cadeaux de Noël par année à des proches, à des amis, au personnel du Bureau du premier ministre et aux domestiques, sans oublier les dirigeants politiques. Elle doit commencer ses emplettes en juin.

Mila n'oublie jamais un anniversaire de naissance, et elle pense que ce devrait être jour férié pour la personne dont c'est l'anniversaire. Elle se donne énormément de mal pour s'assurer que la famille soit réunie, invitant toute la bande de Montréal, et Ivana qui est à Toronto, à se retrouver au lac Harrington pour la fête. Mark déclare qu'à son anniversaire, ce qu'il préfère c'est le moment où il souffle les bougies « parce que, dit-il, toute la famille est réunie. Ils sont tous autour de moi ».

Les fêtes d'anniversaire qu'elle organise ont toujours un thème. Pour le sixième anniversaire de Nicolas, le thème était les tortues Ninja. Il fallait donc trouver des ballons et des serviettes de table aux couleurs des tortues Ninja. Il y a aussi tout un climat psychologique qui se bâtit progressivement au cours des deux ou trois jours précédant la fête et qui conduit les enfants au bord du délire. Qui veux-tu inviter ? Chaque enfant commence par proposer des dizaines de noms ; Mila les aide alors à réduire la liste à une vingtaine, sans compter la parenté. Qu'est-ce qu'il y aura au menu ? Des frites, des nachos, des pizzas ? Il faut encore faire les décorations et aussi un gâteau yougoslave à sept étages appelé *dobos torta* (gâteau tambour). Une année, en ouvrant le frigo, Mila eut un coup au cœur en s'apercevant qu'un chenapan s'était servi un morceau du gâteau avant la fête.

Même quand la fête a lieu à Montréal, toute la famille y participe. Quand Dimitri, le fils de son frère, atteignit son premier anniversaire, ils vinrent tous en voiture pour la fête à l'appartement de Manuela et John. Pendant que des agents de la GRC attendaient dehors dans des autos stationnées juste en face (ils étaient venus deux jours plus tôt et avaient inspecté l'édifice, selon Manuela), les Mulroney et les Pivnicki festoyaient à l'intérieur autour d'un gâteau de fête. «Même lorsqu'ils sont obligés d'être à l'extérieur, dit Manuela, Mila n'oublie jamais mon anniversaire. Elle m'a téléphoné de Paris l'an dernier. Elle m'avait envoyé un magnifique tricot, celui-là même que j'avais remarqué dans une boutique, un jour que nous magasinions ensemble.»

D'après Olive Elliott, sa belle-sœur n'a pas son pareil pour souligner un anniversaire. «Ce qui me frappe, c'est sa façon de se souvenir du petit quelque chose que vous avez mentionné au cours de l'année, de le dénicher et de vous l'offrir pour votre anniversaire.» Comme passe-temps, Olive fabrique des objets miniatures. Elle crée, en y investissant effort et temps, de merveilleuses maisons de poupée. Une année, Mila trouva, au cours d'un voyage en Colombie-Britannique, une chaise miniature parfaitement assortie au style de la maison de poupée rustique à laquelle elle était en train de travailler. «J'étais aux anges», ajoute Olive.

Mila expédie parfois à ses amies des cadeaux pour rire, mais il y eut une célèbre occasion où le paquet se perdit. La plaisanterie commença au moment où Joan Burney, l'épouse de l'ambassadeur canadien aux États-Unis, et Mila se trouvaient dans un ascenseur à New York, où elles participaient au Sommet international de l'enfance en 1990. Une femme entra dans l'ascenseur portant un bustier en brocart vert criard. Joan et Mila échangèrent un regard en se retenant pour ne pas pouffer de rire. Quand l'ascenseur arriva enfin à leur étage, elles déclarèrent que ce bustier était décidément l'une des choses les plus hideuses qu'elles avaient jamais vues.

Quelques mois plus tard, un colis en provenance des Affaires extérieures à Ottawa arriva à la résidence des Burney. Sur l'étiquette, on pouvait lire : "À : Joan Burney. De : Mila Mulroney. Pour : Barbara Bush.» Joan réadressa donc le colis en y ajoutant une note dans laquelle elle expliquait que Mila l'avait chargée de le faire suivre à M$^{me}$ Bush.

Quelques semaines plus tard, Bonnie Brownlee demanda à Joan : « Avez-vous reçu le colis que Mila vous a envoyé ? » Joan répondit que non. Bonnie expliqua qu'il s'agissait d'une plaisanterie, que Mila avait vu ce petit bustier de taille 8 ans en brocart vert et qu'elle l'avait envoyé à Joan pour la faire rire.

Joan s'empressa de prendre les mesures nécessaires pour retracer le paquet, mais elle ne put le retrouver.Il se passa encore quelques semaines avant que la lumière ne se fasse enfin et qu'elle prenne conscience de ce qui s'était passé : « Le bustier n'avait pas disparu. Je l'avais donné à Barbara Bush. » Joan téléphona à Bonnie pour lui expliquer la confusion, ajoutant qu'elle espérait qu'il n'y avait pas en plus, dans la boîte, quelque note facétieuse pour ajouter l'insulte à l'injure.

Mila téléphona à Barbara Bush et lui expliqua le mystère de la boîte cadeau. Barbara Bush confessa alors qu'elle avait donné le bustier à sa fille. Lorsque Barbara Bush et Joan eurent de nouveau l'occasion de se rencontrer, la première dame lança à Joan : « Vous ne portez pas du 8 ans. »

Même si Mila est mariée depuis 1973, la maison de la famille Pivnicki, située avenue Marlowe à Notre-Dame-de-Grâce, fait toujours partie de sa vie. La maison est remplie de photos de Mila, de John et d'Ivana enfants, jeunes adultes et avec leur propre famille. La porte du frigo est réservée aux photos des petits-enfants. Mila fait un saut chez son père et sa mère chaque fois qu'elle est à Montréal. Mais elle n'a pas beaucoup de temps et les visites sont souvent courtes. Cela l'ennuie parce que la relation qu'elle entretient avec sa famille est toujours très importante à ses yeux. Malgré tout, son frère, sa sœur, ses parents et ses amis trouvent qu'elle réussit à maintenir la cohésion du groupe.

Tout de même, pour Ivana, c'est difficile de se sentir proche de Mila en public, quand tout le monde les observe, y compris deux ou trois officiers de la GRC. « Comment peut-on parler ouvertement dans un restaurant, partager des secrets et des problèmes avec sa grande sœur, quand chaque personne présente s'approche pour la voir ?, se demande Ivana. Les gens la montrent du doigt et la dévisagent et, toutes les deux minutes, le garçon vient remplir son verre d'eau et lui demander si le repas est bon. Je n'arrive pas à être détendue dans ces conditions. Mais au lac Harrington, nous pouvons nous consacrer l'une à l'autre. »

Au lac, il arrive souvent que Mila prodigue ses conseils à Ivana. « Il lui arrive même de me dire que je n'ai pas l'esprit assez ouvert pour les accepter, dit Ivana. Mila a une vision différente de la mienne sur la façon dont je devrais mener ma vie. Je comprends comment elle fonctionne, elle comprend comment je fonctionne, mais nous ne sommes pas nécessairement d'accord. Et c'est bien ainsi. On voit parfois deux sœurs qui n'essaient même pas de comprendre le point de vue de l'autre. Pas nous. Je la trouve tordante. Parfois je la trouve vieux jeu et plus traditionnelle que moi. On voudrait parfois s'arracher les yeux, mais ça ne change rien à la relation que nous avons l'une avec l'autre. C'est ma sœur. Je l'aime. »


Au printemps 1991, la santé de Dimitrije Pivnicki flancha soudainement et la famille en fut bouleversée. Il avait une tumeur bénigne au cerveau depuis une dizaine d'années, mais soudain la tumeur se mit à se développer. Elle exerçait une pression sur des régions vitales de son cerveau, et c'est une Boba effondrée qui apprit de la bouche du chirurgien de l'Institut neurologique de Montréal qu'il n'y avait rien de plus à faire : Mita était mourant.

Boba appela ses enfants et leur demanda de venir à la maison. John, qui vit à quelques rues de là seulement, accourut dans les minutes qui suivirent. Mila arriva en auto d'Ottawa et demeura au chevet de son père jour et nuit pendant trois semaines (elle prit une chambre au Ritz-Carlton où elle allait se reposer quand elle le pouvait). Sans relâche, elle appelait son père demi-conscient, le suppliait de rester en vie, exigeait qu'il continue de respirer, criait «Tata, fais-le pour Mila. N'abandonne pas. »

Ivana n'était pas là à l'arrivée de Mila, alors Mila l'appela chez elle à Toronto, où elle travaille pour une société de relations publiques, et lui dit de s'en venir à Montréal en toute hâte. Pour Ivana, l'appel ne pouvait pas tomber à un plus mauvais moment. Elle souffrait d'une laryngite aiguë, avait 40 °C de fièvre et, reconnaît-elle, n'avait pas un sou en poche. Mais bien sûr, elle fonça sur Montréal, habillée à la diable.

Ivana arriva donc au chevet de son père chaussée d'espadrilles usées et sans lacets. Mila jeta un rapide coup d'œil à ses chaussures et dit : « Mais qu'est-ce que c'est que ça ? » Ivana défendit son style de vêtements, mais elle se promit bien que dès le lendemain elle irait à La Baie acheter une nouvelle paire d'espadrilles. Ivana est un être très décidé, aussi retira-t-elle les lacets de ses nouvelles chaussures. Mila pensa qu'elle était vêtue de façon déplacée, et elle le lui dit.

« Nous étions donc là au chevet de notre père malade et elle ne voyait que mes chaussures, dit Ivana. Je trouvais cela ridicule. Quand nous avons quitté l'hôpital ce soir-là, je serais allée retrouver des copines pour râler et pour ruminer notre altercation. Mais Mila n'a pas voulu. Elle a insisté pour qu'on se parle de tout ça. Elle a exigé que je rentre avec elle à son hôtel. Ma mère est même venue m'y conduire. Nous en avons parlé en effet. Avec des cris, des pleurs et des grincements de dents. Après trois heures, la question était résolue, le problème était réglé. Mais on ne s'est pas trouvées tellement sympathiques ce soir-là. »

Mila est de celles qui insistent pour purifier l'air et qui refusent de laisser moisir les problèmes jusqu'au lendemain. Ivana pense que c'est à cause de l'éducation qu'ils ont reçue si, dans sa famille, on a à cœur de trouver des solutions aux problèmes. Toutefois, elle donne tout le crédit à la ténacité de Mila pour avoir refusé de baisser les bras, ne serait-ce qu'un soir, au moment où les émotions familiales étaient à leur comble.

La chirurgie pratiquée sur le docteur Pivnicki pour réduire la pression sur son cerveau (le chirurgien avait procédé à l'ablation d'un morceau d'os crânien afin de laisser place à la tumeur) produisit les résultats pour lesquels toute la famille avait prié. Ses fonctions respiratoire, auditive et visuelle étaient diminuées, mais la crise était passée.

Pour Mila, c'était la pire épreuve qui lui soit jamais arrivée. « Je me sentais totalement désarmée. Je devais le laisser entre les mains d'autres personnes – des médecins et des infirmières. Je devais me contenter d'apporter du réconfort. J'aurais voulu pouvoir entrer là et faire le travail moi-même. » Tout ce qu'elle pouvait faire, c'était d'organiser la famille et, comme le dit le docteur Feindel qui était alors le chirurgien en chef de l'hôpital, « elle a aussi organisé l'unité des soins intensifs. Lorsque le docteur Pivnicki a été suffisamment rétabli pour rentrer chez lui, Mila aurait pu être engagée parmi notre personnel ».

Pendant cette même période, Mark Mulroney a célébré son treizième anniversaire, une date à laquelle on se reporte encore en disant : « quand Tata était malade », et l'épouse de John, Manuela Soares, entra prématurément en travail d'accouchement et donna naissance à Dimitri, le bébé dont la date de naissance est pour toujours liée à la « crise de Tata ».

L'engagement de Mila envers sa famille est si puissant qu'il lui arrive de lui donner la préséance sur ses activités officielles. Un soir de 1991, Mila était à Montréal pour assister à un ralliement du Parti progressiste-conservateur. Elle fit un saut à la maison familiale pour prendre des nouvelles de la santé de son père et pour embrasser Boba en passant.

« Depuis la maladie de mon père, ma mère n'aime pas rester seule, explique Mila. Elle a décidé de prendre un pensionnaire. Ce jour-là quand je suis arrivée, elle était étendue sur le canapé. Elle a un nerf du cou qui est coincé et qui la faisait souffrir. Je n'ai jamais vu ma mère étendue sur le canapé, jamais. Elle a toujours trop de travail, elle en fait toujours trop, mais elle va toujours de l'avant. Là elle était étendue sur le canapé, la tête appuyée sur une sorte d'oreiller orthopédique. Mon père était là, et le pensionnaire est arrivé à la maison. Ma mère m'a regardée et m'a dit : « Mila, peux-tu m'aider à préparer le souper ? » Je l'ai fait, bien sûr. Nous sommes allées dans la cuisine, nous avons fait cuire un petit repas, mis la table pour mon père, nous nous sommes assurées que le pensionnaire avait bien mangé, puis j'ai filé rejoindre Brian à la cérémonie où il m'attendait.

« C'était comme si je revenais dix-neuf ans en arrière et que je vivais encore à la maison. Je ne sais pas toujours où sont les produits, et certaines choses ont changé dans la maison, mais j'ai encore la même responsabilité que j'avais avant de partir, et je prends cela très au sérieux. S'ils ont besoin d'aide, ils ont besoin d'aide, c'est tout. »

En retour, Boba aide toujours Mila, tout comme elle le faisait à Montréal. Par exemple, le soir des élections de 1988, Brian et Mila étaient à Baie-Comeau. Les enfants étaient à la maison à Ottawa. Mila s'inquiéta soudainement d'eux et voulut les avoir avec elle. Elle téléphona à sa mère à Montréal et lui demanda d'aller à Ottawa et de leur faire prendre l'avion pour Baie-Comeau. Boba n'hésita pas. Elle partit en auto pour Ottawa, surveilla la préparation des bagages des quatre enfants et les accompagna à l'aéroport. Il y avait en place tout le personnel voulu, tout à fait compétent et attentif, pour faire le travail, mais Mila avait voulu que ce soit quelqu'un de la famille qui le fasse. Et Boba pense que c'est là un des rôles qu'elle peut jouer auprès de sa fille.

Neuf ans après être arrivée à Ottawa en tant qu'épouse d'un politicien, Mila déclare: «Cette vie ne peut pas faire autrement que nous changer. Je suis devenue un peu cynique, ce que je n'étais pas auparavant. J'étais probablement plus confiante que je ne le suis maintenant. J'étais innocente quand nous avons commencé; je ne le suis plus. Mais je suis plus riche de cette expérience. Je possède maintenant un éventail d'intérêts beaucoup plus large, je m'intéresse par exemple à l'art oratoire et à l'histoire, des domaines que je n'avais pas abordés auparavant, des choses qui ne faisaient pas partie de mon processus de pensée. Je connais beaucoup plus de choses sur ce pays. Je pense que j'ai beaucoup de chance d'avoir visité tant de régions du pays, d'avoir connu tant de personnes. Mais cette tâche nous fait devenir avares de notre temps. Je suis plus portée qu'avant à protéger ma famille et ma vie privée.»

Pour la première fois peut-être, elle reconnaît ses limites. «Je pensais que je pouvais tout faire. À mes débuts dans la vie publique, je pensais qu'il faudrait probablement que je fasse un choix, mais en réalité je croyais que j'étais capable d'apprendre n'importe quoi. Je n'en suis plus aussi sûre. Mais je sais fort bien qu'il y a des choses pour lesquelles je suis prête à me lever tôt, comme me préparer et préparer les enfants pour un événement officiel, assister à un discours matinal de Brian ou travailler à un exposé que je dois faire; il y aura simplement des choses qui devront attendre ou peut-être même n'être jamais faites. Je suis contente d'avoir atteint une certaine sérénité et une compréhension à l'égard de ce que je peux faire et de ce que je ne peux pas faire.»

Sa mère déclare qu'elle espère que Mila retournera aux études un jour pour obtenir son diplôme. Mais elle ajoute : «Je sais qu'elle prendra toujours une part active dans la vie de Brian. Peu importe ce qu'il fera, elle en fera partie.» Selon elle, sa fille est pleine de surprises. «Personne n'arrive à mettre le doigt sur ce qu'elle est. Elle a une idée. Elle en parle à Brian et aux enfants. Une décision naît. Et elle s'y conforme. C'est ça, Mila.»

Ses amies membres du Groupe du Ballet lui prédisent toutes également un avenir brillant. Selon Madeleine Roy, «elle va diriger une organisation mondiale». Shirley Ann Mass déclare : «Elle travaillera bénévolement mais d'une manière très visible.» Andrée Beaulieu résume le tout : «Elle va faire ce qui lui plaît, et elle va le faire magnifiquement.»

Et Milica Pivnicki, que pense-t-elle ? «Je veux avoir du temps pour mes enfants. Je veux voyager en touriste. J'aimerais me promener à bicyclette sur les petites routes de France. Je ne ferme aucune porte. Je n'y suis pas allée depuis longtemps, alors je dois aller voir ce qui se passe. J'ai acquis quelques habiletés nouvelles dans mes fonctions. J'aimerais en développer quelques autres, retourner à l'école peut-être. J'aimerais faire quelque chose où je me sente confortable. Quelque chose que j'aime vraiment, à un rythme qui me convienne. Je crois très fort qu'il ne faut pas regarder derrière. Je m'adapte rapidement.

«Je vais adorer ma vie. Je vais adorer vieillir.»